법, 셰익스피어를 입다

안 경 환 지음

서울대학교출판문화원

법, 셰익스피어를 입다

초판 1쇄 발행 2012년 3월 10일
초판 6쇄 발행 2017년 7월 30일

지은이 안경환
펴낸이 성낙인
펴낸곳 서울대학교출판문화원

출판등록 제15-3호

주소 08826 서울 관악구 관악로 1
대표전화 02-880-5252 | 팩스 02-888-4148
전략기획팀(출판상담 및 홍보) 02-880-5217
출판관리팀(주문상담) 02-889-4424, 02-880-7995
이메일 snubook@snu.ac.kr
홈페이지 www.snupress.com

ISBN 978-89-521-1290-3 03360

‘시인’이 된 ‘미자’에게

차 례

서 문

법,
셰익스피어를 입다

"도대체 왜 셰익스피어인가?"라는 물음에 대한 정답은 "그가 아니면 누구란 말이냐?"라는 반문이다. 서양 문화권에서 셰익스피어는 가히 세속 경전이다. 셰익스피어는 보편성, 국제성, 다문화주의 등 21세기의 모든 의제와 담론을 포용한다. 극동의 한 사내에게도 셰익스피어는 지혜의 보고였다. 예닐곱 살에 배운 천류불식川流不息과 원형이정元亨利貞, 자라서 생업으로 삼은 법학, 한 인간으로 얻었던 작은 성취와 겪었던 수많은 좌절을 모두 품어 안고 있었다. 지난 수십 년, 셰익스피어는 나의 친절한 스승이자 친구였고, 작품의 수많은 인물은 내 꿈을 휘젓는 연인이었다.

영어로 법을 공부하면서 더해진 욕망 하나가 있었다. 셰익스피어의 전 작품을 대상으로 법률주석서를 쓰고 싶었다. '법과 문학'이라는 지적 곁가지를 치면서 그 욕망은 더욱 강렬해졌다. 초임교수 시절에 런던으로 날아갔던 숨은 이유이기도 했다. 그의 작품을 모두 한 번은 현지 무대에서 보고 싶었던 치기도 있었다. 눈에 띄는 대로 자료를 모으고 이따금씩 읽었다. 때때로 흘리듯 쓰고 이야기도 했다. 그러나 주석서는 차원이 다른 과제였다. 평생 입문단계에 머뭇거리는 옛 영어와 영국법 지식이 걸림돌이다. 하지만 얼마 남지 않은 대학생활이라 더 이상 지체할 수도 없다. 언제 목적지에 닿을지 모르는, 아직도 한참이나 걸어야 할 그 노정에서 잠시 갓길로 벗어났다. 표주박에 버들잎을 뿌려 한 모금 샘물이라도 들이킬 요량이다. 서울대학교출판문화원 형난옥 선생의 강한 권유로 에세이 형식의 '맛보기'를 펴낸다. 김미진과 허경원·장정윤 팀의 깔끔한 가심질로 책의 선도가 높아졌다.

모든 고전의 해석이 대개 그러하듯, 이 책에 담긴 내용 중 나의 고유한 언어는 없다. 무수한 사람들이 앞서 풀어 펼쳐놓은 이야기 중 가려서 거두었을 뿐이다. 말이 되든, 되지 않든 독자의 느낌은 있는 그대로 소중한 것이다. 상상과 창의야말로 해묵은 경전을 생생하게 살아 움직이게끔 만드는 동력이니까.

오랜 연륜에 걸쳐 많은 '친구'들이 영향과 도움을 주었다. 주고받은 지식과 감정의 폭과 밀도를 차별 않고 이들 중 일부를 기명한다. George & Katharine Alexander, Philip & Srinoi Jimenez, Robert Peterson, Richard Weisberg, Daniel Kornstein, Marie Ducamp, Helen Milgate, Joe & Young Kim, Sherwin & Portia Kim, Billy & Maria Oh, 淺井惠子, 김광웅, 이동원, 민수광, 황란서, 이순형, 정현숙, 최헌심, 전경자, 김성곤, 유명숙, 양동휴, 정종휴, 임치용, 양점호, 신우영, 변동걸, 노영욱, 박용일, 조수철, 이인원, 백명진, 유남영, 안호문, 정인희, 김성희, 이영비, 위택환, 그리고 그 누구보다도 애련한 비운의 시인, 안석환. 근년에 들어 내 시들어가는 육신을 배반하면서 간절하고도 애타는 욕망과 영감을 붙들어 매어준 모든 것들에 원망과 감사를 함께 보낸다. 이 모두 셰익스피어 때문이다.

2012년 한겨울 밤에

안경환

일러두기

- 대본은 William Shakespeare, *The Complete Works*, Oxford University Press (1988)를 참조하였다.
- 번역문은 기존의 번역들을 참조로 하여 필자가 채택, 수정, 가필하였다.

1장

셰익스피어와 법

신화의 명판결

초임 판사의 생애 첫 재판이다. 배당된 사건은 원로 판사에게도 어려운 사건이다. 그런데도 신출내기 판사는 만인을 경탄시킨 명판결을 내린다. 원고는 절대로 질 수 없는 사건이라고 확신했다. 부자 상인에게 돈을 빌려주고 차용증서를 받았다. 빌려준 돈을 제날짜에 못 받았다. 그래서 증서를 들고 법원에 갔다. 누구라도 그랬을 것이다.

두 사람이 합의하여 서명한 계약서의 내용이 약간 특이하다. 만약 채무자가 빌린 돈을 갚기로 한 날짜에 갚지 못하면 자신의 심장 가까이 살 한 파운드를 채권자에게 준다는 내용이다. 법대로 따르겠다는 약속을 이미 했다. 거짓말도, 유혹도, 사기도 없었다. 그야말로 완전한 자유의사로, 내용을 너무나 잘 알고 맺은 계약이다.

피고도 각오하고 있었다. 절대로 이길 수 없는 사건임을 너무나 잘 알고 있었다. 자업자득이다. 자신이 바랄 수 있는 것이라고는 빚쟁이의 자비, 법원의 관용뿐이다. 엎드려 비노니 그저 목숨이라도 부지하게 해 달라는 애원뿐이다. 젊은 판사의 입에 한 사람의 목숨이 걸려 있다.

그런데 경천동지의 일이 벌어진다. 재판을 시작할 때만 해도 판사는 모든 사람의 예상대로 원고의 법적 주장에 동조하면서 피고에게 자비를 베풀 것을 권고할 뿐이었다. 판사로서의 자신의 권한은 그뿐이라는 것을 암시하면서. 그러나 완강한 채권자는 요지부동이다. 심지어 채무자가 원금의 3배에 해당하는 대금을 위약금으로 변상하겠다는 청약마저 일축하고 오로지 계약서에 적힌 대로 '살'로 '특정이행'할 것을 요구한다. 이때 판사의 태도가 돌변한다. 느닷없이 계약서에 적힌 내용의 기술적인 흠을 문제 삼아 피고의 책임을 면제해준다. 계약서에 적힌 내용은 불법이고 따라서 무효라는 것이다. 납득할 수 있는 판결이다. 그러나 판결은 여기에 그치지 않는다. 태도를 표변한 판사는 이제 폭군으로 변한다. 돈을 빌려준 채권자를 살인미수로 몰아 그의 전 재산을 내놓으라고 명한다.

'법이 그러니 어쩔 수 없다.'며 소극적으로 채권자의 자비를 호소하던 판사는 일순간 고도의 사법적극주의자가 되어 경각에 몰린 생명을 구하고, 마침내 위태롭던 정의를 세운다. 신참 판사의 명판결(?)은 신화가 되어 후대에 길이길이 전승된다. 영국의 대문호, 윌리엄 셰익스피어의 창작은 '해가 지지 않는 나라' 대영제국의 위광을 업고 지구를 정복한다. 셰익스피어가 내놓은 문제의 판결은 그리스도교 문화권의 최고 명판결로 후세인의 칭송을 받는다.

셰익스피어, 고전의 위기

오래전부터 연구가들은 셰익스피어의 작품에 법에 관한 언급이 빈번하게 등장한다는 사실을 주목해왔다. 특히 「베니스의 상인The Merchant of Venice」과 「눈에는 눈Measure for Measure」은 '법률희곡legal play'이란 별칭을 얻는다. 지금보다 독서가 일상생활의 중요한 일부이던 시절이었다. 르네상스 이래 사람들은 평소 위대한 문학과 가까이 지냈다. 셰익스피어, 밀턴, 그리고 그리스도교 성경은 영어권 사람들에게 중요한 문화재이다. 비록 정식 교육을 받지 못한 사람의 집에서도 이런 유의 책은 훌륭한 장식물이자 가구가 되었다. 사람들은 독서를 통해 지식을 얻고, 감성을 가꾸었다. 독서는 취향과 언어, 상식과 공동체의 기본 윤리를 배양하는 수단이었다.

그러나 지금은 상황이 크게 달라졌다. 새로운 세대는 더 이상 고전을 즐겨 읽지 않는다. 오래전부터 전승해 내려온 '위대한 작품'은 더 이상 위대하지 않다. 영상매체를 통해 재탄생되어도 여전히 약효가 떨어진다. 강한 자극이 일상화한 시대이니만큼 소재 자체가 주는 매력이나 극의 속도감이 뒤처진다. 그러나 급격한 독자 실종의 시대에도 여전히 지성의 보고인 고전에 탐닉하는 일단의 무리가 있다. 셰익스피어를 모르는 사람은 말상대로 낄 수조차 없다. 1990년, 데이비드 수터David Souter가 미국 연방대법원 판사 후보로 지명되었을 때 일부 언론에서는 판사로서의 그의 능력에 의문을 제기했다. 이유인즉 그가 책을 너무 많이 읽는다는 것이었다. 그는 엄청난 독서광으로 평이 난, 문학, 역사, 철학에 통달한 지식인이다. 독서를 위해 가족도, 텔레비전도, 휴대폰도 가진 적이 없었다. 해외여행도 안 갔다. 2005년 여름, 함께 재직하던 렌퀴스트 대법원장이 죽었을 때도 장례식에 참석하지 못했다. 뉴햄프셔의 고옥에서 휴가(물론 독서)중이었는데 연락할 방법이 없었다. 2008년

8월, 종신직 자리를 자발적으로 물러났는데, 여생을 여유로운 독서로 보내겠다는 지극히 비상식적인 소망 때문이었다. '책 속에 진리가 있고 책 속에 가인佳人이 있다.' 수터의 인생 좌우명이자 경박한 세상에 주는 경구였다. 수터는 서재에 셰익스피어 전문서만 몇백 권을 품고 살았다.

셰익스피어의 작품을 순수한 '문학'의 차원에 한정하여 논의하는 것은 작품을 통해 시대를 읽는 데 한계를 만든다. 문학 이론은 사회적 텍스트로서의 문학을 강조한다. 즉 문학작품 속에 시대가 투영되어 있다는 것이다. 그렇다면 시대의 공적 텍스트인 법이 작품에 반영되는 것은 지극히 자연스러운 일이다. '위대한 문학'은 작품이 탄생한 시공의 한계를 넘어서 생명력이 연장된다. 셰익스피어의 작품에 수많은 재판장면이 등장하는 것은 놀라운 일이 아니다. 작품은 시대의 거울이기 때문이다.

엘리자베스 시대의 일상과 법

엘리자베스 시대의 영국은 소송 폭주의 시대였다. 한 해 평균 1백만 건 이상의 소송 사건에 4백만의 국민이 관련되었다. 법원의 종류와 숫자도 많았다.[1] 법원 사이의 관할권도 명확하게 분리되지 않고 때때로 중첩되기도 했다. 이유 중의 하나는 대부분 판사의 급료가 국고에서 지급되지 아니하고 소송 당사자가 부담하는 재판수당으로 충족되었기 때문이다. 그래서 법원마다 경쟁적으로 관할 사건을 확대시키곤 했다. 이를테면 해상사건 전문 법원이 이혼사건을 다룬다거나 하는, 오늘날의 기준으로는 지극히 비상식적인 제도가 운영되었다.

소송의 형식과 내용도 다양했다. A와 B가 법정절차를 밟아 정면으로 다투는, 전형적 의미의 소송 외에도 각종 변형소송이 성행했다. 채무, 부동산 소유권이나 각종 관습적 권리처럼 이미 당사자끼리 합의한 내용을 공적 절차를 거쳐 확정지으려고 소송을 하기도 했다.[2] 어쨌든 법적 절차를 거치는 게 매우 일상적이었다. 어떤 원고는 보다 신속하고 간편한 사적 구제를 얻으려고 법원을 찾기도 했다. 이를테면 간이소장instance을 이용하여 교회법원에 제소하거나 약식기소information를 이용하여 폭동죄riot를 배심이 필요 없는 성실재판소Star Chamber에 제소하기도 하였다. 그런가 하면 코몬로 법원에 '항소appeal'하여 사적 형사소추를 도모하기도 했다.

교회법원, 지방법원, 왕립법원 할 것 없이 왕국의 각종 법정은 소란스러웠다. 한마디로 말해 영국 천지가 갖가지 죄악으로 가득 찼었다는 고발이 있다.[3]

성실재판소의 절차는 마그나 카르타가 요구하는 기소배심grand jury과 심리배심의 요건이 구비되지 않아 사형죄를 다룰 수는 없었다. 그러나 각종 신체적 처벌이 널리 행해졌다. 고문이 횡행했고 코몬로 법원의 절차와는 달리 피고인 자신이 증거제출권을 가지고 의무를 부담하는 법원칙이 통용되었다.[4]

셰익스피어가 활동하던 시대 영국인의 일상에 법이 차지하던 비중은 높았다. 여러 세기에 걸쳐 왕립법원의 누적된 판결에 의해 형성된 코몬로common law는 국민의 양식이자 상식이기도 했다. 재판은 시민의 중요한 여흥이기도 했다. 시민이 배심원으로 직접 재판에 참여하는 민·형사재판은 공동체의 정의와 윤리적 일체감을 확인하는 중요한 의식이기도 했다. 웨스터민스터홀에서 재판이 열리면 소송당사자는

영국 4대 법학원 중 Lincoln's Inn(왼쪽)과 Inner temple(오른쪽)의 옛 그림.

물론 변호사, 시민으로 가득 채워졌다.

런던은 법률가의 도시였다. 오늘날 우리나라의 사법연수원에 해당하는 법학원Inns of Court에 기숙하는 예비법조인들이 법조타운Law Quarter 밤거리의 주역이었다. 이른바 '4대 법학원'[5]을 위시하여 많은 법학원은 청년 법학도의 수련장이었고, 단순한 기숙사에 그치지 않았다. 대체로 부유층의 자제만 법학원에 입학할 수 있었다. 이미 옥스퍼드나 케임브리지(또는 드물게 변방의 대학)에서 교육을 받은 20대 청년들은 폭발하는 열정을 발산할 대상이 아쉬웠다. 돈과 시간이 충분한 이들은 즐겨 연극을 관람했다. 이들 청년, 예비법률가들이야말로 셰익스피어극의 중요한 관람객이었다. 비극, 희극, 사극의 대사에 감동하고 비판하고 때때로 분개했다.[6]

법학원은 고급사교장이기도 했다. 법학원의 생도가 반드시 이수해야 하는 필수과목 중의 필수과목이 동창 선배와의 회합이었다(이 전통은 오늘날까지 이어진다.). 이들은 영국에서 가장 재기발랄하고 영민한 청년집단이었다. 법학만 그들의 관심사는 아니었다. 진지한 토론, 열띤 대화의 중요한 주제 중 하나는 문학이었다. 이들 중 극작가도 탄생한 것은 자연스런 일이다. 셰익스피어 시대의 극작가 중 약 20퍼센트가 법학원 출신이었다. 1562년 1월, 영어로 쓰인 최초의 정식 시극詩劇, poetic drama을 인너 템플의 멤버가 공연했고 국왕 엘리자베스가 친히 관람했다. 「고버덕 또는 페렉스와 포렉스의 비극」[7]이라는 극본의 저자는 이 법학원 소속의 코몬로 변호사들이었다.[8] 존 던John Donne, 프랜시스 베이컨Francis Bacon과 같은 대가도 법학원 출신이다. 기성 법률가는 물론 법학원 학생 스스로 공연의 스폰서가 되기도 했다. 적지 않은 연극 공연이 법학원 경내에서 상연되기도 했다. 셰익스피어의 연극도 몇 차례 법학원에서 상연된 기록이 있다. 1599년 글로브 극장Globe Theatre이 건축되기 전에는 물론, 건축된 이후에도 전통은 이어졌다.

1594년, 그레이즈 인에서 열린 크리스마스 기념 공연revel은 특기할 일화를 남겼다. 「실수연발The Comedy of Errors」이 상연된 밤, 법학원 전체가 '광란의 밤night of errors'이 되었다는 한 연수생의 일기가 전해온다. 작가는 특별한 관객을 배려하여 대본을 고쳐 재판 장면과 법적 경구를 삽입했다. 신명이 난 법학도들이 막가판을 벌였다. 이튿날 법학원 측은 모의재판을 열어 소란의 원인을 제공한 '무당들'의 책임을 물었다.

1602년 2월 2일, 다른 법학원인 미들 템플에서 희극 「십이야The Twelfth Night」가 상연된 기록이 있다. 이 법학원 소속의 법정변호사 존 매닝햄John Manningham은 판사, 변호사, 법학도로 구성된 관객들은 배꼽이 터지도록 웃으면서 즐거운 밤을 보냈다고 보고한다. 최소한 일곱 편의

셰익스피어의 연극을 초연한 런던의 글로브 극장. 1599년 건축한 것을 1997년 복원한다.

셰익스피어 작품이 법학원에서 공연되었다.[9] 오늘날에도 미국의 일부 로스쿨에서는 추수감사절 전후 「로 리뷰law revue」를 공연하면서 풍자와 해학의 향연을 벌인다. 영국의 전통을 이어받은 것이다.

국왕 제임스 1세의 궁정에서 셰익스피어 작품이 공연된 기록도 있다. 1603년, 튜더 왕조의 마지막 왕, 처녀 엘리자베스가 죽자 왕위는 스코틀랜드의 제임스 6세의 몫이 된다. 잉글랜드 스튜어트 왕조의 시조다. 두 앙숙 지역 간에 왕가의 통합이 이루어진 것이다. 셰익스피어의 연극은 '시골뜨기 국왕'에게 세련된 잉글랜드의 법을 바탕으로 통치하는 방법을 교육하는 시청각 자료로 활용되기도 했다. 물론 궁정 공연에는 많은 법률가가 동석했고, 셰익스피어는 이들을 유념하고 각본을 썼을 것이다. 셰익스피어의 대사 속에 그처럼 많은 법, 법률가, 법적 아이디어가 언급되는 것은 놀라운 일이 아니다.

유독 셰익스피어만 특별한 것은 아니었다. 같은 시대에 런던에서 공연된 연극의 최소한 3분의 1은 재판 장면을 담았다. 한마디로 법은 엘리자베스 시대 연극의 핵심 요소였다. 재판을 수행하는 변호사나 마찬가지로 시인과 희곡 작가도 자신의 독자와 관객을 알아야 한다. 인간의 희로애락, 사랑과 갈등의 가장 핵심을 파고들어야만 호응을 받을 것이라는 것을 알았다. 연극은 무엇보다 현장성이 중요하다. 관객은 배우의 대사를 즉시 이해하지 않으면 공감할 수가 없다. 셰익스피어의 작품에 등장하는 법률용어는 단순한 장식이나 과시용이 아니라 관객을 연극으로 흡입하기 위한 도구였다.

셰익스피어가 작품 활동에 법률가-문학가의 지적 자원을 활용했다는 것은 쉽게 추정할 수 있다. 런던에서 정착한 최초의 주소는 법조타운 인근이다. 수시로 법학원에 들러 친구도 만나고 후원자도 구하고, 법적 용어와 지식, 판례를 익히면서 작품을 구상했을 것이다. 또 전문적인 법률 용어와 법적 비유가 담긴 몇 편의 소네트를 그레이즈 인의 법률가들 앞에서 암송했고 1599년, 이 법학원 소속 변호사 두 사람이 셰익스피어의 문장紋章을 만들어준다. 한마디로 말해서 그는 법률가와 함께 살았다. 이런 사실을 감안하면 「말괄량이 길들이기」에서 트라니오의 입을 빌어 토로한 말은 작가 자신의 경험의 고백이라는 강한 추정이 가능하다.

> 오늘 오후는 우리네 애인들의 건강을 위해 축배를 듭시다.
> 법정에서는 원 · 피고가 되어 맹렬히 싸우더라도

이 자리에서는 친구로 먹고 마시고 놉시다.[10]

베이컨이 셰익스피어다?

1593년과 1623년 사이 런던에는 영문학의 혁명이 만개한다. 37편의 희곡, 두 편의 서사시, 154편의 소네트와 산문이 동일 저자의 이름으로 세상에 드러난다. 그의 등장으로 영어라는 언어가 풍요해지고 품격이 높아진다.

작품의 저자는 윌리엄 셰익스피어William Shakespeare이고 거의 절반은 성을 분절하여 '셰익-스피어Shake-speare'로 쓴다. 최소한 14편의 희곡이 원작자의 이름 없이 공연되거나 출판된다. 죽은 지 7년 후인 1623년 초부터 '윌리엄 셰익스피어'는 1564년 4월 23일, 스트라트포드 온 에이번Stratford on Avon의 트리니티 교회에서 굴리머스 삭스피어Gulielmus Shaksper 내지는 Shakspere라는 이름으로 세례를 받은 인물이라고 특정되기 시작한다. 이로부터 2백 년에 걸쳐 이 이름은 서서히 영국의 전통문화 속에 견고하게 자리를 잡는다.

그러나 오랜 세월에 걸친 누적된 탐구에도 불구하고 셰익스피어의 생애 중 '잃어버린 세월Lost Years, 1584-1595'을 완전히 복구해내지는 못한다. 즉 21세에서 31세까지의 셰익스피어의 행적에 대해서는 각종 추측과 주장만 무성할 뿐, 가설을 뒷받침할 결정적인 증거는 확정되지 않는다. 이 시기에 가톨릭 비밀선교단의 주선으로 로마에 건너갔다는 주장도 있다. 그의 작품에 로마가 유난히 빈번하게 등장하는 것도 이 때문이라는 것이다. 그리하여 햄릿이 살해의 대상으로 삼은 클라우디어스는 가톨릭과 절연한 헨리 8세를 상징한다고 주장한다.[11] 당시의 종교적 갈등을 감안하면 충분히 세울 수 있는 가설이다.

보다 현실적인 가설은 적어도 이 시기의 일부는 런던 법조타운 주변에서 살면서 뚜렷한 비중을 지니지 못한 문학청년으로 지냈을 것이라는 추정이다.[12] 1837년, 한 소설가가 느닷없이 의문을 제기한다. 후일 두 차례나 수상을 역임한 벤저민 디즈레일리Benjamin Disraeli는 역사소설에서 주인공의 입을 빌어 셰익스피어의 정체에 대한 의문을 제기한다. "도대체 셰익스피어가 누구야? 제대로 아는 사람이 하나도 없잖아. 호머나 마찬가지지. 자기 이름이 붙은 작품의 절반이라도 실제로 자신이 썼을까? 처음부터 끝까지 자기가 쓴 작품이 하나라도 있을까? 도대체 난 믿을 수가 없어."[13]

이 의문은 당시로서는 거의 이단이나 마찬가지였다. 이미 셰익스피어는 신성불가침의 영국 문호였다. 그러나 적어도 한 세기 동안 이단은 일정한 세력을 얻어 사람들의 입과 머리를 유혹했다. 한 미국인의 연구에 의하면 1940년대까지 최소한 4,509건의 단행본 내지 논문이 '스트라트포드 촌놈'은 셰익스피어 작품의 진짜 저자가 아니라는 주장을 폈다고 한다.[14] 이들 이단자 중에는 미국 문학의 거성도 숱하게 있었다. 에머슨,[15] 월트 휘트먼,[16] 마크 트웨인[17]과 같은 미국 문학의 거목이 진짜 셰익스피어가 따로 있을 것이라고 주장했다(이들은 영국 문학의 상징으로 알려진 셰익스피어의 정통성에 의문을 제기함으로써 은근히 영국 문학의 권위에 도전하고 싶은 마음을 가졌는지 모른다.).

미국인만 아니다. 1855년부터 10년 동안 영국 수상을 지낸 파머스턴 경Lord Palmerstone도 베이컨이 실제 저자라는 주장이 등장하자 환호작약하면서 "이날까지 살아 셰익스피어의 망령을 벗어날 수 있어 더없이 행복하다." 했다.[18] 프로이센 제국의 철혈수상 비스마르크, 심리학의 아버지 지그문트 프로이트,[19] 소설가 존 골즈워디John Galsworthy,[20] 배우 찰리 채플린[21]도 회의주의자에 속한다.

두 세기 이상 별반 의심 없이 수용되었던 셰익스피어의 정체에 의문이 제기된 것은 학문적 연구 방법이 엄격해졌기 때문이기도 하다. 이른바 스트라트포드인에 대해 알려진 바가 거의 없다는 사실에 덧붙여 희곡과 소네트 사이의 불합치, 게다가 공인된 저자의 교육 배경과 공적 활동과 작품의 수준 사이에 상식적으로 수용하기 힘든 여러 의혹이 있었기 때문일 것이다.

그러나 문제는 다음이다. 영국 문학의 자존심인 국민시인, 셰익스피어의 정체가 '스트라트포드 촌놈'일 수 없다면 도대체 진짜 저자는 누구란 말인가? 여기서도 영국 문학사에 유례없는 백가쟁명의 논쟁이 벌어진다. 한 세기 동안 적어도 60명 이상의 후보가 등장한다. 이들 다양한 학설의 공통점은 Shakespeare나 Shake-Speare는 자신의 정체를 감추기 위한 필명이었다는 것이다. 정체를 감추어야 할 이유는 옹립하는 후보에 따라 다양했다. 여러 후보 중 특히 가장 강력한 후보가 에드워드 드 비어Edward de Vere 제17대 옥스퍼드 백작이었다. 이른바 '옥스퍼드 설'이다. 그는 1550년에 출생하여 1604년까지 생존한 것으로 기록되었고 브리태니커 사전Encyclopedia Britannica 1975년 판에 "(셰익스피어 자신 다음으로) 가장 유력한 진짜 저자 후보"라고 올려졌다. 1920년 토머스 루니가 제시한 이 설은[22] 1984년 오그번의 획기적인 저술에 의해 더욱 설득력을 갖춘다.[23]

프랜시스 베이컨(왼쪽)은 유력한 "셰익스피어"(오른쪽) 후보 중 한 사람이다.

에드워드 드 비어가 스트라트포드 시인의 가장 강력한 '대안' 후보이지만, 다른 후보도 적지 않다. 그중 셰익스피어 당대의 최대의 석학이자 대표적인 법률가 프랜시스 베이컨Francis Bacon, 1561-1626도 포함된다. 베이컨 설은 1857년, 자신이 베이컨의 후손이라고 주장한 한 미국 여성이 최초로 제기하고[24] 20세기 초에는 골상학骨相學을 동원한 후속 작업이 이어진다.[25]

튜더 왕조 말기의 엘리자베스 여왕 시대는 인문학의 백가제자 시대였다. 이들 중 우뚝 선 존재가 프랜시스 베이컨이다. 대표작인 『지식의 증진Advancement of Knowledge』(1605), 『수상록Essays』(1597, 1612) 『신기관론Novum Organum』(1620) 등은 통합인문학적 저술이다. 또 생활의 지혜를 위한 방대한 잠언록으로 평가되기도 한다. 최초로 이사의 합법성을 주장하는 등 귀납법적 방법론에 기초하여 삶의 본질에 접근한 그에게서 근대 경험철학의 뿌리를 구하기도 한다.

"선과 악을 뒤섞지 않고 입신의 길에 들기 어렵다." "처자를 가진 사람은 자신의 운명을 인질 잡힌 것이다." 『수상록』의 중요한 일부인 「사법론Of Judicature」에서 그는 판사가 갖추어야 할 덕목을 상세하게 열거한다. 그중 가장 중요한 덕목이 청렴이다.[26] 이렇게 쓴 그 자신은 치욕스런 독직 사건으로 자리에서 물러나고, 평생 라이벌 에드워드 코크Edward Coke와의 대결에서도 패배하여 정치적 몰락을 맞는다. 후대의 시인, 알렉산더 포프Alexander Pope, 1688-1744는 베이컨을 일러 '세상에서 가장 현명하면서도 가장 속악한 인간'이라고 쓴다. 20세기 후반의 영국 법조에서 가히 신화적인 지위를 누린 알프레드 데닝 경Alfred Denning, 1899-1999은 베이컨을 일러 『지킬 박사와 하이드』의 하이드에 해당하는 인물이라고 평한다. 베이컨이 진짜 셰익스피어라는 주장을 뒷받침하려고 혹자는 베이컨의 표리부동한 심성을 내세우기도 한다. 분명히 자신이 실제의 저자이면서도 왕립출판국Stationer's Register에 제출한 등록신청서에 자신의 이름 대신 셰익스피어를 등록한 것은 과세 문제를 피하려는 술책이었다는 것이다.

1987년 9월 25일, 미국의 수도 워싱턴에서 한 대학의 주최로 역사학자와 법률가들이 참여하여 셰익스피어의 정체에 관한 모의재판을 벌인다. 가상의 역사법정에 세운 것이다. 그 역사적 재판에 재판관으로 참여한 세 사람(브레넌William J. Brennan, 블랙먼Harry A. Blackmun, 스티븐스John P. Stevens)은 모두 현직 연방대법원 판사였다. 대법관 중에서도 박학다식하기로 정평이 난 이들은 셰익스피어 애호가로, 실제로 자신의 판결문에 셰익스피어를 자주 인용하기도 했다. 두 대학 교수가 각각 옥스퍼드 측과 스트라트포드 측의 변호인으로 나서 역사적 문서를 검토하며 치열한 논쟁에 나선다. 판결은 만장일치로 스트라트포드 측의 승소였다. 무엇보다도 오랜 세월에 걸쳐 저자로 인정되어 온 그가 진정한 저자가 아니라는 결정적인 반증을 제시하지 못했다는 것이다. 그러나 판결문을 대표 집필한 스티븐스는 반대 측의 논거도 경청할 가치가 없지는 않으며, 후일 새로운 결정적인 증거를 보강하면 다른 결론이 날 여지가 있음을 남긴다.[27]

셰익스피어의 법적 경험

연극이라는 장르의 예술은 현장 공연을 전제로 한다. 대사로 관객과 소통한다. 그래서 대사를 전달하는 배우의 연기가 중요하다. 셰익스피어의 작품에는 법률가에 대한 언급이 풍부하다. 작가 자신의 경험이 투영되었음을 능히 상정할 수 있다. 셰익스피어의 생애 자체에 대해서는 공인 검증된 자료가 많지 않다. 특히 법에 관한 체험을 자신의 작품에 어떻게 반영시켰는지에 대해서는 더욱더 그러하다. 그러나 법적 소송이 일상적이던 시대에 소송을 즐기던 셰익스피어 가족이 제공한 재판기록이 궁금증을 어느 정도 해소시켜 준다.

그가 죽고 나서 80여 년이 지난 1709년에 나온 한 전기는 셰익스피어가 고향 스트라트포드를 떠난 이유가 법적 문제를 피하기 위해서였다고 주장한다. 내용인즉 셰익스피어는 타인 소유의 숲에서 불법으로 사슴을 사냥한 행위로 법의 추적을 받았다는 내용이 치안법원의 기록에 있었다는 것이다. 이러한 사실에 비추어 볼 때 그가 처벌을 피하려고 도주했다는 추론이 가능하다. 그러나 후세 연구가들의 노력에도 불구하고 인근에 사슴이 서식할만한 공원이나 그런 내용을 기록한 공적 문서의 존재를 확인할 수가 없다. 그런데도 이 이야기는 셰익스피어가 가족의 부양을 팽개친 채 고향을 등지고 런던으로 떠난 변명으로는 어느 정도 양해된다.

아버지 존 셰익스피어는 여러 차례 소송에 휘말린다. 본인이 스스로 고소한 적도, 고소를 당한 적도 있다. 가히 상습적이라고 할 정도로 그는 소송광이었다. 1568년, 스트라트포드 읍의 집달리(bailiff, 굳이 '시장'으로 부를 수도 있다.)로 재직하면서 여러 차례 법의 제재를 받는다. 윌리엄이 열여섯 살이던 1580년, 아버지 존은 웨스터민스터 법원에 출두하라는 소환장을 받고도 응하지 않았다는 이유로 20파운드의 벌금형을 받는다. 또 존 오드리의 보증인으로서 오드리가 소환에 응하지 않자 다시 20파운드 벌금형을 선고받았다. 당시의 40파운드는 오늘날의 기준으로는 상당한 거액이다.

1599년, 존 셰익스피어는 의류업자 존 월포드를 상대로 21파운드의 대금을 변제하라며 소송을 제기한다. 무려 31년 전인 1568년에 판매한 양모 대금을 청구한 것이다. 또 '평판 좋은 양모업자'인 존 셰익스피어는 1572년 부정거래 행위의 혐의로 재무상법원Court of Exchequer의 제재를 받게 된다. 이보다 2년 전인 1570년, 존은 고리대금지법의 위반으로 두 차례 처벌받는다. 또 1573년 채무불이행으로 소송을 당한다.

자신이 소송을 즐겼든 아니든 아들 윌리엄은 적어도 아버지 존과 관련된 한 건의 소송 때문에 오래도록 고통을 당했음이 틀림없다. 작가의 활동 전성기에 20년 이상 끈 이 소송의 경험이 당시에 저술한 작품에 (고스란히 또는) 어느 정도 여과를 거쳐 반영되었을 것이라는 추정은 충분히 가능하다. 1580년 존 셰익스피어는 자신의 매제, 에드먼드 램버트로부터 40파운드를 차용한다. 존은 채무의 담보로 아내(즉 윌리엄의 어머니) 소유의 토지 44에이커에 저당을 제공한다. 이 땅은 아내의 사후에는 자신이 상속받을 것이 예정된 것이었다. 빚을 갚을 날짜가 도래하자 램버트는 수령을 거부한다. 이유인즉 존이 졌던 다른 채무도 함께 해결할 것을 요구한 것이다. 의도적으로 대금의 수령을 거부한 램버트는 채무불이행을 선언하고 토지를 점유하면서 자신이 정당한 소유자가 되었다고 선언한다. 여러 해에 걸친 화해의 시도가 무위로 끝나자 1588년 존은 램버트를 고소한다. 이때는 아들 셰익스피어가 24세 되던 해로, 그가 이즈음 고향을 떠났을 것이라는 주장이 유력하다.

존 셰익스피어는 법원에 대고 형식적이고도 기술적인 법을 무시하고, 실체적 정의에 따라 토지를 자신에게 돌려달라고 요청한다. 이 사건은 1590년까지 해결되지 않았고 결국 법정 밖에서 화해로 종결된다. 그러나 화해는 다시 깨어지고 1597년, 존의 아들 윌리엄은 램버트의 유산을 상속한 아들을 형평법원Court of Chancery에 제소한다. 형평법원은 왕립법원이 코몬로의 이름으로 적용하는 경직된 법의 원칙에 의해 경시되거나 유린된 '공평성'을 챙김으로써 정의에 봉사함을 표방하는 법원이다. 1599년, 다시 한 번 양 당사자는 합의에 도달한다. 그러나 법원은 '무익한' 소송을 제기함으로써 상대방의 시간을 낭비시킨 셰익스피어를 공개적으로 견책한다. "셰익스피어 가족은 정당하지 않은 소송을 제기함으로써 피고를 괴롭히고 고통을 주었다."고 법원이 공개적으로 천명한 것이다. 결국 셰익스피어는 아버지가 잃었던 문제의 토지를 되찾지 못한다. 다만 이자나 벌금, 소송 비용, 변호사 비용을 부담하지 않은 것으로 만족해야 했다.[28]

대물림해 가면서 다툰 이 소송은 존 셰익스피어가 관여한 다른 소송과 함께 아들 윌리엄을 포함한 셰익스피어 전 가족에게 심대한 영향을 미쳤을 것이다. 이렇다 할 지인이나 배경 없이 수도 런던에 무작정 상경한 청년이 마지막 희망의 보루이던 고향의 유산마저 기대할 수 없게 되었다면 얼마나 절망했을까, 그 절망감이 작품에 어떻게 반영되었을까? 하루아침에 막대한 유산을 얻게 되는 딸들의 심리가 작품 「리어왕」의 핵심일까? 햄릿에게 빼앗긴 자신의 고토를 회복하려는 포틴브라스의 심리적 상태와 유사할까?[29]

마찬가지로 램버트를 상대로 한 셰익스피어의 소송은 대표작 「베니스의 상인」에 반영되었음을 추론해볼 수 있다. 작가 자신의 소송경험과 두 차례나 법의 제재를 받은 아버지 존의 결코 자랑스럽지 못한 얼룩진 삶의 단면이 작품에 투영되었을지 모른다. 코몬로와 형평법equity의 충돌과 양자 간의 조화 문제는 셰익스피어 시대의 보편적 주제여서 작품에서도 꾸준히 다루어진다. 문구를 중시하는 경직된 코몬로의 원칙에 대해 원한에 가까운 불만을 품은 그이고 보면 형평이란 이름의 정의를 갈구하는 것은 당연한 일이다,

이런 관점에서 볼 때 셰익스피어 대 램버트 사건과 샤일록 대 안토니오 사건은 동일한 법적 주제를 다루었고 작가의 현실적 입장을 대변했을 수도 있다. 램버트를 상대로 한, 실로 지겨운 소송 이외에도 셰익스피어는 많은 송사에 휘말린다. 그중에는 아주 미미한 소액소송도 있다. 1596년 런던 왕좌법원Court of Queen's Bench의 기록에 따르면 런던의 극장 분쟁에 관련하여 셰익스피어에게 체포영장이 발부된다. 실제로 영장이 집행되었는지는 불명하다.

1604년 셰익스피어는 필립 로저스라는 이웃을 소액법원Court of Record에 제소하려고 변호사를 고용한다. 소송가액은 단돈 35실링 10펜스, 엿기름 20부셸의 미수금이었다. 이 법원은 30파운드 이하의 사건만 다루는 그야말로 소액법원이었다. 셰익스피어는 미수대금 이외에도 10실링의 손해배상을 청구했나. 사건의 최종 결과는 알 수 없다.

셰익스피어의 소송 경력은 여기에서 끝나지 않는다. 4년 후인 1608년, 그는 같은 법원에 다른 소송을 제기하여 배심의 승소 평결을 얻은 기록이 있다. 피고의 이름은 존 아덴브룩, 청구액수는 단돈 6파운드였다. 여러 기록을 종합해보면 이 사건은 1608년 7월 18일에 시작되어 이듬해 6월 7일에 종결된다. 소환한 피고인이 출석하지 않자 법원은 피고인의 보증인인 토머스 혼비라는 대장장이에게 6파운드의 대금과 20실링의 손해배상을 지급할 것을 명하는 판결을 내린다. 실제로 셰익스피어가 이 금액을 수중에 넣었는지는 알 수 없다.

또 1609년 셰익스피어는 친구들과 함께 공동원고로 스트라트포드 교구기금thithes을 상대로 형평법원에 소송을 제기한다. 그는 기금의 투자자였고 기금은 그의 중요한 수입원이었다.

셰익스피어 자신이 관여한 이상 3건의 소액소송은 법에 대한 그의 태도를 일부나마 보여준다. 즉, 아무리 소액이라도 그는 자신의 권리를 집요하게 주장한다. 시인에게서 샤일록의 기질을 본다. 햄릿의 독백 속에 감내하기 어려운 고통의 한 예로 '법의 지연law's delay'을 든 것이나,[30] 그 유명한 '몰살 법률가kill all the lawyers' 구호가 등장하는 「헨리 6세」[31]도 이러한 경험의 소산일지 모른다.

소송만능주의의 행태는 시인의 만년의 삶에서도 여실하게 드러난다. 1612년 늦봄, 셰익스피어는 청구법원Court of Request에 증인으로 출석하려고 은퇴 후 칩거하던 고향에서 런던으로 떠난다. 자신이 중매한 결혼에 관련된 사건이었다. 사위가 장인을 상대로 지참금dowery지불계약을 어겼다고 제소한 것이다. 원고 스테판 벨롯은 가발공 마운트조이의 도제였다. 마운트조이는 스테판을 자신의 딸과 결혼시키려고 셰익스피어더러 지참금의 협상 중개에 나서줄 것을 요청한다. 1604년 결혼은 성사된다. 그러나 장인이 당초 약속을 어기고 사위를 상속 대상에서 제외하려는 기미가 보이자 사위가 소송을 제기한 것이다. 결혼한 지 8년이 지난 시점이었다. 1612년 5월 11일, 사건의 결정적인 증인인 중매쟁이 셰익스피어는 지참금지불계약의 내용을 상세하게 기억하지 못한다고 증언한 것으로 전한다. 법원은 6월 19일로 재차 기일을 지정한다. 그러나 셰익스피어는 출석하지 않았고 불출석한 증인의 이름은 심문 대상자의 리스트에 남아 있었다. 마침내 법원은 사건을 런던의 프랑스교회에 이송하여 중재에 회부한다. 가사사건에서 흔히 볼 수 있던 당시의 관행이었다. 교회는 중재결정을 통해 6파운드 13실링 4펜스를 지불하도록 결정한다. 그러나 불만을 품은 장인은 1년이 지나도록 지불하지 않았다. 이 사건은 셰익스피어의 '가족 코미디'의 훌륭한 소재가 되었을 것이다.

1613년, 셰익스피어의 큰딸, 스잔나도 소송을 제기한다. 그녀는 자신이 간통했다는 헛소문을 퍼뜨린 존 레인이란 자를 명예훼손으로 교회법원에다 제소한다. 소환장을 받은 피고가 출석하지 않자 교회법원은 그의 교적을 박탈하고 스잔나는 명예를 회복한다. 「오셀로Othello」, 「겨울 이야기The Winter's Tale」, 「헛소동Much Ado about Nothing」 등의 작품에 등장하는 부정不貞의 모함은 셰익스피어 가족에게도 낯선 것이 아니었다.

1615년 셰익스피어는 동업자들이 제기한 소송에 동참한다. 1613년 3월, 자신이 구입하여 저당잡힌 도미니크 수사회관이 관련된 소송이었다. 그는 공동소유자와 함께 형평법원에 유언집행인에게 부동산에 관련된 서류를 제출할 권한을 부여해달라며 청원을 제출한다.

셰익스피어가 죽기 직전에 둘째 딸, 주디스도 소송의 간접 당사자가 되었다. 1616년 그녀는 토머스 퀸리와 결혼했는데, 신랑 토머스가 다른 여자를 임신시킨 혐의로 기소된 것이다. 여자와 아이가 죽고, 토머스는 재판에서 자신의 죄를 자백한다.

한 가지 분명한 사실은 셰익스피어는 당시의 보통 사람보다 자신의 재산적 이해관계에 민감했으며 재산을 얻고 지키려고 기꺼이 법절차에 의존했다는 것이다. 정확하지 못한 기억으로 증언을 한 적도 있고, 담합성이 강한 소송에 동참하기도 했다. 기록에 나타나지 않은 다른 소송이 있었을 가능성도 높다.

변호사에게 셰익스피어는 이상적인 단골손님이었다. 그가 얼마나 부자였는지는 모르나 언제나 말썽꾼이었다. 이렇듯 풍부한 소송 경험에서 법, 법률가, 법원, 법이론, 법의 속성, 법의 지연, 법의 모호함, 이 모든 것을 익히고, 익힌 바를 작품에 담았다. 그는 법률가의 면허는 없었지만 오랜 세월 동안 비싼 수업료를 내고 법을 연마했다.

이러한 경험을 바탕으로 셰익스피어는 당대의 법 제도 개혁에 관심을 키웠던가? 법률가 관객을 상대로 법 개혁 운동을 벌였던가? 극중의 햄릿처럼 작가도 자신에게 "연극이야말로 관객의 양심을 두드려야지."[32] 하고 다짐한 것일까? 일부 연구자는 셰익스피어가 적극적으로 형평법의 개혁에 진력했고 그 결과로 영국법사에 심대한 영향을 남겼다고 주장한다.[33] 그러나 이러한 주장을 뒷받침하는 증거가 너무나 취약하다.

셰익스피어의 유언

1616년 4월 23일, 셰익스피어는 자신의 52번째 생일날 죽었다. 그가 남긴 유언도 작품 못지않게 유명해졌다. 아내를 극도로 푸대접한 사실 때문에 두고두고 인구에 회자된다. 그의 유언은 깊은 연구와 분분한 논쟁의 대상이다. 3세기 이상에 걸쳐 수많은 문헌이 유언의 진정성, 효력, 내용을 심층적으로 분석했다.

"하나님의 이름으로, 아멘, 나, 윌리엄 셰익스피어William Shackspeare는 ……"으로 시작하는 3장짜리 문서는 발견된 1737년 이래 온전하게 보존된다. 바로 그해에 스트라트포드를 방문한 조지 베르투George Vertue는 셰익스피어의 딸의 후손Shakespeare Hart이 보관하던 유언의 사본을 확인한다. 원본은 런던의 로마법과 교회법 변호사 회관Doctor's Common에 보관된 사실도 확인한다. 작가 사후 120여 년이 지난 후의 일이다.

이 역사적 문서는 20세기에 들어 마침내 런던의 왕립기록박물관London Public Records Office Museum의 유리관에 영구 보존된다. 지은이는 1990년 이 문서를 처음 접했을 때의 감격을 아직도 잊지 못한다. 가로 약 12인치. 세로 15인치, 3장짜리 문서는 현대 영어의 철자만 익힌 사람에게는 낯설다. 게다가 17세기 법률영어로 작성된 것이라 해독하기도 힘들다. 문단 구분도, 띄어쓰기도 없이, 횡선으로 지우고, 가필한 문장이 빽빽하다. 기이하게도 둘째 페이지에만 번호가 적혀 있다. 가필한 내용은 죽기 직전의 시인의 심리상태를 반영하는 증거가 된다. 그중에서 특히 "두 번째로 좋은 침대second best bed"를 아내에게 남긴다는 구절은 많은 논란과 풍부한 문헌을 이끌어냈다. 조강지처를 푸대접한 매정한 사나이, 여성차별주의자 등의 전형적인 비판이 압도적으로 많지만 당시의 법과 관행을 분석하여 시성의 입장을 옹호하는 문헌도 아주 없지는 않다.

유언의 세부적인 내용을 살펴보자. 첫 장에 라틴어로 다른 두 날짜가 적혀 있다. 1616년 1월 25일로 적었다가 가로줄로 1월을 지우고 그 위에 3월이라고 썼다. 이도 논쟁의 불씨가 된다. 세부적인 항목을 정하지 않는 대부분의 재산은 유언집행인으로 지정한 큰딸 스잔나에게 상속하고, 그녀의 사후에는 직계비속 남아에게 유습되도록 한다. 10개의 세부 항목이 부기된다. 첫 페이지는 대부분 둘째딸 주디스에게 상속하는 내용이다. 당시 서른다섯 살 노처녀이던 주디스는 네 살 연하의 토머스 퀸리와 서둘러 결혼한다. 유언을 초안한 1월 25일과 수정한 3월 25일의 중간인 2월 10일의 일이다.

주디스에게는 150파운드를 남긴다. 그중 100파운드는 '그녀의 혼인을 이행하려고',[34] 즉, 지참금이었다. 제2항으로 주디스에게 150파운드를 더 준다. 이어서 여동생 조앤Joan Hart에게 20파운드와 자신이 입던 남성복을 준다. 아마도 매제에 대한 배려일 것이다. 이런 식으로 재산을 자녀, 친척, 친지에게 처분한다. 제6항에 특기할 사항은 스트라트포드의 빈민에게 10파운드를 기부하겠다는 내용이다. 당시의 유언이 평균 2파운드를 기부하는 것에 비하면 아주 높은 액수라고 한다. 제8항이 가장 긴 내용으로 맏딸 스잔나 홀에게 주는 재물의 리스트이다.

9항에 이르기까지 모든 자식과 후손을 언급한 후, 이하 특정가족에게 특정재산을 상속하는 내용을 담는다. 제9항이 바로 악명 높은 문제의 구절이다. "내 아내에게는 두 번째로 좋은 침대를 남긴다I gyve unto my wife my second best bed with furniture."

"나 윌리엄 셰익스피어By me William Shakespeare"로 시작하는 마무리 주절에는 유언자가 '맑은 정신으로' 유언을 작성한다는 선언과 서명이 필요하다. 이어서 증인의 서명이 따른다. 그런데 첫째, 둘째 페이지의 하단에 기록된 서명은 각각 "William Shakspere"와 "Willm Shakspere"이다. 철자가 다른 것이다. 이어서 다섯 증인의 이름이 열거된다. 첫 번째 증인, 프랜시스 콜린스는 워릭에 거주하는 변호사로 유언을 초안한 것으로 추정된다. 그는 셰익스피어가 사망한 직후에 스트라트포드 읍의 총무서기로 임명되어 이듬해에 죽는다. 유언장에는 재산목록이 첨부되어 법원에 제출되었지만 현재 남아 있지 않다.

이 짧은 문서는 수세기에 걸쳐 지독하게 엄밀한 심사를 받는다. 수많은 의문을 풀려다 새로운 곁가지 의문이 돋고 마침내 거대한 넝쿨이 생긴다. 왜 첫 페이지의 초안이 바뀌며 작성일자가 변경되는가? 도대체 왜 상식 이상으로 많은 증인이 동원되는가? 왜 아내에게는 재산을 남기지 않고 자식, 그중에서도 큰딸에게 대부분의 재산을 주었을까? 도대체 아내에게 '두 번째 좋은 침대'만 남기는 의도는 무엇인가? 자필이 아닌 유언장이 위조된 것은 아닐까?

셰익스피어의 일생에 관한 가장 권위 있는 전기를 쓴 쇼엔바움S. Schoenbaum 교수에 의하면 셰익스피어 시대의 관용어로 '최선의 침대best bed'는 손님용을 의미하고, 차선의 침대는 부부용 침대를 의미한다고 한다. 그런가 하면 당시의 교회법의 전통에 입각하면 사망하고 자신에게 가장 중요한 것을 교회에 바치는 전통에 따라 남은 침대 중 최상품이라는 주장도 있다.[35]

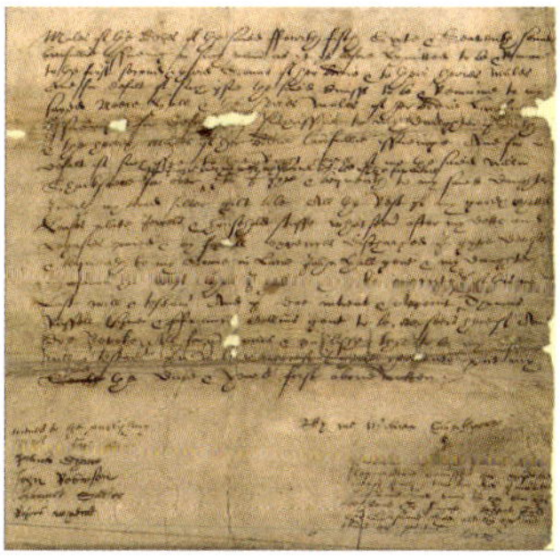

많은 의혹을 남긴 셰익스피어의 유언장 중 일부.

고전의 현대적 해석

셰익스피어 작품은 다양한 시대와 장소, 그리고 법 제도를 배경으로 무대가 열린다. 법이란 선과 악을 판별하는 사회적 기준이다. 그 기준에 따라 선행을 권장하고 악행을 제어한다. 셰익스피어가 강론한 선한 제도, 선한 통치자, 선한 법, 선한 인간이 무엇이었나를 작품을 통해 분석해볼 수 있다.

셰익스피어의 작품은 오랜 세월에 걸쳐 수많은 사람의 손때와 입김을 합쳐 만든, 일종의 경전이다. 대저 모든 경전이 그러하듯이 탄생 당시의 본래의 의미를 파악하는 작업에 이어서 시대에 맞는 새로운 해석이 필요하다. 종교의 경전이나 국가 단위의 세속 경전인 헌법에 비유할 수 있다. 헌법은 유기체이다. 일단 태어난 후에는 독립된 생명체로서 부단히 생성, 발전하는 시대정신을 흡입하여 스스로를 살찌우고 뼈를 다진다. 때때로 개정을 통해 종전의 조항이 대체, 보충되기도 한다. 미국 헌법의 의미를 해석해내는 작업에 실제로 셰익스피어 작품이 자주 동원된다.

한 예로 1989년의 미국 연방대법원 판결문을 보면 흥미로운 점을 발견할 수 있다. 연전에 치매에 걸린 남편을 간호하려고 퇴임한 오코너 대법관Sandra O'Connor은 셰익스피어 애호가로 알려져 있다. 대법원 사상 최초의 여성 대법관이었던 그녀는 재직중에 사무실의 지척에 있는 폴저 셰익스피어 도서관Folger Shakespeare Library에 수시로 들러 소장 자료를 검색하고 전시물을 감상한다.

이 사건에서 대법원은 민사사건에서 상한이 없는 '징벌적 손해배상'[36]은 수정헌법 제8조가 금지하는 '과도한 벌금'[37]이라는 주장을 배척한다.[38] 다수와 입장을 달리하여 반대의견을 집필한 오코너는 셰익스피어를 영국의 '법과 정치의 우뚝 선 관찰자'로 소개하면서 「로미오와 줄리엣」의 한 구절을 인용한다.[39] 베로나의 공작, 에스칼루스가 몬태규와 카풀렛, 양대 가문의 싸움을 중지하라고 경고하는 구절이다.

> 막대한 금액의 벌금을 부과하겠어.
> 후회막급이 되도록.[40]

다수의견을 쓴 블랙먼Harry A. Blackmun 판사는 각주를 달아 오코너에 화답한다. "위대한 시성의 권위를 빌린 반대의견에 대해서" 그는 이렇게 쓴다.

> 물론 셰익스피어는
> 당시의 영국법에는 정통했지만
> 따지고 보면 그는
> 운율에 통달한 시인이었을 뿐[41]

언론 인터뷰에서 블랙먼은 이 인용구의 원전을 정확하게 밝히지 않고 다만 '익명'의 경구라고 말했다.[42] 아마도 자신의 창작일 가능성이 높다.

오코너와 블랙먼이 판결문에서 주고받은 다소 이례적인 교환에서 몇 가지 시사점을 얻을 수 있다. 첫째, 셰익스피어와 법 사이에 차원 높은 연관 가능성을 본다. 연방대법원 판사가 어떻게 셰익스피어의 구절을 인용하면서 법리 공방을 벌일 수 있는가? 흥미로운 지적 작업이 아닐 수 없다. 둘째, 텍스트의 해석 기법이다. 동일한 문언에서 사람에 따라 다른 결론을 도출하는 논리의 개발, 그것은 모든 경전의 해석에 공통되는 지적 작업이다. 자기 주장의 정당성을 경전의 권위에서 찾으려는 노력, 그것이 바로 법률가의 숙명이다. 셋째, 블랙먼의 말대로 운율에 통달한 시성인 셰익스피어의 작품에서 어떻게 우리 시대 법의 문제를 도출해낼 것인가, 그것은 단순한 '법과 문학'의 차원을 넘어 통합적 지성을 추구해야 할 현대 지성인의 책무일 것이다.

1 Tim Stratton, "Women, Property and Law", in *Early Modern Women's Writing*, Anita Pacheco (ed.) (Blackwell, 2002), p. 53.

2 B. J. Sokol and Mary Sokol, *Shakespeare's Legal Language* (Athlone, 2000), pp. 125-128; 201-204.

3 Conyers Read, *William Lambarde and Local Government* (Folger Shakespeare Library and Cornell University Press, 1962), pp. 68-69.

4 Sokol and Sokol, ibid., pp. 356-358.

5 Lincoln's Inn, Gray's Inn, Inner Temple and Middle Temple.

6 Brian Jay Corrigan, *Playhouse Law in Shakespeare's World* (Fairleigh Dickinson University Press, 2010), pp. 25-50.

7 *Gorboduc: Or the Tragedy of Ferrex and Porrex.*

8 Paul Raffield, *Shakespeare's Imaginary Constitution: Late-Elizabethan Politics and the Theatre of Law* (Hart Publishing Co., 2010), p. 7.

9 Ibid., p. 35.

10 TRANIO: Please ye we may contrive this afternoon,/And quaff carouses to our mistress' health,/And do as adversaries do in law –/Strive mightily, but eat and drink as friends(「말괄량이 길들이기」, 1.2. 276-278).

11 Clare Asquith, *Shadowplay: The Hidden Beliefs and Coded Politics of William Shakespeare* (Public Affairs, 2005); Richard Wilson, *Secret Shakespeare: Studies in Theatre, Religion, and Resistance* (Manchester University Press, 2004).

12 W. Nicholas Knight, *Shakespeare's Hidden Life: Shakespeare at the Law 1585-1595* (Mason & Lipscomb, 1973); Charles Nicholl, *The Lodger: Shakespeare on the Silver Street* (Penguin Books, 2007).

13 Benjamin Disraeli 1st. Earl of Beaconsfield, *Venetia* (Henry Colburn Publisher, 1837), p. 437.

14 Samuel Schoenbaum, *Shakespeare's Lives* (Oxford University Press, 1970), p. 627.

15 R. W. Emerson, *Representative Men: Seven Lectures* (Create Space, 1903; reprint 2010), p. 218.

16 Carolyn Wells and Alfred F. Goldsmith (eds.), *A Concise Bibliography of the Works of Walt Whitman* (Franklin, 1968), p. 404.

17 M. Twain, *Is Shakespeare Dead?: From My Autography* (Harper, 1909; reprint 2011), p. 324.

18 Durning-Lawrence, Sir Edwin, *Bacon is Shakespeare* (General Books LLC., 1910; reprint 2010), p. 9.

19 J. Thomas Looney, *"Shakespeare" Identified in Edward de Vere, Seventeenth Earl of Oxford and the Poems of Edward de Vere*, Vol. 2 (General Books LLC., 1920; reprint 2010), p. 293.

20 Ibid., p. 648.

21 Charles S. Chaplin, *My Autobiography* (Bodley Head, 1964), p. 364.

22 Looney, ibid.

23 Charlton Ogburn, *The Mysterious William Shakespeare: The Myth and the Reality* (EPM Publisher, 1984).

24 Delia Bacon, *The Philosophy of the Plays of Shakespeare Unfolded* (Echo Library, 1857; reprint 2000).

25 Durning-Lawrence, Sir Edwin, ibid.

26 Charles W. Eliot (ed.), *Essays: Civil and Moral and the New Atlantis by Francis Bacon* (The Harvard Classics 3) (P. F. Collier & Son, 1907; 1969), pp. 130-133.

27 "In Re Shakespeare: The Authorship of Shakespeare on Trial", *The American University Law Review*, Vol. 37 (1988), pp. 609-808.

28 Knight, ibid., pp. 283-284.

29 HORATIO: Did slay this Fortinbras, who by a sealed compact/Well ratified by law and heraldry (…)(「햄릿」, 1.1. 85-86).

30 「햄릿」, 3.1. 74.

31 「헨리 6세」, 제2부, 4.2. 78.

32 HAMLET: The play's the thing/Wherein I'll catch the conscience (…)(「햄릿」, 2.2. 606-607).

33 Knight, ibid., pp. 284-285.

34 "in discharge of her marriage portion".

35 Schoenbaum, ibid., p. 627.

36 "punitive damage".

37 "excessive fines".

38 *Browning-Ferris Industries v. Kelko Disposal*, 492 U.S. 257 (1989).

39 Id., 290.

40 PRINCE: But I'll amerce you with so strong a fine/That you shall all repent the loss of mine(「로미오와 줄리엣」, 3.1. 189-190).

41 "Though Shakespeare, of course/Knew the Law of his time. He was foremost a poet,/In search of a rhyme." Id., 265, n. 7.

42 Linda Greenhouse, "4 Mysterious Lines (About Fines)", *The New York Times* (June 30, 1989), B6.

2장

맨 먼저 할 일, 법률가 놈들을 모조리 때려죽이자!

「헨리 6세Henry VI」 제2부

법률가 풍자는 대중의 특권

셰익스피어의 작품을 샅샅이 파보면 법률가를 나쁘게 말하는 구절이 최소한 1만 군데나 발견된다고 한다. 노골적인 비난에서부터 은근한 야유에 이르기까지 다양하기 짝이 없다.[1] 많고 많은 법률가 매도의 변 중 가장 많이 인용되는 구절은 단연코 '몰살 법률가' 구호다. 이 구절은 너무 널리 퍼져 셰익스피어를 단 한줄도 읽지 않은 반고전주의자(?)의 귀에도 낯설지 않다. 인구에 회자되다 보니 이제는 진부한 관용어구가 되다시피했고, 웬만한 영어권 법과대학 기념품 가게의 필수품이 되었다. 티셔츠, 기념접시, 커피 잔 등 이 문구가 새겨진 상품도 가지가지다. 언젠가는 영화 제목으로 등장하기도 했다. 법률가 대신 정원사로 전업하여 성실하고도 정직한 삶을 사는 한 청년의 인생을 그린 미국 영화 Let's Kill All the Lawyers, 1992이다.

이 문구가 인기 높은 이유를 대중문화의 관점에서도 설명할 수 있다. 오늘날 지식층, 그중에서도 특수지식층의 전유물로 전락한 (또는 격상된) 셰익스피어의 작품은 탄생 당시에는 대중문화의 일부였다. 연극이야말로 엘리자베스 시대 대중문화의 진수이다. 계몽기 이후 서양에서는 풍자를 통해 법률가를 비판하는 것이 대중문화의 전형에 속한다. 디킨스Charles Dickens와 도미에H. Daumier 시대는 말할 필요도 없고, 일상생활에서 법이 차지하는 비중과 역할이 급격하게 늘어난 20세기에 들어와서는 법률가에 대한 풍자와 비판도 도를 더한다. 주기적으로 중간을 거듭한 고급 유머집, 앰브로스 비어스Ambrose Bierce, 1842-1914의 『악마의 사전Devil's Dictionary』에는 법률가에 관련된 풍자가 상당 부분을 차지하고 오래전부터 법률가를 소재로 한 유머 선집이 잇달아 출판된다. 사회 풍자를 위해 그 사회의 기본 질서를 주도하는 법률가를 재료로 삼는 것은 지극히 당연할지 모른다.[2]

법률가에 대한 풍자를 가장 즐기는 사람도 법률가이다. 법률가의 직종과 개성이 다양하다 보니 주류 문화에서 벗어난 시쳇말로 '튀는' 법률가도 나오기 마련이고, 자신의 직업에 대해 높은 윤리의식을 갖춘 인물도 더러 있기 마련이다.

뿐만 아니라 비교적 안정된 직업으로 평가받는 법률가인지라 그만큼 자기 직업에 대한 적나라한 고발과 풍자를 견딜 정도의 여유를 갖춘 사람도 적지 않다. 특히 변호사의 경우는 일상의 업무가 의뢰인의 고발을 대리하는 일이어서 업무 과정에서 고발과 풍자를 접하기 마련이다. 한마디로 법률가라는 직업은 냉소와 풍자에 낯설지 않다.

영국과 미국에는 풍자가 담긴 포스터로 장식하는 법률사무실이 흔하다. 단순한 직업적 여유를 넘어 적어도 '우리 사무실만은' 법률가에 대한 대중의 분노와 불만을 잘 안다는 사실을 고지함으로써 의뢰인의 신뢰를 유도하려는 고도의 상업적 수완이라고 볼 수도 있다.

'몰살 법률가' 구호가 담긴 작품은 셰익스피어의 극 중 가장 인기도가 낮은 축에 속한다. 전 3부작으로 구성된 「헨리 6세」는 비극도 희극도 아닌 '사극'이다 셰익스피어의 사극은 비극이나 희극보다 문학성이 뒤진다고 평가된다. 뿐만 아니라 영국사를 다룬 역사물은 그 속성상 영국 밖의 무대에서 각광받기 어렵다. 게다가 셰익스피어의 사극은 결코 정사正史가 아니다. 비록 기본 골격은 라파엘 홀린셰드Raphel Holinshed의 『연대기The Chronicles』 제2판(1587)을 바탕으로 삼았지만 이 저술 자체가 엄밀한 의미에서는 하나의 야사일 뿐이다. 셰익스피어는 야사에다 허구의 사실을 가미하고 새 인물을 창조함으로써 극을 만든 것이다. 그러므로 셰익스피어의 '사극'을 읽음으로써 역사 공부를 대신할 수는 없다. 설령 극을 통해 허구의 역사를 즐기려는 사람이 있다손 치더라도 수백 년 전의 언어로 쓴 시적 대사를 통해 이런 즐거움을 확인할 수 있는 사람은 극히 드물 것이다.

사극과 역사

셰익스피어가 남긴 전 10편의 사극 중에서 「헨리 6세」 3부작은 인기가 떨어지는 작품이다. 악과 권모술수의 화신이 주인공으로 등장하여 시종일관 긴장으로 이끄는 「리처드 3세」나, 유머와 해학, 그리고 방탕과 탈선의 화신인 폴스탑이 극의 묘미를 더해주는 「헨리 4세」 2부작의 경우와 달리 이 작품에는 대중의 인기에 부합하는 슈퍼스타가 없다. 작품의 문학적 가치도 비슷한 평가를 받는다. 이 작품은 작가가 20대이던 초년의 저작으로 사극 중 가장 먼저(1590-1592) 쓴 것으로 추정된다. 예술적 가치가 다른 작품보다 현저하게 떨어지는 것으로 인식되어 전문가 이외에는 읽는 사람이 거의 없다시피하고 공연도 몹시 드물다. 지은이도 영국 나들이를 할 때마다 열심히 수소문했으나 여지껏 운이 닿지 않았다. 90년대 초, 당시 내 형편으로 다소 무리를 하여 구입한 BBC 비디오 전집에서 꺼내어 단 한 차례, 엄습하는 하품을 참으면서 의무방어전을 치렀을 뿐이다.

권력다툼에 휘둘리며 무능한 왕으로 기록된 헨리 6세.

역사적인 평가로 보아도 헨리 6세는 영국사에서 치적이 미미한 왕이다. 프랑스와 싸워 혁혁한 전공을 세운 부왕, 헨리 5세가 급사하자 생후 9개월의 영아로 옥좌에 올라(1422) 50년간 재위하지만 부왕이 손에 넣은 프랑스의 영토를 잃고 장미전쟁과 폭동 등 끊임없는 내란에 시달리면서 오로지 충신들의 지혜와 성경에 의존한 섬약한 군주이다. 섭정의 보호 아래 미성년기를 넘기고 성년이 되어서도 국왕으로서의 위용을 세우지 못한다.

셰익스피어는 10편의 사극 중 3편을 헨리 6세 시대에 할애한다. 셰익스피어 작품 중 헨리 6세의 타이틀롤은 우유분단한 주인공의 예로 꼽힌다. 극중에서 왕권을 암중모색하는 요크 공작은 잭 케이드Jack Cade라는 무식쟁이 건달을 부추겨 반란을 일으킨다. 케이드는 농민, 거지, 가난뱅이를 규합하여 수도 런던을 일시 점령할 정도로 큰 소요를 일으킨다.

몰살 법률가 구호는 런던 침공 직전에 한 반란군의 입에서 나온다. 케이드의 측근 '백정 디크Dick the Butcher'는 두목에게 폭도들의 사기를 진작시키려고, 만일 반란이 성공하여 왕이 되면 어떤 개혁을 할 것인가를 공약으로 내걸라고 충고한다.

"잉글랜드 땅에서는 7페니짜리 빵을 반 페니에 살 수 있을 것이며서 말짜리 술동이가 열 말짜리 동이가 될 것이다. 작은 잔으로 술을 마시는 놈은 중죄로 다스리겠다."[3]며 케이드는 공약을 내건다. 이어서 그는 자신이 구상하는 유토피아의 모습을 그려나간다. "모든 토지는 공유지가 될 것이며 …… 화폐도 폐지될 것이다. 누가 먹고 마시든 모두 내가 계산한다. 모두 형제처럼 화목하게 살고 나를 군주로 경배할 것이다."[4]

사유재산의 폐지와 부의 재분배를 내용으로 하는 케이드의 급진적 개혁안을 들은 백정 디크는 환성을 지른다. 그렇다면 "맨 먼저 법률가 놈을 모두 때려죽이자The first thing we do, let's kill all the lawyers!"

두목 케이드는 백정 디크의 이 비상한 아이디어를 높게 평가한다. 그는 "그래, 그게 바로 내 생각이야." 하고 맞장구를 친 후에 경험에서 얻은 자신의 법률가관을 피력한다. "그놈들은 죄 없는 어린 양의 가죽으로 서류를 만들고 그 위에 뭔가를 끄적거리면서 사람을 잡는단 말이야. 어찌 개탄할 일이 아니겠나. 벌은 침이 있다고 하는데 독이 있는 것은 벌이 아니라 밀랍이야. 왜냐고? 나도 한 번 밀랍에 도장을 찍어 신세 망쳤지."[5]

이때 폭도들이 "읽고 쓰고 법률서류도 작성할 줄 아는" 서기를 잡아 대령하자 케이드는 즉결처분을 지시한다.[6] 마치 '엉터리 시'를 썼다고 시인 신너를 죽이는 로마의 폭도나 마찬가지다.[7] 케이드의 정치적 모토를 '질서를 벗어나야만 참다운 질서가 생긴다.' 정도로 요약할 수 있으리라. "파괴의 열정이야말로 참다운 창조의 열정이다." 귀족을 잡아 교수형에 처하는 장면은 농민반란의 섬뜩한 진수를 보여준다. 케이드가 추궁하는 세이 경의 죄상에서 통제할 수 없는 유한계급에 대한 적대의식을 본다.

> …… 네놈은 문법학교를 세워서 나라의 아이들을 가장 반역적인 방법으로 타락시킨 놈이다. 우리 조상들은 부목浮木 이외에 책 같은 것은 없었다. 네놈은 인쇄라는 걸 시작한 놈이야. 어디 그뿐인가, 왕이나 왕관에 격이 맞지 않는 종이공장을 세웠지 않나. 네 아래로 많은 사람을 거느리고 있지. 그놈들은 걸핏하면 명사니 동사니 하는 그 따위 말을 입에 올리고 다니지. 기독교인의 귀로는 차마 들을 수 없는 험한 말을 주저리주저리 내뱉지. 게다가 네놈은 치안판사를 임명하고 그놈을 시켜 가난한 사람들을 불러서 답도 못할 질문을 하게 한 놈이다. 또 있어. 그 불쌍한 사람들을 감옥에 잡아넣고선 글도 읽지 못한다고 교수형에 처한 놈이야. 책 못 읽는 게 바로 그 사람들이 살 가치가 있는 이유인데도 말이야. 네 놈은 말에다 옷을 입혀가지고 타고 다녔지. 어디 내가 거짓말 하나?[8]

반란의 상황을 국왕에게 보고하는 전령의 입을 빌자면 폭도들은 모든 학자, 법률가, 신사를 '해충'으로 규정하고 모두 몰살할 계획이라고 한다.[9] 디크도 반란이 성공을 거두려면 감옥 문을 열어 모든 죄수를 석방하라고 건의한다.[10] 케이드는 법학원Inns of Court 건물에 불을 지르고 공문서를 일체 태워버릴 것을 폭도에게 지시한다.[11]

인민의 적, 법률가

이러한 배경 아래 등장한 문제의 '몰살 법률가' 구호를 통해 스트라트포드의 시인이 전하고자 한 진의가 무엇이었던가, 찬찬히 살펴보자.

첫째, 문자 그대로 법률가를 비판하는 내용이라는 주장이다. 케이드와 디크가 법률가에 대해 지극히 비판적인 입장을 취하는 것은 이들이 계급혁명을 도모한다는 관점에서 검토해야 한다는 주장이다. 작품에 그려진 케이드의 반란은 '무수한 농민, 노동자', 그리고 피복장이, 백정, 무두장이, 톱장이 등 '장인'으로 구성된 하층 계급이 상류층의 권력의 횡포와 사치에 맞선 저항이다. 케이드는 반도들을 앞에 두고 자신들은 "고유의 자유ancient freedom"를 회복하여 더이상 귀족의 노예로 살지 않으려고 봉기한 것이라며 반란의 성격과 정당성을 역설한다.[12]

지금도 그러하지만 중세의 법률가는 대체로 부유 권력층에 속하거나 이들과 가까웠다. 따라서 법률가라는 신분은 혁명을 유발시킨 정의롭지 못한 박해자의 상징이었다. 당시 소송사건의 대종은 재산권에 관한 분쟁이었다. 그러기에 무산대중에게 법률가는 자신과는 무관한 '다른 세계'의 인물이었고 얼마간 재산을 가진 사람이라도 송사에 휘말리게 되면 모조리 탕진하기 십상이었다. 법률가는 도저히 사랑하려야 할 수 없는 그런 족속이었다. 사정이 이러하니 부의 재분배를 슬로건으로 내건 케이드의 반란에서 기득권자의 대변인인 법률가를 후세 용어로 '인민의 적' 리스트에 제1번으로 기재하는 것은 놀라운 일이 아니다.

영국의 정치학자, 해럴드 라스키Harold Laski는 미국 연방대법원의 올리버 웬델 홈스Oliver Wendell Holmes, Jr. 판사와 주고받은 편지에서 모든 혁명에서 가장 먼저 타도된 직업은 법률가라고 한 바 있다. 당대 사회에 봉사하는 것이 법의 일차 임무인 이상, 사회의 기존 질서가 근본적으로 전도되는 혁명의 상황에서 법률가를 기득권층의 표상으로 상정하는 것은 자연스러운 일이다.

「헨리 6세」 제2부에서 잭 케이드 일당이 법률가에 대해 가지는 적개심은 미국 헌정사에서도 유사한 사례를 발견할 수 있다. 1786년 미국의 독립 직후, 매사추세츠 주에서 발생한 '셰이스의 반란Shays' Rebellion'은 과도한 채무에 쪼들린 농민이 세제개혁과 지폐 제도의 도입, 채무집행정지법의 제정 등 일련의 부의 재분배 조치를 요구하고 나선 무장투쟁이다. 독립혁명에 참가한 경력이 있는 대니얼 셰이스 대위가 이끄는 농민군대는 채무집행명령의 발부를 막으려고 법원을 점거한 것이다. 반란은 불과 몇 달 만에 진압되었지만, 극단적인 군중의 난동을 우려하는 정서가 강력한 중앙정부가 필요하다는 인식을 낳게 되고, 이러한 의구심이 급기야 1789년 제헌회의의 소집으로 이어진다. 케이드 일당과 마찬가지로 셰이스 반군도 법률가를 공격의 표적으로 삼는다. 그들의 눈에 비친 법률가는 고급 가구로 가득 찬 호화 주택에 살면서 마차 위에 높이 앉아 거드름을 피우는 부자 채권자의 앞잡이에 불과했던 것이다.

왜곡된 진의

셰이스의 반란의 경우와 마찬가지로 백정 디크의 '법률가 몰살' 구호는, 법은 지배층의 대변인에 불과하다는 폭도들의 소박한 신념이 이른바 '민중적 정의'의 실현을 위해서는 법률가를 제거해야만 한다는 선동적인 구호로 나타난 것이라는 해석이 가능하다.

이와 같은 전형적인 해석에 대해 문제의 구절은 법률가에 대한 매도가 아니라 오히려 찬양을 담았다는 주장이 있다. 2010년에 은퇴한 미국 연방대법원 판사, 존 폴 스티븐스John Paul Stevens는 1985년의 한 판결문에 이러한 주장을 담았다.[13]

법률가의 사회적 기여에 대해 찬사를 보내면서 스티븐스는 "이러한 법률가의 역할은 잭 케이드와 그의 추종자조차도 잘 숙지하였다."고 주장한다. 그는 문제의 구절은 진의가 왜곡되어 전해졌다면서, 이 구호는 "자유의 수호자의 입에서가 아니라, 반란자의 입에서 나온 것임을 주목해야 한다."고 부연한다. 이어서 "본문을 주의 깊게 읽은 독자라면 셰익스피어는 법률가를 처단하는 것은 전체주의 체제로 추락하는 첩경임을 경고하는 메시지를 보내고 있음을 쉽게 감지할 수 있다."고 결론을 내린다. 스티븐스의 주장에 동조하는 법률가가 많다. 1988년, 뉴욕의 한 변호사는 이 구호의 진의는 "법률가를 죽이지 말자."는 것이라고 주장했고,[14] 이 새로운 구호를 따르는 추종자가 줄을 잇는다.

디크의 구호를 '희극'의 속성에 맞추어 해석함으로써 동일한 결론에 이를 수 있다. 이 작품에서 백정 디크는 해학적 인물로 등장한다. 보다 근본적으로는 잭 케이드 반란 자체가 하나의 유머적 삽화에 불과하다. 반란의 사유, 구호, 전개, 결말, 이 모든 것이 극의 주된 플롯에서 벗어난, 오로지 관중의 즉흥적 흥미를 유발하려고 삽입된 것이라는 요지다. 모든 희곡의 본질적 속성이 그러하듯 셰익스피어도 객석 관중의 반응을 유념했을 것이다. 셰익스피어의 관객 중에는 법률가와 법학도가 상당한 비중을 차지한다. 법률가를 상대로 한 공연에서 "법률가를 모조리 때려죽이자!"는 구호를 액면대로 당당하게 제시한다는 것은 상식에 어긋난 일이다. 작품을 자세히 분석해보면 이러한 결론에 동조할 수 있다.

케이드는 자신이 새 시대 영국법의 화신임을 선언하고 백정 디크는 "이제 영국법은 당신의 입에서 나온다."며 아첨을 떤다. 세 광대의 방백傍白이 가세한다. 첫째 광대가 "그 법은 아픈 법이 되겠지."라고 촌평을 하자, 둘째 광대는 "구린내 나는 법이 될거야."라고 받는다. 셋째 광대는 "물어뜯는 법령이 나올 것 같아. 저 자의 이빨을 모두 뽑아버리지 않으면." 하고 추임새를 넣는다.[15]

이러한 대사가 광대의 입을 통해 나온 사실 자체가 중요한 해석의 단서가 될 수 있다. 셰익스피어 극에서 광대의 중요한 역할 중 하나는 풍자와 해학을 통한 충언의 경고를 주는 일이다. 비극 「리어 왕」에서도 자식들에게 배신당하고 황야를 표박하는 왕의 동반자 광대는 왕에게 모욕에 가까운 풍자와 해학의 언어로 따끔한 인생충고를 건넨다. 디크와 잭 케이드 일당이 극중에서 차지하는 성격이 이러한 해석을 뒷받침한다. 이들은 정당한 혁명을 시도하는 영웅이 아니라, 단지 불법 폭동을 통해 무정부 상태를 야기하고 피의 난동을 취미로 삼는 비조직적 건달 집단에 불과하다. '백정 디크Dick the Butcher'라는 이름 자체에 피의 냄새가 배어 있다. 작품의 군데군데에서 '칼잡이butcher'와 살육을 연결시키는 문구가 등장한다.

잭 케이드 반란 장면의 묘사를 통해 셰익스피어는 폭력 혁명을 냉소적으로 풍자한다는 주장도 있다. 반도들의 행태를 멸시적으로 묘사하는 작가의 태도는 다른 작품 속에서도 확인된다. 「줄리어스 시저Julius Caesar」나 「코리올래이너스Coriolanus」에서도 빈민자들에 대해 작가는 냉혹하리만치 멸시적인 태도를 취한다. 셰익스피어 자신이 법과 질서의 신봉자였기에 이러한 태도를 취한다고 한다. 자주 인용되는 「트롤리어스와 크레시다Trolious and Cressida」에서 율리세스의 비장한 연설 장면이 이런 주장을 어느 정도 뒷받침해준다. 트로이의 공략이 지지부진하고 아킬레우스의 심통(?)으로 전열이 가다듬어지지 않자 경륜과 지략의 노장, 율리세스가 그리스 군의 단결을 호소하며 비장한 연설을 토한다. 율리세스는 트로이가 난공불락인 이유는 법과 질서가 확립되었기 때문이며, 수적 우세에도 불구하고 그리스 연합군이 고전한 이유는 법과 질서 그리고 군의 기강이 해이해졌기 때문이라면서 법의 이름으로 일치단결할 것을 호소한다. 이렇듯 근거와 이유는 다양하지만 이들의 공통된 주장은 문제의 구절을 법률가에 대한 비판보다는 찬양의 뜻으로 이해해야 한다는 것이다.

사실의 중립적 보도

이렇게 상반되는 양극의 주장에 대해 작가는 일체의 메시지를 제시하지 않고 단지 역사적 사실을 충실하게 보도할 뿐이라는 제3의 주장이 있다. 알려진 바대로 이 작품의 플롯은 (이론이 전혀 없지는 않으나) 홀린셰드의 『연대기』 제2판(1587)에 의존했다. 다만 연대기에 기록된 폭동 상황은 헨리 6세 시대가 아니라, 보다 69년 앞선 리처드 2세 재위 4년인 1381년에 일어난 폭동이었다(작품의 연대인 1450년에도 켄트 지방에서 폭동이 일어나긴 했다.). 작품처럼 1381년의 켄트 지역 폭동 상황을 보고하면서 홀린셰드는 반도들은 "법률가, 판사 배심원들을 무자비하게 살상했으며 …… 감옥문을 파괴하고 모든 죄수를 석방하여 자신들의 패거리로 규합했으며 …… 법학원과 법률가들의 숙소를 침범하여 건물과 책, 서류 등 손에 잡히는 대로 무차별하게 불 질렀고 …… 일체의 법을 폐지할 것을 구호로 내세웠다."고 적었다. 이러한 역사적 기록은 셰익스피어가 그린 케이드의 반란의 모습과 거의 일치한다.[16] 만약 셰익스피어가 홀린셰드의 기록을 케이드의 반란이라는 허구적 상황에 대입한 것이라면, 이를 통해 작가 자신의 의도를 파악하기는 불가능할 것이다.

법치주의 옹호설: 글로우스터의 죽음

마지막으로, 구호의 의미를 작품의 중심인물의 운명과 관련하여 파악해야 한다는 주장이 강력하게 제기된다. 이 작품에서 가장 중요한 인물은 글로우스터 공작, 험프리다. 1623년 2절판Folio의 원제목에 "선량한 험프리 공작의 죽음"[17]이라는 문구가 포함된 사실이 이를 간접적으로 말해준다. 백정 디크의 구호도 글로우스터라는 인물이 처한 상황과 관련지어 음미해야 한다. 왕의 숙부인 글로우스터 공작은 영아로 등극한 헨리 왕의 섭정직을 맡아 왕의 미성년기에 사실상 영국을 통치한다. '덕망의 왕족virtuous prince' 글로우스터는 법치와 덕치의 화신이었다.

무사공정한 글로우스터는 권력과 사욕에 혈안이 된 간신배의 모함을 받아 재판을 기다리는 중 암살당한다. 그를 제외한 모든 정신廷臣은 입으로는 법의 중요성과 자신이 법의 수호자임을 내세우지만, 실제로는 사리를 위해서라면 언제라도 법을 어길 준비가 되어 있다. 케이드의 반란까지 최초 3막은 글로우스터의 법치 의식이 극의 주제라고 할 수 있다. 케이드의 반란과 백정 디크의 구호도 이러한 선행 사건을 숙지한 후라야 비로소 그 진의를 파악할 수 있다.

극의 초반부에 판결을 구하러 온 분쟁 당사자 앞에서 국왕이 글로우스터에게 묻는다. "이런 경우에 법은 어떻소?"[18] 글로우스터는 자신이 믿는바 "옳은 법"[19]을 전한다. 자신의 아내가 '마녀 행위'의 혐의를 쓰고 '법의 심판을 받아' 국외추방 결정을 받았을 때도 글로우스터는 사사로운 감정을 누르고 담담하게 받아들이며 아내를 달랜다. "법의 심판이 그러하거늘 난들 무슨 도리가 있겠소."[20] 자신이 모함당하고 있음을 알고도 법치의 신봉자인 글로우스터는 변함없이 의연한 자세를 견지한다. 이러한 글로우스터가 오도된 법의 제물이 된다. 그가 "법을 남용하고 법의 자비에 몸을 내던졌다."는 버킹감의 고발[21]에 대해 당당하게 맞선다. "증거를 대시오. 그러면 법의 심판을 달게 받겠소."[22] 목숨을 노린 정적들이 그를 죄어온다. "이제 법의 이름으로 그대의 목숨을

1450년, 잭 케이드는 민중을 규합하여 봉기를 일으킨다. H. C. 셀러스, 「잭 케이드의 반란(Jack Cade's Rebellion)」(1830).

빼앗겠다."[23] 이 절체절명, 최후의 순간까지 글로우스터는 법의 공정함을 믿는다. 그리고 자신이 믿는 법 앞에 순교한다.

글로우스터의 죽음에 이르는 과정이 바로 법치주의가 파괴되는 과정이고 그의 몰락을 계기로 혼란과 무질서가 득세한다. 글로우스터의 무고한 죽음에 분노한 민중이 소요를 일으킨다. 법을 적정하게 집행함으로써 (왕비 마가렛의 악의에 찬 표현을 빌리면 "아첨으로") 글로우스터는 "민중의 마음을 사로잡았던 것"이다.[24] 그의 신변에 위협이 발생하면 "민중들이 구하려 봉기할 것"이다.[25]

워릭은 그가 죽고 난 후에 동요하는 민심을 국왕에게 보고한다.

> 백성들은 마치 대장을 잃은 성난 벌떼처럼 사방에 흩어져서 닥치는 대로 찔러 죽이며 복수하려고 합니다.[26]

케이드의 폭동도 글로우스터가 죽고 난 뒤에 일어난다. 신뢰할 수 있는 법 집행자가 사라지자 민중은 기존의 법질서에 대한 믿음을 잃었다. 그래서 그들은 허위의 질서를 파괴하고 스스로가 법의 집행자가 될 것을 선언하고 나선 것이다 그들은 기존의 법체계를 전면적으로 부정하고 나선 것은 아니다. 다만 정의로운 법의 화신, 글로우스터 공작을 죽인 허위의 법질서를 악으로 규정하고 나섰을 뿐이다. 악의 질서를 타파해야 할 일차적인 책임이 법률가에게 있는데도 임무를 방기한 채 구질서의 파수꾼으로 전락한 법률가를 몰살해야 한다며 분노의 절규를 내뱉은 것이다. 이러한 맥락에서 본다면 몰살 법률가의 구호는 법치주의에 대한 강한 향수와 집념의 표현이라고 볼 수도 있다.

예술작품은 일단 작가의 손을 떠나면 작품 그 자체로서 살고 죽는다. 필살 법률가 구호의 진의가 무엇인가는 작품으로부터 독자가 구하고자 하는 바에 따라 다를 것이다. 이 구호가 주로 법률가를 매도하는 의미로 사용되는 것은 법률가 자신을 포함하여 많은 사람이 법률가를 비판, 풍사하는 데서 재미나 즐기움, 그리고 한가로운 여유를 느끼기 때문이다. 그만큼 법의 세계가 넓어졌고 위력을 발휘한다는 의미이다. 또 그것에 비례하여 사람들이 법의 가치와 위력, 그리고 무엇보다 법의 위험을 인식하고 있기 때문일 것이다.

법률가의 진실은 기껏해야 절반의 진실에 불과하다. 검사는 혐의자의 유죄를 추궁해야 하나 피고인은 정반대다. 민사사건은 승자와 패자가 나뉜다. 판사도 변호사도 패소한 당사자의 원망을 받을 수밖에 없다. 이런 비율이면 최소한 인구의 절반은 적이 되는 것이다. 나머지 절반도 잠정적인 적이다. 그러하기에 법률가를 공격하는 것은 대중의 정서에 영합하기 용이하다. 1992년과 1996년 미국 대통령 선거에서는 변호사 업계의 규제가 중요한 쟁점이 되기도 했다. 법률가라는 직업이 대중의 선망과 원성의 표적이 되어 있는 이상, 이런 정치적 에피소드는 언제, 어디서나 수시로 되풀이될 것이다.

1 Wayne F. Hill and Synthia J Ottchen, *Shakespeare's Insult for Lawyers* (Clarkson Potter Publishers, 1996).

2 안경환, 「법률가를 몰살하자: 셰익스피어의 진의는?」, 『법과 사회』, 제15호(1997 하반기), pp. 230-246.

3 CADE: (…) There shall be in England seven halfpenny loaves sold for a penny, the three-hooped pot shall have ten hoops, and I will make it a felony to drink small beer(4.2. 67-69).

4 CADE: All the realm shall be in common, (…) there shall be no money. All shall eat and drink on my score, and I will apparel them all in one livery that they may agree like brothers, and worship me their lord(4.2. 69-71; 75-77).

5 CADE: Nay, that I mean to do. Is not this a lamentable thing that of the skin of an innocent lamb should be made parchment? That parchment, being scribbled o'er, should undo a man? Some say the bee stings, but I say 'tis the bee's wax. For I did but seal once to a thing, and I was never mine own man since (…) (4.2. 79-84).

6 WEAVER: The clerk of Chatham — he can write and read and cast account(4.2. 87-88).

CADE: (…) hang him with his pen and inkhorn about his neck(4.2. 108-109).

7 「줄리어스 시저」, 4.1. 30-31.

8 CADE: Thou hast most traitorously corrupted the youth of the realm in erecting a grammar school; and, whereas, before, our forefathers had no other books but the score and tally, thou hast caused printing to be used and, contrary to the King his crown and dignity, thou hast built a paper-mill. It will be proved to thy face that thou hast men about thee that usually talk of a noun, and a verb and such abominable words as no Christian ear can endure to hear. Thou hast appointed justices of peace to call poor men before them about matters they were not able to answer. Moreover, thou hast put them in prison, and, because

they could not read, thou hast hanged them when indeed only for that cause. Thou dost ride on a foot-cloth, dost thou not(4.7. 30-44).

9 MESSENGER: All scholars, lawyers, courtiers, gentlemen, they call false/ Caterpillars and intend their death(4.4. 36-37).

10 BUTCHER: If we mean to thrive and do good, break open the jails and let out the prisoners(4.3. 14-15).

11 CADE: So, sirs, now go some and pull down the Savoy; others to th' Inns of Court — down with all them(4.7. 1-2).

12 CADE: I thought ye would never have given up these arms till you have recovered your ancient freedom. But you are all recreants and dastards, and delighted to live in slavery to the nobility(4.7. 181-182).

13 *Walters v. National Association of Radiation Survivors*, 473 U.S. 305, 371, n. 24 (1985) (Stevens, dissenting).

14 Lester Forest, "Let's (not) Kill All the Lawyers", *New York Law Journal*, Issue 19 (July 1988), p. 2.

15 BUTCHER: Only that law of England may come out of your mouth.

JOHN: Mass, 'twill be sore law then, for he was thrust in the mouth with a spear, (…).

WEAVER: (…) it will be stinking law, (…).

JOHN: Then we are like to have biting statutes unless his teeth be pulled out(4.7. 6-16).

16 Daniel Kornstein, *Kill All the Lawyers?* (Princeton University Press, 1997), pp. 32-33.

17 The Second Part of Henry the Sixth, with the Death of the Good Duke Humphrey.

18 KING HENRY: What shall we say to this in law(1.3. 206)?

19 "This is the law"(1.3. 213).

20 GLOUCESTER: The law, thou seest, hath judged thee;/I cannot justify whom

the law condemns(2.3. 15-16).

21 BUCKINGHAM: (…) exceeded law,/And left thee to the mercy of the law(1.3. 136-137).

22 GLOUCESTER: (…) prove them, and I lie open to the law(1.3. 159).

23 CARDINAL BEAUFORTl: 'Tis meet he be condemned by course of law(3.1. 237).

24 QUEEN MARGARET: By flattery hath he won commons' hearts, (…)(3.1. 28).

25 SUFFOLK: The commons haply rise to save his life; (…)(3.1. 240).

26 WARWICK: The commons, like an angry hive of bees/That want their leader, scatter up and down/And care not who they sting in his revenge(3.2. 125-127).

3장

저주받을지어다, 당신네들 법!

「베니스의 상인The Merchant of Venice」

법률희곡의 대명사

「베니스의 상인」이야말로 셰익스피어의 작품 중 가장 많이 논의되는 법률희곡이다. 이 작품은 「눈에는 눈Measure for Measure」의 경우와 동일한 법적 개념과 해석을 제시한다. 전형적인 해석은 형식적인 법은 형평적인 정의가 보완되지 않으면 불의를 초래한다는 것이다.

우리나라에도 일찍부터 '인육재판'으로 소개된 샤일록의 재판에 대한 평가는 크게 둘로 갈린다. 일반 독자는 대체로 포셔의 창의적인 논리와 '정의'에 합당한 판결에 찬사를 보내고 다수의 법률가 평자도 포셔의 판결에 공감하거나 동의를 표한다. 이들에 의하면 포셔의 승리는 법의 자구letter에 대한 형평과 자비라는 법의 '정신spirit'의 승리, 형식주의에 대한 법현실주의의 승리라고 하기도 한다.[1] 성숙한 사회는 문자에다 정신을 투여한다. 이른바 '법치'란 합의된 원칙에 따라 다스리는 통치다. 법원은 단지 동일한 판결을 대량으로 복제해내는 자동기계가 아니다. 이런 입장에 의하면 샤일록은 수전노, 야만인, 성격파탄자, 증오와 탐욕의 화신이고 「베니스의 상인」은 사악한 인물의 몰락 과정과 비참한 말로를 즐기는 권선징악적 작품이다.

그러나 소수의 법률가는 과연 샤일록이 공정한 재판을 받았는가에 초점을 맞춘다. 샤일록이야말로 정의롭지 못한 법의 희생양이다. 샤일록은 편견어린 박해 속에서도 꺾이지 않고 자신의 권리를 찾으려는 투사다. 무엇보다 그가 공정한 재판을 받지 못했음을 간과할 수 없다. 구체적으로 샤일록은 외국인, 소수 종교인, 소수 인종이다. 이런 입장에 서면 작품의 주인공은 당연히 샤일록이고,[2] 포셔는 빛나는 히로인이나 '재림한 다니엘'이 아니라 기껏해야 교활한 변설가일 따름이다. 그녀의 결정은 편견에 찬 자의적인 판결이며, 무엇보다 명백한 오판이다.

법을 통한 복수

「베니스의 상인」은 복수극인가? 그렇다. 원한을 갚으러 복수에 나선 원래의 피해자가 오히려 낭패를 당하는, 실패로 끝난 복수극이다. 복수는 엘리자베스 시대 연극의 보편적 테마의 하나이다. 주체 못할 분노에 미쳐 피에 굶주린 극중 인물이 결정적인 순간에 상대를 살해함으로써 대반전을 이루는 플롯은 너무나 흔했다. 「베니스의 상인」에서 셰익스피어는 샤일록으로 하여금 법절차를 통한 복수라는, 외형적으로 비난하기 힘든 지능적인 작업을 시도하게 만든다.

샤일록에게 있어서 법 제도는 복수의 수단인 것이다. 자신을 공공연하게 고리대금업자[3]로 비하하고 심지어 '목을 따 죽일 개'라고 부르며,[4] 수염에 침을 뱉는[5] 등 오랜 세월에 걸쳐 모욕을 준 안토니오다. 게다가 홀아비로 키운 외동딸 제시카마저 이교도의 꾐에 빠져 야반도주한다. 아비와 조상의 종교를 버리고 '개종하여 예수교도의 아내'가 되기를 자청한 배은망덕한 딸년이다.[6] 그것도 아비가 근검절약, 평생 모아둔 돈과 패물을 몽땅 들고서 말이다.[7] 죽은 아내 레아가 처녀 시절에 선물한 반지마저도 훔쳐간다. 평생토록 쏟은 피와 땀의 결정체인 재물을 칠부지 연놈이 흥청망청 유흥비에 뿌린다는 소문이다.

이제 그에게 남은 것은 원한밖에 없다. 법절차를 통한 복수에 나설 수밖에 없다. "그자에게 증서를 똑똑히 보라고 하시오."[8] 샤일록은 되풀이하여 복수를 다짐한다. 동료 셀러리오가 "설마하니 상인의 살점을 벨 생각이야 없겠지." 하고 의중을 떠보자[9] "나는 복수를 할 뿐이다."[10] 하며 단호하게 내뱉는다.

'유대인의 눈'으로 시작하는 샤일록의 고발과 항변은 상식과 인간의 본성을 겨냥한 호소이다.

> 나는 유대인이오. 유대인은 눈이 없단 말이오? 유대인은 손도 없고 오장육부도 수족도, 감정도, 분노도, 아무것도 없단 말이오? 유대인도 예수교도처럼 같은 음식을 먹지도 않고, 같은 병에 걸리지도 않고, 여름엔 덥고 겨울엔 춥지 않단 말이오? …… 독을 먹어도 죽지 않소? 만약 당신들이 우리에게 해를 끼친다면 복수하지 않겠소? 만약 유대인이 예수교도를 유린했다면 어떻게 하겠소? 복수가 아니겠소? 예수교인이 유대인을 모욕했다면 예수교도 선례에 따라서 어떻게 하겠소? 마찬가지로 복수 아니겠소? 당신네가 가르쳐준 그 나

> 뺀 짓을 실행하겠소. 어김없이 하겠소. 아니 더 철저하게 하겠소.[11]

재판이 시작되기 오래전부터 굳게 다짐한 맹세다. "나는 증서대로 하겠소. 그러니 군말하지 마시오. 증서에 대고 맹세까지 한 터요."[12]

법을 통해 복수하는 샤일록은 근대성을 상징하는 인물이다. 법의 역사는 복수의 이성화 과정이다. 사적 복수에서 공적 복수로, 물리적인 직접 복수에서 제도를 통한 간접 복수로 형식과 절차가 변한 것을 근대화라 부른다.

복수극 「베니스의 상인」에서 결코 간과할 수 없는 것은 안토니오의 최후의 복수다. 위기에서 벗어나 처지가 바뀐 안토니오는 샤일록을 파멸시키기로 작심한다. 포셔의 판결에 따라 자신의 몫이 된 샤일록 재산의 절반으로 자신을 수탁자로 하는 신탁을 창설한다. 그러고선 샤일록을 망친 사위와 딸을 수혜자로 지정한다. 그것으로도 부족하여 향후 샤일록이 취득할 모든 재산을 신탁재산에 납입할 것을 약속하라고 강요한다. 그뿐이 아니다. 재산을 빼앗고도 모자라서 정신적 자산마저 빼앗는다. 기독교로의 개종을 요구하는 것이다. 마지막 남은 자산인 정신을 탈취함으로써 그의 존재 자체를 지워버리려는 것이다.

국제도시, 베니스

이 극의 지리적 배경은 베니스다. 당시 이탈리아는 유럽의 얼굴이었고, 베니스는 얼굴 중의 얼굴, 바로 이탈리아의 눈에 해당하는 도시

국가였다. 엘리자베스 시대의 영국민에게 이탈리아는 선망의 대상인 선진국이었다. 세련된 언어와 사랑이 만개하는 곳, 페트라르카Petrarch와 아리오스토Ariosto와 같은 대시인을 생산한 르네상스의 본향이었다. 그런가 하면 마키아벨리와 같은 무신론적 정치가가 판치고, 도박, 알콜중독, 매음과 계간이 횡행하는 악의 소굴이었다. 베니스는 철저한 자본주의가 지배하고 국제통상이 일상화된 국제도시다. 이탈리아의 모든 도시국가 중 경제적으로 가장 번성한 부국인 동시에, 정치적으로는 절대통치권자를 부정하는 공화국이었다. 베니스의 법은 선진의 법이다. 샤일록은 외국인, 소수 종교인, 소수 인종이다. 그나마 외국인이 의지할 수 있는 것은 공식 법이다. 유대인을 노골적으로 폄하한 베니스의 상인, 안토니오조차도 외국인의 사법접근권을 보장하는 베니스의 법을 상식으로 받아들인다.

> 공작님도 법률 조문을 어길 수는 없어요.
> 만약 이 베니스에서 외국인에게 우리가 향유하는
> 특권을 거부한다면 이 공국의 정의가 불신 받게 되는
> 겁니다.
> 우리 시의 상업적 이해가 여러 나라와 관련되어 있지
> 않습니까?[13]

인육계약 — 몸의 법리

예술작품의 중요한 특징의 하나는 상징적 적확성에 있다. 작품 전체

의 메시지가 중요한 상징물을 통해 압축적으로 제시된다. 이러한 상징물은 통상적인 의미의 재물이 아니다. 예술과 법의 지적 결합을 추구해 온 한 전문가는 이런 특성을 착안하여 '극중 재산dramatic property'이라는 개념을 고안해낸다. 작품의 주제를 반영하는 상징물은 "부분이 곧바로 전체partem pro toto"라는 로마법 이래 발전되어 온 법언法諺을 구체화한다는 것이다. 이 작품에 등장하는 '반지ring', '증서bond', '봉인seal', '저울scale', '초상portrait' 등은 극중 재산법의 표상물이라는 것이다.[14]

「베니스의 상인」의 주제는 사람의 몸이다. 몸의 중심은 심장이다. 심장은 몸의 전부다. 군주국 영국의 심장은 국왕이고 국왕은 곧바로 왕국의 전체다. '의회 내의 국왕King in Parliament'이 영국 헌정의 기본원리다. 모든 권력은 국왕의 몸에서 파생되어 나온 것이다. 이러한 군주주권의 원리는 극 속에 투영된다. 사극 「헨리 5세」의 프롤로그에 코러스가 극의 배경이 된 역사적 사실을 천하(관객)에 고지한다. "한 사람의 몸이 천 개로 갈라지고 …… 여러 해 동안 이룬 성취가 모래시계 신세로 변하도다."[15]

몸의 극, 「베니스의 상인」도 유사한 구조를 취한다. 개막에 즈음하여 셀러리오가 말한다.

> 모래시계에 모래알이 떨어지는 모습만 보아도 모래톱이나 사주砂洲를 생각하게 되고 화물을 가득 실은 나의 앤드류호가 모래 위에 좌초하여 돛대가 늑재肋材 밑에 깔리고 무덤에 입 맞추는 꼴을 연상하지 않을 수 없소.[16]

파선이라는 닥쳐올 대재앙을 모래시계라는 미세한 물체를 통해 연상시킨다. 선박의 '선체hull'는 사람의 몸으로 치면 갈비뼈ribs에 해당한다. 샤일록에게 담보 잡힌 안토니오의 살점의 위치다. 극은 작은 일이 큰 재앙으로 이어진다는 경고로 시작하여 같은 요지의 경고로 막을 내린다. 극을 마감하는 그라치아노의 변이다. "제 평생 가장 큰 걱정거리는 네리사의 반지를 어떻게 간수하느냐는 겁니다."[17]

몸의 상징물

극 전반을 통해 반지는 결정적인 상징성을 지닌다. 바사니오와 그라치아노는 한 차례 따끔한 경험을 했다. 그래서 상징물의 중요성을 안다. 반지를 잃으면 사랑을 잃고 결혼이 파탄에 이른다는 것을 안다. 그러나 안토니오는 다르다. 극의 초장에 자신이 왜 우울한지 "알게 될 것"[18]을 기대했지만 종장에 이르기까지 제대로 깨친 것 같지 않다. 사랑하는 친구를 위해 기꺼이 자신의 육신을 바친 그가 종장에는 자신의 영혼을 재차 담보로 제공한다. 새로 이룬 가정에서 친구가 내몰린 위기를 흘려 넘길 수 없는 그다. "이번에는 내 영혼을 걸고 한 번 더 맹세합니다."[19]

샤일록의 반지도 그의 서러운 인생의 상징이다. 딸년이 야반도주하면서 훔쳐간 그 반지는 총각 시절에 아내 레아가 준 것이다. 먼저 떠난 아내의 육신과 영혼의 집적물이다. 포셔의 반지가 감히 대적하지 못할 세월의 무게가 농축되어 있다. 포셔의 결혼반지는 그녀의 전 재산과 여자로서의 장래 운명이 함께 걸린 징표다. "이 집, 하인들, 그리고 제 몸, 이 모든 것을 이 반지와 함께 당신에게 바칩니다."[20] 기혼 여성은 자신의 이름으로 부동산을 소유하지 못하는 당시의 법리가 고스란히 담겨 있다.

상자 속에 담긴 포셔의 초상은 그녀의 몸이 가지는 이러한 재산적 가치를 상징한다. 포셔의 극중 성격은 상자게임의 결말을 분수령으로 하여 크게 바뀐다. 이 순간에 이르기까지 그녀는 아버지의 유언에 묶인 지극히 조신한 양갓집 규수에 불과하다. 그러나 일단 게임이 끝나고 자신이 바라던 결말이 나자 법 제도가 인정하는 남편에게 자신의 몸을 넘긴 후 사내의 법률세계로 자원하여 뛰어든다.

안토니오의 몸은 자신의 목숨 자체이다. 3천 다카트를 3개월 동안 무이자로 빌리는 대신 자신의 몸을 담보로 제공한다. "그대 신체 중에 내가 원하는 부위를 골라서 살점을 도려내겠소."[21] 샤일록의 말대로 살 한 파운드는 신체의 작은 부위에 불과하다. 그러나 그 부위는 사실상 몸 전체이다. 이 점은 샤일록이 안토니오의 심장 주위를 목적물로 택함으로써 분명해졌다. '파운드'라는 단어를 선택한 것은 무게뿐 아니라 금전가치를 상징한다. 즉 안토니오의 몸이 금전이라는 의미다. "내 돈주머니, 내 몸뚱이, 내 전 재산"[22]도 우정의 이름으로 기꺼이 바치겠노라는 안토니오의 다짐으로 더욱 분명해진다. 안토니오의 배는 자신의 몸의 상징이기도 하다. 배의 좌초 소식을 들은 바사니오는 안토니오의 몰락이 임박했음을 감지한다. "여보, 여기에 편지가 있소, 종이는 그 친구의 몸뚱이요, 글자 한 자 한 자가 입을 벌린 상처구멍처럼 생명의 피를 토하는 것 같소."[23]

친구들뿐 아니라 안토니오 자신도 그렇게 생각한다. 벨몬트로 보낸

편지에 배는 모두 좌초[24]했다고 적었고, 나중에 같은 단어를 자신의 몸에 대해서도 썼다. "한때 나는 그의 부를 위해 내 몸을 잡힌 적이 있소. 그대 주인의 반지를 가져간 그분이 아니었다면 내 목숨은 오래전에 좌초했을 것입니다."[25]

지갑, 편지, 한 파운드의 살, 배, 이들 모두가 다름 아닌 안토니오의 몸이다.

샤일록의 마지막 항변도 주목할 필요가 있다. "집을 받치고 있는 기둥prop을 빼 가버리면 집을 빼앗는 것과 마찬가지 아닙니까?"[26] 튜더 왕조의 영국에서 'prop'이란 어휘는 목조 가옥을 받쳐주는 기둥을 의미했다. 안토니오의 목숨이 목선의 선창에 달려 있듯이 샤일록의 생명도 자신의 집 기둥에 달려 있다. 선창이 침수되면 배가 좌초하고 기둥이 빠지면 집이 깡그리 무너진다. 이 또한 '부분이 전체'라는 극중 재산 법리의 한 단면이다.[27]

저울의 의미

"미美는 저울로 달아서 살 수 있지."[28] 바사니오의 방백은 여자(포셔)와 재물을 동치시킨다. 보다 넓게는 인간을 상품으로 파악한 것이다. 로마 시대 상품(노예를 포함한)의 거래에서는 5인의 성인 증인 앞에서 동을 저울로 달아 가액을 산정했다(로마법의 mancipatio). 동의 무게는 가액의 명목적 기준이며 정식 화폐에 의한 지불이 뒤따랐다.[29] 샤일록이 칼과 저울을 들고 법정에 나타나는 것은 정의의 여신에 대한 패러디다. 또 로마 시대의 노예 거래와 영국법상의 토지 양도 의식(칼로 나뭇가지를 꺾어 넘겨줌, livery of seisin)을 상징한다.

샤일록은 사람을 노예로 팔고 사는 그리스도교인의 위선을 비판한다. "당신네들 집에는 돈에 팔려온 많은 노예를 두고서 마치 나귀나 개나 노새처럼 마구 부려먹고 있지 않소? 돈 주고 샀다고 해서 말이오."[30] 베니스의 자유민인 안토니오도 노예 거래를 하고, 그들 자신도 돈을 위해 몸을 거래한다는 것을 암시하는 것은 아닐까?

작가는 작품의 소재를 중세 이탈리아의 민담집(지오반니Giovanni Fiorentino의 『일 페코로네Il Pecorone』)에서 빌렸다고 한다. 인육담보의 법리는 초기 로마법의 원리를 파생시켰다고도 한다. 로마의 12동판법은 채권자에게 이행불능인 채무자의 신체에 지분을 보유할 수 있도록 허용한다. "제3일째 장날에 지분을 자르도록 하라. 과도하게 또는 과소하게 자르더라도 책임을 묻지 말라."[31]

셰익스피어가 「베니스의 상인」을 완성하기 4년여 전인 1592년, 윌리엄 웨스트William West의 『법률서식집Symboleography』이 출간된다. 다양한 증서bond의 유형에 대한 설명이 있다. 그중 '상인증서Statute Merchant' 부분을 일부 옮겨보자.

> 이 증서는 채무자가 일정 금액을 채권자에게 차용했음을 입증하는 봉인, 등록된 증서로, 법이 정하는 증인과 절차에 따라 작성된 것이다. …… 이 증서는 런던 시의 시장, 경찰주임, 또는 상인증서 담당부의 서기 앞에서 선서한 증서로 …… 상인증서의 집행은 먼저 채무자의 신병에 대해 집행하고, 만약 신병을 확보할 수 없는 경

우에는 채무자 소유의 토지와 동산에 집행한다.[32]

안토니오와 샤일록 사이에 체결, 작성된 계약증서와 얼마나 유사한지 쉽게 가늠할 수 있다. 계약증서는 엘리자베스 시대의 '선저담보증서bottomry bond'라는 용이의 선취증서maritime bond의 법리를 반영한다. 선주는 선박의 용골keel이나 선저를 담보로 돈을 빌린다. 선박의 밑창(선저)이 멸실(전복)되면 선박 전체가 멸실된다. 채무자는 담보물을 물리적으로 점유하고 계속 사용, 수익한다. 안토니오가 "나는 화물을 배 한 척one bottom에만 의탁하지 않소."[33]라고 한다. '밑창bottom'은 엘리자베스, 제코바이트 시대에 통용되던 선박boat의 속어이다. 작가도 상인 관객도 이 점을 숙지하고 있었을 것이다.

이자 대신 살점

지극히 이례적인 '인육담보계약'은 많은 문제를 내포한다. 샤일록이 제시한 조건을 들은 바사니오는 "불공정한 조건과 악한의 의사"[34]라며 불평한다. 돈을 빌려주면서 이자를 받는 것은 상거래의 상식이다. 대금업자인 샤일록의 입장에서 보면 안토니오가 무이자로 돈을 빌려주는 행위는 영업방해이자 불공정행위일 수 있다. 그는 안토니오를 상대로 이자 논쟁을 벌인다. 그리스도교 성경에서 유리한 선례를 찾아내어 자신을 변호한다.

이어서 그는 '상식의 허'를 찌른다. "인간의 몸에서 떼낸 살 한 파운드는 양고기, 쇠고기, 심지어 염소고기보다 가치가 없으며 내게 소용도 없지 않소? 그저 호의를 사기 위해 친절을 베푸는 것이오."[35] "이자 대신 아무짝에도 소용없는 살 한 파운드를 요하다니" 상대방도 뜻밖에 유대인이 착한 면모를 보인다며 의아해한다. 설마하니 "그리스도교로 개종하려는 건 아니겠지?"[36] 결코 타인의 궁박한 상황을 이용한 강박에 의한 불공정 계약은 아니었다.

안토니오의 배가 파선한다. 변제기일이 도래하나 대금을 갚을 방도가 없다. 원고는 계약의 특정이행을 주장하며 법원에 제소한다. 오랜 세월에 걸쳐 피고에게서 받은 인격적, 인종적 모독에 대한 복수다. 파두아의 저명한 법학자, 벨라리오 박사의 추천을 받아 젊고 유능한 청년, 발사자가 판사로 온다. 남자로 위장한 포셔의 등장이다. 판사가 던진 첫 마디는 "그대가 제기한 소송은 성격이 특이하군."[37]

샤일록 대 안토니오 사건의 법적 쟁점은 사적 계약의 자유의 한계 문제이다. "선량한 풍속, 기타 사회질서에 위반되는 법률행위는 무효다." 법인류학의 시조 격인 영국의 헨리 메인Henry Maine은 명저 『고대법Ancient Law』(1861)에서 진보하는 사회의 특징을 "신분에서 계약으로from status to contract"라는 명제로 정리했다. 모든 사람은 타고난 신분의 제약 없이 자유로운 의사로 법적 권리와 의무를 주고받을 계약을 체결할 수 있고, 일단 체결한 계약은 충실하게 이행할 책임을 진다. 근대 사회의 기본이다. 그러나 당사자가 자유롭게 맺은 사적 계약은 사회 전체의 공익을 해치지 않는 범위에서만 효력을 지닌다.

샤일록은 문자 그대로, 계약서에 적힌 내용대로 주장한다. "증서에 그렇게 씌어 있지 않소? 판사양반. 채무자의 심장 근처 – 말 그대로잖소?"[38] "살을 자르면 출혈로 죽는 일이 없도록 의사를 부르라."는 포셔의 명령을 듣고[39] 샤일록은 엄격해석의 원칙을 거론한다.

> 샤일록: 증서에 그렇게 적혀 있어요?
> 포셔: 명시적으로 적혀 있지는 않지. 그런데 그게 어쨌단 말이오? 그 정도 자비는 베푸는 게 좋을 거요.
> 샤일록: 그런 문구는 없습니다. 증서에 그런 말은 없어요.[40]

샤일록은 법의 문언성, 기술성을 금과옥조로 삼는다. 반면에 상식, 배려, 실천적 지혜는 그의 관심 밖이다. 샤일록의 엄격해석, 문리해석을 포셔는 수용한다. "그대가 그처럼 정의를 갈구하니, 내 그대로 하여금 그대가 바라는 이상의 정의를 누리게 해 주겠소."[41] 판사는 계약증서에 적힌 대로 인육제공 벌칙 조항을 합법으로 수용한다. "베니스의 법은 그대의 소송을 저지할 수는 없소."[42] "법의 취지와 목적의 견지에 비추어 볼 때 위약벌은 증서에 기록된 대로 집행되어야 하오."[43] "이 증서는 기일이 도래했으니 이 유대인이 상인의 심장 부근의 살 한 파운드를 잘라낼 권리가 있소."[44]

여기까지 포셔의 대응은 최소한 세 가지 극적 효과를 생산해낸다. 첫째, 재판관으로서 원고 샤일록의 신뢰를 확보했다. 한껏 고무된 원고는 판사 포셔에 대해 온갖 찬사를 토해낸다. '법을 아는',[45] '가장 사리에 맞는',[46] '다니엘의 재림 …… 현명한 젊은 판사님',[47] '고상한 판사',[48] '가장 박식한 재판관',[49] '더없이 정의로운 판사',[50] '보배 같은 대들보'[51] 등 침이 마르도록 칭찬을 아끼지 않는다. 둘째, 샤일록에게 소송의 결말에 대한 기대와 확신을 배가시켜 중도 화해의 가능성을 봉쇄한다. 그리하여 세 차례나 원금에 더해 막대한 금액의 이자를 지불하겠다는 상대방의 제안을 거부하게 만든다. 승리가 확실한데 타협할 필요가 어디 있을까? 셋째, 무엇보다도 결정적인 반전의 계기를 마련하여 극적 효과를 배가시켰다는 것이다. 외국인이 체류국의 법정에 대해 가지기 십상인 불신과 편견을 말끔히 해소한다. 그리하여 판결에 대한 기대를 가중시킨다. 이를 뒤집은 판사(작가)는 관객에게 더없이 큰 선물을 바친다.

마침내 칼과 저울을 들고 안토니오의 가슴을 향해 다가서는 샤일록, 더없이 비장한 표정이다. 담대한 그도 손이 떨리지 않을 수 없다. 2004년에 개봉한 영화 「베니스의 상인」(마이클 래드퍼드 감독, 알 파치노 주연)에서는 특히 칼과 저울에 카메라를 근접 조명했다. 영화의 도입부, 샤일록이 시장에서 육류를 저울에 달아 사는 장면에서 이미 인육계약의 집행이 예고된다.

바로 이때 날카로운 판사의 외침이 좌중을 가른다. "잠깐 기다려. 아직 끝나지 않았어."[52] 이어서 판사의 입에서 나온 폭탄선언이다. 살 한 파운드는 증서에 적혀 있으나, 흘릴 피에 대해서는 일언반구도 없다는 것이다.[53] 그 누구도 미처 예상치 못한 일이다.

잔악한 악당 샤일록을 명배우 알 파치노가 재해석한다.

샤일록이 그렇게 고집한 엄격해석, 문리해석에 대해 포셔도 초강도의 엄격해석으로 맞선다. 피와 살의 분리, 사물의 본질상 어림없는 억지 해석이다. 마치 사랑하는 사람의 몸은 가지되 흔적은 남기지 말라거나, 자유롭게 안뜰을 출입하되 발자국은 남겨서는 안 된다는 주문이나 마찬가지다. 실로 황당한 해석을 도저히 믿을 수 없는 샤일록, "그게 법이오?"[54] 반문하나 상황은 이미 끝났다. 그의 패배는 기정사실이다.

그러나 판사는 은밀하게 가슴에 숨겨둔 또 하나의 독침을 꺼내 쏜다. 베니스의 외국인 규제법이다. 이 법을 근거로 기독교인(베니스 시민)인 안토니오를 직·간접적으로 죽이려고 시도한 외국인 샤일록을 살인죄로 엮는다.

> 베니스의 법에 이렇게 정해져 있어. 만약 외국인이 직접 또는 간접으로 시민의 생명을 노린 것이 입증되면 가해자의 재산의 절반은 피해자의 몫이 되고 나머지 절반은 국고에 귀속되도록 하고 있어.[55]

"원금만 돌려주시오. 그리고 날 가게 해주오."[56] 기가 죽은 샤일록의 마지막 애소다. 항복을 받아들이겠다는 바사니오를 제치고[57] 판사는 완강하다. "이미 공개법정에서 거절했소. 정의와 증서밖에는 더 이상 받을 것이 없소."[58]

법률의 무지나 착오는 변명이 되지 않는다. 설령 샤일록이 이런 형사법의 존재를 알지 못했을지라도 책임을 면할 방도가 없다. 법을 문자 그대로 적용한 포셔의 판결로 샤일록은 알거지가 된다. 몰수된 재산의 절반은 안토니오에게, 그리고 나머지 절반은 국고에 귀속된다. 죄인의 생명과 국고분을 처분할 권한이 있는 공작은 "개전의 정을 보아" 벌금형으로 감면해줄 용의가 있다며 관용을 베푼다. 어려운 사건을 스스로 재판하지 않고 대신 판사를 임명한 노련한 정치가의 도량이기도 하다. 그러나 원한을 품은 당사자는 다르다. 재판을 마감하면서 포셔는 안토니오에게 묻는다. 샤일록에게 어떤 자비를 베풀 것인지를. 안토니오는 상대를 철저하게 파멸시키기로 작심한다. 몰수한 샤일록의 재산으로 자신을 수탁자로 하는 신탁을 창설하고 샤일록을 망친 사위와 딸을 수혜자로 지정한다. 그것으로 부족하여 향후 샤일록이 취득할 재산도 모두 신탁재산에 납입할 것을 강요한다. 공작의 벌금 조치보다 훨씬 더 가혹한 조건이다. 전 재산을 뺏고도 모자라 마지막 남은 정신적 자산마저 뺏고자 그리스도교로 개종할 것을 당당하게 요구한다.

형평법

영국 법사가들의 일치된 견해는 이 극은 셰익스피어 시대의 코몬로 법원과 형평법원 사이의 치열한 주도권 쟁탈전을 극화한다는 것이다. 셰익스피어가 영국 법제사에 미친 영향을 집중적으로 탐구한 니콜라스 나이트W. Nicholas Knight는 1616년의 한 판결에 이 작품이 결정적인 영향을 미쳤다고 주장한다.[59] 작품에서처럼 증서의 집행허가 여부가 쟁점이던 이 사건에서 코몬로 법원장 코크Edward Coke는 원고의 신청을 받아들여 집행영장을 발부한다. 그러나 형평법원장 엘스모어Ellesmore는 코몬로 법원이 허가한 영장의 집행을 금지하는 가처분명령을 발부한다. 형평법이 코몬로를 이긴 것이다. 마치 샤일록이 기대었던 코몬로상의 권리를 포셔가 형평법의 원리로 간단히 제압했듯이.

19세기의 한 법률가는 나이트가 의존한 자료인 글랜빌Glanville 판결은 셰익스피어의 발상이었다고 썼다. 컬럼비아 법대 학장과 연방대법원장(1941-1946)을 역임한 할란 스톤Harlan F. Stone도 이 작품을 볼 때마다 셰익스피어가 당대의 코먼로와 형평법 사이의 갈등을 잘 알았다는 것을 확인하곤 했다. 이 작품이 당대의 판사들에게 영향을 미쳐 법 제도의 개혁에 단초를 제공했다는 주장도 있다. 국왕 제임스 1세가 작품을 이틀 연달아서 감상했다는 기록도 있다. 변방 스코틀랜드 출신의 제임스는 대대손손 권력을 누려온 런던 토착세력의 눈에는 기껏해야 촌뜨기 '강화도령'에 불과했다. 토착세력의 중심에 사법관료가 있었다. 배심재판과 엄격한 선판례의 구속을 받는 코먼로 법원은 국왕의 전제를 견제하는 중요한 권력기제였기에 국왕에게 불편한 존재였다. 그러니 보다 유연하게 신축성 있는 구제를 기대할 수 있는 형평법원을 선호하는 것은 너무나 자연스런 일이다. 원래 형평법원장은 국왕을 지근에서 보좌하면서 국새를 보관하는 직책이었다. 재판도 국왕의 대리인 자격으로 (국왕의 뜻을 받아) 수행했다.

그러나 샤일록의 입장은 제임스와는 정반대다. 형평이란 기준은 모호하고 결과는 예측하기 어렵다. 누가 재판관이냐에 따라 정반대의 판결이 나올 수도 있다. 그러기에 보다 예측할 수 있는 법과 법원을 믿을 수밖에 없다.

"나는 여기 법 앞에 서 있소."[60] "법을 갈구하오."[61] "만약 그대가 나의 권리를 부정한다면, 그대의 법은 저주를 받아 마땅하오."[62] 그에게 '법'과 '정의'란 계약서에 적힌 문구였다. 안토니오조차도 베니스의 법이 샤일록의 권리를 보장해야 한다는 것을 인정한다. 포셔가 부연하여 설명한다.

> 이 베니스의 어떤 권력으로도
> 이미 정해진 법률 조문 하나도 바꿀 수 없소.[63]

악마의 승리가 임박하자 바사니오가 포셔에게 애원한다. 형평의 이름으로 샤일록의 법을 깨라고.

> 단 한 번만 직권으로 법조문을 어기시고
> 보다 큰 정의를 위해 사소한 불의를 행하시어
> 그 잔인한 악마의 뜻을 꺾어 주시옵기 바랍니다.[64]

그러나 판사 포셔는 남편 바사니오의 애소를 일축한다.

> 만약 그렇게 되면 판례로 기록되고
> 선례에 따라 많은 위법행위가 횡행하여
> 국법이 문란해질 것이오. 그럴 순 없소.[65]

여기까지는 샤일록과 포셔가 동일한 법관法觀을 공유한다. 그러나 두 사람의 이념적 동거는 극히 짧았다. 홀연 사법적극주의로 변신한 포셔는 그 유명한 자비의 훈시, 형평법의 강의를 시작한다. 포셔의 형평법 강론은 '자비심의 본질quality of mercy'이란 단어로 시작한다. "자비심의 본질은 강요되는 것이 아니다. 하늘에서 내리는 자우慈雨와 같은 것. 이중의 축복인 것이다. …… 군주의 가슴 깊이 군림하며 하나님 당신의 덕성이기도 하지. 정의가 자비심으로 조화될 때 비로소 현세의 권력은 하나님의 권세에 가까워지는 법이지."[66]

그러나 "하늘에서 내리는 비"와 포셔의 가혹한 징벌 사이에는 메울 수 없는 간극이 존재한다. 사실상 간청에 가깝게 자비를 베풀라고 샤일록을 설득하던 포셔였다. 그런 그가 더없이 잔인하고 냉혹한 법관으로 표변한다. 일관성을 상실한 포셔는 판관으로서의 신뢰도 잃는다. 마찬가지로 안토니오의 잔인한 복수도 자비의 종교, 기독교의 신뢰를 흩뜨린다.

희극인가?

신화비평의 대가 노드롭 프라이Northrop Frye, 1912-1991는 명저, 『비평의 해부』에서 셰익스피어의 비극과 희극의 차이를 이렇게 설명한다. 비극은 젊음에서 늙음으로 생체리듬에 따라 흘러가듯 승리에서 패배로 전락하는 인간의 행태에 초점을 맞춘다고 한다. 반면 희극은 사회적 재생의 필요성을 강력하게 부각하면서 힘의 원천이 한 세대에서 다른 세대로 발전

포셔의 판결, 과연 공정했을까? 헨리 우즈, 「포셔(Portia)」(1888).

적으로 이동하는 것을 강조한다. 그래서 희극은 박해, 해방, 화해의 3단계를 거쳐 완결된다고 한다. 제1단계에서는 미래의 주인인 신세대가 기성세대가 고집하는 맹목적이고도 불합리한 법의 탄압을 받는다. 이때 신세대의 상징으로 등장하는 전형적인 부류가 젊은 연인이다.[67]

「베니스의 상인」은 희극인가? 1598년 7월 22일자 왕립문서등록원Stationers' Register의 기록에는 작품의 제목이 「베니스의 유대인The Jew of Venice」이었다. 1596년이거나 1597년에 최초로 공연되고 1600년 「베니스의 상인의 희극적 역사The Comical History of the Merchant of Venice」로 인쇄된다. 후일 출간된 많은 판본에 「베니스의 유대인」이라는 선택적 부제가 달린다. 그러나 이 작품을 희극으로 분류하기에는 주인공 샤일록이 받는 불행이 너무나 크다. 만약 본시 희극으로 생각했다면 관객에게 웃음을 던져주는 중심인물이 있어야 할 것이다. 극중에 누가 웃음을 선사하는가? 샤일록이 유머러스한가? 결코 아니다. 랜슬러트 고보가 등장하여 억지로 웃기는 체하는 몇몇 장면을 제외하고는 작품의 인물이나 대화는 유머 근처에도 가지 않는다. 적어도 현대의 기준으로 볼 때는 그렇다. 해피엔딩이냐 아니냐로 희극과 비극을 구분하기도 한다. 그렇다면 샤일록의 수전노성, 악마성을 경멸하고 그의 파멸을 즐기면서 청춘 남녀가 결합하는 해피엔딩 때문에 희극이란 말인가?

인물 기준이 아니라면 박해, 해방, 화해라는 프라이의 3단계 기준은 충족되는가? 누가 박해자이며 누가 해방자인가? 마지막에는 화해가 이루어졌는가? 어떤 기준을 들이대도 명백하지 않다. 이 극은 희극도 비극도, 물론 사극도, 그 어느 것도 아니다. 다양한 법적 쟁점을 극적으로 제시하여 법학도들의 토론거리로 만든 드라마적 성격이 강하다. 굳이 분류가 필요하다면 '법률우화legal parable'라고 할 수 있을 것이다.

외형과 실체의 괴리

극의 클라이맥스는 물론 제4막의 '인육재판' 장면이다. 그러나 그보다도 극 전체를 관통하는 법적 테마가 있다. 포셔가 정의로운 명판관이 아니라는 의심은 특정 법적 쟁점뿐 아니라 극 전체의 해석에 중대한 영향을 미친다. 이 극에 반복해서 나타나는 소주제의 하나가 외형과 실체의 괴리, 표리부동의 모순이다. 등장인물의 대사와 상자놀이에서도 확인할 수 있다. 만약 제목이 내용을 상징하는 얼굴이라면 이 극의 주인공은 '베니스의 상인', 안토니오가 아니라 샤일록이다.

또 일반 대중의 관점에서는 법이 국민에 대한 서비스라는 외관을 띠나 실체는 권력자의 몫이라는 이중적 의미를 부여할 수 있을 것이다. 안토니오는 샤일록을 일러 '웃는 얼굴의 악당',[68] '속이 썩은 사과',[69] '겉만 번지르르한 가면'[70]이라며 혹언한다. 만약 이 극의 핵심 주제가 외관과 실체의 괴리라면 포셔와 안토니오의 승리는 진정한 승리가 아닐지도 모른다. 누가 진정한 승자(영웅)며 누가 패자(악한)인가를 다시 한번 음미할 필요가 있다.

포셔의 남편감을 정하는 상자의 추첨놀이도 법과 정의의 은유로 볼 수 있다. 포셔의 아버지는 유언을 남겨 딸의 구혼자는 세 상자 중 하나를 선택하도록 절차를 규정했다. 금, 은, 납, 세 상자 중 하나에만 포셔의 초상이 담겨 있고 이를 선택하는 사람에게 남편 자격을 준다. 이러한 게임의 법칙도 법적 절차와 무관하지 않다. 평면적인 외형과는 달리 철두철미하게 법에 관한 묘사와 은유로 일관한다. 추첨의 과정에서 몇 차례나 등장인물의 입을 통해 '눈먼 운blind fortune'에 대한 불평이 토로되고 샤일록의 딸, 제시카도 '사랑은 장님love is blind'이라고 말한다. 사랑이나 운과 마찬가지로 법도 눈이 먼 것이다. 정의의 여신이 눈을 가리고 있는 이유도 이러한 법의 무정형, 맹목성을 상징하기 때문일지 모른다.

낙방한 한 구혼자에게 포셔는 경고한다. "법을 어기는 것과 재판하는 것은 역할이 다르다."[71] 이 말을 달리 해석하면 "자유의사로 추첨 게임을 선택한 이상, 결과가 어떠하든 승복해야 한다는 것이다. 포셔의 하녀, 네리사의 입을 통해서도 사랑과 법에 관한 은유가 제시된다. "교수형(즉, 법의 결과)과 결혼(즉, 추첨의 결과)은 운명으로 결정되는 것."[72] 이 말은 법과 소송의 예측불가능성을 의미한다. 극에서 명시적으로 제시되는 언어와 예측을 벗어난 재판 결과가 이를 뒷받침해준다.

추첨 게임 그 자체도 법 제도와 법적 해석에 중대한 단서를 제공한다. 포셔의 아버지의 유언은 그녀의 생활 반경 속에서 절대적인 권위를 보유하는 헌법에 비유할 수 있다. 영속적인 가치를 가지는 헌법을 제정한 제정자의 '본래의 의도original intent'는 후세인을 구속한다. 포셔 스스로 불평하듯이 "죽은 아버지의 유언이 살아 있는 딸의 의지를 꺾는다."[73] "운명의 추첨이 내 자유로운 선택권을 막는다."[74] 그런데도 포셔는 바사니오에게 보내는 노래에 힌트를 담아 자신이 원하는 결과를 얻어낸다.[75]

이 극의 전개와 결말은 법적 해석에 따라 좌우된다. 샤일록과 안토니오 사이에 체결된 계약의 효력도 해석의 문제이며, 포셔의 죽은 아버지의 유언의 효력도 법, 그중에서도 특히 헌법 해석의 문제다. 어떻게 하면 오래전에 역사 속으로 물러난 제정자의 의도로부터 새로운 시대 상황에 적합한 원리를 도출해 내느냐의 문제이다. 세 상자가 바로 중요한 법적 테마의 증거이다. 승자의 상자, 정답을 담은 납 상자에는 "나를 선택하는 자는 자신이 가진 모든 것을 걸어야 한다."[76]라는 문구가 각인되어 있다. 이 경구는 곧바로 소송의 성격을 지칭한다. 은 상자에는 "나를 선택하는 사람은 자신의 권리만큼 얻을 것이다." 하고 새겨져 있다.[77] 법의 정의定義 그 자체이다. "카이자의 것은 카이자에게"라는 성경의 구절도 이러한 법적 정의를 대변한다. 여기에다 포셔는 자신의 형평법적 정의를 추가한다. "정의를 실현함에 있어 우리 누구도 구원을 기대해서는 안 되오. 단지 자비mercy를 구원할 뿐이오."[78] 금 상자는 외양과 실체의 괴리를 상징한다. 상자 밖에는 "나를 선택하는 사람은 많은 사람들이 원하는 것을 얻으리라."[79]는 유혹의 문구가 적혀 있다. 그러나 정작 상자 속에 숨겨진 진짜 문구는 "반짝인다고 해서 모두 금은 아니다."[80]이다. 바사니오가 어느 상자를 선택할 것인가 고심하면서 극의 숨은 주제를 되풀이한다. "외관이 실체가 아니기를. 세상 사람들은 겉모습 때문에 자주 속지."[81] 바사니오에게는 그럴듯한 외양 때문에 속는 가장 절실한 예가 법이다.

그의 방백傍白을 들어보자.

> 법은 더없이 때 묻고 썩은 것.
> 그러나 자비로운 목소리로 위장하여
> 악마의 출현을 위장하지.[82]

법의 겉모습과 참모습이 다르다는 소주제는 샤일록 대 안토니오 재판에서도 분명히 부각된다. 계약서의 문면은 분명하고 애매한 요소가 전혀 없는 것처럼 보인다. 계약을 체결한 당사자는 계약의 내용이 무엇인지 분명히 알고 있으며 중립적인 관찰자에게도 전혀 오해의 소지가 없다. 그러나 정작 그 법적 의미를 해석하는 재판관 포셔는 당사자들이 이해하고 합의한 내용이 진정한 내용이 아니라고 선언한다.

포셔는 외양과 실체가 다른 인물이다. 그녀가 남장을 한 것 자체가 외양과 실체의 괴리를 상징한다. 외양은 중립적인 판사이나 실체는 소송 당사자인 안토니오로부터 금전을 차용한 친구의 아내다. 안토니오가 위기의 송사에 처해진 원인이 바로 포셔의 남편인 바사니오에게 있다. 어떤 의미에서든지 포셔는 중립적인 판관이 아니다. 그녀는 편견과 자신의 이해관계 때문에 정의의 여신이 착용해야 할 안대眼帶를 벗어 던졌다.

보다 본질적인 물음을 제기해보자. 진실을 왜곡하는 외양이라는 소주제가 포셔와 샤일록의 성격에 관한 다수와 소수의 입장 차이와 관련이 있는가? 그럴 개연성이 크다. 샤일록이 악의 화신인 반면 포셔는 지혜로 악을 척결하는 정의의 화신이라는 다수의 주장은 작품의 줄거리를 보면 그럴듯하다. 그러나 실패한 구애자들과 마찬가지로 다수의 평자는 재판의 최종결과에 과도하게 집착한다. 이들은 바사니오의 말처럼 "교활한 세상이 지혜로운 사람을 현혹시키려 파놓은 함정"[83]에 빠졌거나 실패자, 아라곤의 입을 통해 작가가 던진 경고에 경청하지 않았는지도 모른다. "어리석게도 눈앞에 보이는 것밖에 알아차리지 못하고, 외양만 보고 택하는 우중愚衆을 뜻하는지도 몰라."[84]

반면 샤일록이 불의에 의해 권리가 유린된 피해자라는 소수의 입장이 상자게임의 대사를 포함하여 대본 전체를 관통하는 '외양과 실체 사이의 괴리'라는 극의 주제를 더욱 성의 있게 파고든 것으로 보인다.[85]

무시된 제5막?

이 극의 클라이맥스는 물론 제4막의 재판이다. 예상치 못한 판결이 극의 클라이맥스일 뿐 아니라 대단원의 종결이다. 샤일록은 4막이 내림과 동시에 무대에서 사라지고 5막에서는 언급조차 되지 않는다. 그래서 일부 비평가는 5막은 불필요한 사족이라고 평가절하하기도 한다. 그러나 이 작품이 단순한 재판의 귀추를 다룬 것이 아니라, 법 자체에 대한 작가의 생각을 제시한 것이라면 제5막을 그렇게 쉽게 넘겨버릴 수 없다.

여기에서 포셔는 앞서 견지하고 있던 법에 대한 자신의 태도를 극적으로 바꾼다. 재판에서 샤일록은 계약의 신성불가침을 주장한다. 이에 대해 포셔는 법이라는 가장된 외양을 넘어 자비와 형평의 이름으로 엄정한 계약과 신성한 선서를 파기할 것을 종용한다. 샤일록은 신에 대고 복수를 맹세한다. 샤일록의 복수는 그 자신이 받았던 수모에 대한 개인적 설분이자 유대인과 유대교 신자로서 긍지와 자부심을 지키기 위한 집단적 복수이다.

5막에서는 오히려 포셔가 계약의 신성함을 주장하고 나선다. 샤일록의 비참한 몰락을 계기로 절정의 행복을 찾는 세 쌍의 신혼부부는 벨몬트의 해변에서 유유자적, 승리와 재회의 기쁨을 만끽한다. 로렌조와 제시카가 주고받는 '밤의 찬가'[86]가 낭만적 분위기를 한껏 띄운다. 와중에 포셔와 네리사는 자신들의 남편들에게 사라진 결혼반지의 행방을 추궁한다. 포셔가 그라티아노에게 주는 훈시는 사실상 자기의 남편 바사니오를 겨냥한 것이다.

그대가 잘못했어요. 솔직히 말하지요.
아내의 첫 선물을 그렇게 경솔하게 남에게 주다니.
맹세를 하고 손가락에 끼었던 것을,
살 속에 단단히 못 박았던 소중한 물건을 말예요.[87]

4막에서는 엄정한 문구와 형식을 넘어서 형평을 강조하던 포셔가 이번에는 정반대로 선서와 외형적 증거물(반지)의 중요성을 강조한다. 그녀는 바사니오에게 반지는 사랑과 정조의 맹세를 건 증거물이므로 절대로 남에게 주지 말라고 다짐한다. "내 두 눈 속에서 저이는 두 개의 자기 모습을 볼 수 있다잖아요. 한 눈에 하나씩 말예요. 그러니까 두 몸체 모두 걸고 맹세하세요. 그래야만 믿을 수 있는 맹세가 될 거 아녜요?"[88]

선서를 파기할 것을 허용할 뿐 아니라 심지어 종용까지 하던 포셔가 이제는 백팔십도 태도를 바꾼다. 그렇다면 극의 종결에 와서는 포셔는 사실상 샤일록의 입장을 채택한 것이다. 엄격한 법이 형평에 우선하고, 외형적 선서가 내용의 여하에 불구하고 준수되어야 하며, 마침내 샤일록의 윤리체계가 계약에 대한 형평적 해석을 허용하는 베니스의 법체계에 우선하는 것인가?

반유대극인가?

해럴드 블룸Harold Bloom은 이 작품을 일러 '유례없는 반유대주의의 대표작'이라고 극언하면서 오늘날 뉴욕에서 공연하기에는 적절하지 않다고 평했다.[89] 세계 제2차 대전에서 홀로코스트를 경험한 인류의 악몽을 재현시키는 반윤리적인 작품이라는 것이다. 오랜 세월에 걸쳐 서방 기독교 문화권에서 이 작품을 반유대 정서를 조장하는 데 악용한 것도 엄연한 역사적 사실이다. 나치 독일에서는 아리안족의 선민의식을 고취시키고 열등 · 사악한 인종인 유대인을 '청소'하는 국가 차원의 사업까지도 시행했다. 비록 적국 작가의 작품이지만, (아니면 그렇기 때문에 더욱더) 유대인의 생래적 악덕을 부각시키는 작품은 정치적 목적에 좋은 교재가 되었을 것이다. 등장인물의 대사에는 노골적인 반유대감이 가득 차 있다. 히틀러가 권좌에 오른 1933년 한 해에만 독일에서 20회나 절찬리에 상연되고, 그 후 5년 동안 적어도 30회 이상의 공연이 뒤따른다. 전쟁 중에는 샤일록의 악덕을 보다 선명하게 부각시키는 신판 샤일록이 제작되었다.[90]

그러면 작가 자신의 의도는 어떤가? 셰익스피어 시대에 유대인에 대한 대중의 인식은 어떠했던가? 당시 유럽 전역에서 반유대 정서가 팽배하던 사실을 감안한다면[91] 작가는 비교적 중립적이고도 균형 있는 입장을 견지한 것으로 읽을 수 있다. 군데군데 샤일록을 위한 변명이 담겨 있음을 감지할 수 있다. 샤일록은 결코 타고난 악한이 아니라 극적 효과를 위해 만들어낸 '희화적 악한'에 불과하다.[92]

셰익스피어 자신은 생전에 유대인을 본 일이 없다. 적어도 공적 역사로는 그럴 수밖에 없다. 사실 영국 땅에 유대인이 거주한 역사는 오래된다. 로마의 정복기에도 살았을 개연성이 높으나 노르만 정복 이선의 공식 기록은 없다. 유대인의 상업적 능력에 대한 평판을 들은 정복왕 윌리엄은 1070년, 소수의 유대인을 정식으로 초빙하여 부동산의 소유를 제외한 영업활동을 권장한다. 그러나 1290년 에드워드 1세의 칙령Eddict of Edward I이 시행되면서 유대인은 영국 땅에서 전면 추방된다. 1655년 크롬웰 시절에 비로소 제한적으로나마 입국이 허용된다. 그러나 이처럼 공식적인 부재에도 셰익스피어 시대 런던에 상당수의 유대인이 살았다는 주장이 있다.

엘리자베스 여왕의 시의장侍醫長이던 로페즈Dr. Rodrigo Lopez가 군주를 독살시도한 혐의로 1594년 '교수 후 사지절단형hang, drawn, quartered'을 받고 공개 처형된다. 포르투갈 국적의 로페즈는 신기독교인New Christian, 즉 개종한 유대인이었다. 셰익스피어도 분명히 처형 장면을 보았을 것이라고 추정할 수 있다. 「베니스의 상인」에 앞서 공연된 크리스토퍼 말로Christopher Marlowe의 작품, 「말타의 유대인The Jew of Malta」의 주인공 바라바스는 도전적인 인물이다. 작품은 강력한 투사 주인공을 통해 유대인의 정체성과 자부심을 고취시킨다. 「베니스의 상인」이 초연된 것은 1596-1597년의 일로 알려진다. 어떤 의미에서든지 당대의 라이벌, 말로의 선행 작품을 유념하지 않을 수 없었을 것이다.

지식인 세계에서는 샤일록보다 더욱 강력한 캐릭터, 바라바스를 선호하는 정서도 무시할 수 없고, 샤일록 역을 소화해야만 대배우가 된다는 고정관념에 딴죽을 걸기도 한다. 베니스의 상인에 비길 수야 없지만 「말타의 유대인」도 최소한 해를 거르지 않고 지속적으로 공연되고 있다.

1753년에 들어와서야 일시 유대인의 귀화를 허용하는 법이 제정되어 부상富商의 유입을 권장한다. 1855년, 벤저민 디즈레일리Benjamin Disraeli가 최초의 유대인 수상이 되고, 1858년에는 인종이나 전력을 묻지 않고 누구나 의회에 진출할 수 있는 법이 제정된다. 19세기를 통틀어 유대인에 대한 집단적인 박해 행위가 발생하지 않았던 것은 열린 영국사의 자랑이다. 특히 1930-1940년대 유럽 대륙에서는 홀로코스트의 여파로 자유와 평등을 찾아 유대인이 대거 이주한다. 어쨌든 이 작품이 오늘날 영국 땅에서 직·간접적으로 반유대 정서를 선동하는 데 이용된다는 증거는 없다.

네 개의 법 코드

오래된 부부나 연인 사이에는 그들끼리만 주고받는 은밀한 몸과 마음의 코드가 있기 마련이다. 수많은 작은 오해와 일상의 불편에도 이 코드만 견고하게 공유하면 결정적인 파국은 막을 수 있다. 반면 이 코드의 인식이나 해석에 혼선이 생기면 관계에 큰 위기가 닥친다. 내부인끼리 공유하는 코드, 그것은 외부인의 접근을 차단하는 벽이다. 영화의 제목대로 「다빈치 코드」(2006)는 8개의 숫자 속에 모든 비밀이 있다. 그리스 비극은 '운명'이라는 코드에 따라 움직인다. 미리 주어진 코드 속에 결말이 예정된 것이다. 그리스 극의 운명 코드나 다빈치 코드의 숫자 코드는 「베니스의 상인」에 담긴 코드에 비하면 지극히 단순한 단일 코드다. 법률희곡, 「베니스의 상인」에는 4개의 '법 코드'가 담겨 있다. 이들 코드의 해체와 대체에 따라 플롯이 전개된다.[93] 일시적으로 나갈 방향을 몰라 주춤하는 주인공의 행로는 결국은 이들 네 코드에 따라 차례로 움직인다. 즉 계약이라는 '사적 코드private code', 베니스의 외국인법이라는 '공적 코드public code', 포셔의 아버지가 남긴 '유언 코드testamentary code', 그리고 포셔의 '혼인 코드marriage code'이다. 극은 여주인공 포셔의 주도로 네 코드를 푸는 과정이다. 포셔는 혼인이라는 절대 코드에 충실하

려고 앞선 세 코드를 이용하고, 목적을 달성한 후에는 즉시 폐기한다.[94]

첫째, 인육계약을 담은 증서는 계약의 직접 당사자 사이에 설정된 사적 코드이다. 모두 계약의 조건을 숙지하고 자발적으로 동의한다. 다만 샤일록의 숨은 진의는 알 수 없다. 사적 계약의 이행을 위해 개입한 포셔 법원은 유연한 해석을 통해 민사사건을 형사사건으로 전환시킨다. "잠깐 기다려!"[95] 판관 포셔의 한마디로 사적 코드가 공적 코드로 전환되는 것이다.

둘째, 공적 코드를 다른 관점에서 보면 안토니오의 실패한 기독교의 윤리 코드이기도 하다. 법의 권위에 대한 신념이 흔들리지만 샤일록은 증서의 의미에 대한 포셔의 해석을 받아들인다. 이때 포셔는 은밀하게 숨겨둔 제2의 독침을 꺼낸다. 외국인의 지위에 관한 베니스의 법률이다. 자유의사로, 그리고 평화롭게 맺은 민사계약의 이행을 법원에 대고 요청한 원고가 돌연 형사피고로 둔갑한다. 공적 코드는 가해자의 생명과 재산의 절반을 몰수할 수 있도록 허용한다. 외국인이 자국민의 생명에 직·간접적인 위험을 초래한 때는 별도의 범죄로 취급한다. 이 법은 '피해자'에게 나머지 절반을 처분할 권리를 부여한다. 피해자가 된 기독교인 안토니오가 시험대에 선다. "안토니오, 그대는 이 자에게 어떤 자비를 베풀 수 있소?" 앞서 살펴본 바와 같이 그의 주문의 핵심은 샤일록더러 기독교로 개종하라는 것이다. 베니스의 공적 코드는 정교분리의 전제 위에 서 있거나, 소수 종교자의 내심의 자유를 보장한다. 공적 코드를 경시하는 안토니오의 윤리는 실패한 윤리다.[96]

셋째, 유언 코드를 살펴보자. 죽은 아버지의 유언이 살아 있는 딸의 의사를 구속한다며 불평하던 포셔다. 사정을 잘 아는 네리사는 필요하면 아비의 유언을 무시하라고 충고한다.[97] 그러나 영민한 포셔는 코드를 정면으로 위반하는 대신 술책을 써서 우회한다. 독일인 구애자의 주의를 분산시키기 위해 틀린 상자 위에 라인 포도주 컵을 갖다 두는가 하면,[98] 이미 '내정된' 후보자, 바사니오에게는 노골적인 호의를 고백한다.[99] 그래도 일말의 불안을 지울 수 없는지 그에게 바치는 노래를 통해 사실상 정답을 가르쳐준다. "겉치레fancy 사랑은 눈에서 생긴다. …… 모두들 종을 쳐서 헛된fancy 사랑을 장송하세." 노랫말이나 운율bred, head, fed에서 금도 은도 아닌 납lead 상자가 정답임을 감지 못할 아둔한 천치는 없을 것이다.[100] 임기응변의 기지를 동원하여 포셔는 아버지의 유언 코드를 무력화하는 데 성공한다.

마지막 코드는 포셔의 절대 코드이다. 그녀는 어떤 무리와 희생을 무릅쓰고서라도 바사니오와 결혼해야만 한다. 자신이 점찍은 사내와의 결혼, 그것이야말로 포셔의 지상 과제다. 포셔는 정당한 권위를 가진 선량한 사람에 의해 선한 의도로 만들어진 규범은 정당한 규범이라는 믿음에서 출발한다. 처음 두 구애자의 불운에 대해서는 냉담할 뿐 아니라 내심 기뻐한다. 반면 세 번째 구애자에 대해서는 정답을 가르쳐 준다. '사랑하는' 특정인에 충실한 것이 곧바로 선이라는 믿음이다. 혼인 코드는 결혼의 징표인 반지와 불가분하게 결합되어 있다.

이상을 종합하면 포셔의 코드에 관해 세 결론을 얻을 수 있다. 첫째, 선량한 사람이 선한 의도로 제정하였다고 믿을 수 있는 코드는 기본적으로 수용한다. 샤일록과 안토니오 사이의 계약을 공개법정에서 재판한다. 이러한 계약의 효력 자체를 부정하여 배척하지 않는다. 아버지의 유언에 대해서는 마찬가지의 태도를 취한다.

둘째, 선한 코드라고 하더라도 자신의 결혼 코드와 상충되는 경우에는 기꺼이 이를 어긴다. 사랑하는 바사니오와의 결혼에 장애가 발생할 위험이 닥치자 주저하지 않고 이를 깬다. 안토니오의 생명을 구하는 것도 자신의 결혼 때문이다.

셋째, 결혼만이 최종이자 지상의 목표였다. 편지를 받고 안절부절하는 남편을 보고 그의 정서적 안정을 챙겨야 한다.[101] 그러기에 벨몬트의 자택에 돌아온 포셔는 아직도 안토니오가 남편 주변에 있는 것을 발견하고 속으로 불만을 품는다. 다분히 체면치레로 환영하는 체하나 내심은 다를 것이다. "환영의 뜻은 말보다 다른 방법으로 나타나야지요. 그러니 이렇게 간단하게 하지요."[102] 그가 그냥 베니스에 남아 있었으면 좋았다. 남편에게 안토니오는 단순한 친구가 아니다. 어쩌면 연인 관계에 있었는지도 모른다. 둘 사이의 우정은 거친 사나이들의 그것과는 다르다. 솔라니오가 전하는 두 사람의 일시 이별 장면은 연인의 별리를 연상시킨다. 바사니오에게 파선 근황을 알리는 안토니오의 편지 구절이나, 죽음을 각오하고 남기는 마지막 부탁도 예사롭지 않다. 오로지 님의 행복 앞에 기꺼이 자신을 희생하는 여인의 순애보를 연상시킨다. 2004년의 영화는 이 점을 은근하게 부각시킨다. 그윽이 응시하는 우수에 찬 안토니오의 눈동자 속에 분노의 불티는 전혀 보이지 않는다. 님을 님이라 부르지 못하고, 타인의 품으로 내줄 수밖에 없는 비애의 그림자가 드리워져 있을 뿐이다. 그것은 금전을 추구하는 상인의 눈이 아니라 맑디맑은 영혼을 내비치는 수도사나 예술가의 눈이다.

평생 여자의 계곡에 담그지 않은 순결한 몸, 그런 안토니오가 결혼 생활의 연적임을 영리한 여자의 육감이 놓칠 리 없다. 준엄함을 넘어 잔인한 판관이 이런 상황을 용납할 리도 없다. 포셔는 안토니오에게 추상같은 메시지로 경고를 준다. 꿈에서라도 내 결혼생활을 흔들 생각을 하지 말라! 안토니오가 남편을 위해 몸마저 담보했던 사실로 생색을 내자 포셔는 임기응변의 기회를 포착한다. "그럼 당신이 그의 보증인이 되시구려. 그에게 이 반지를 주고 잘 간수하라고 하시오."[103] 이제 잃었던 반지를 되찾았다. 그리고 새로운 맹약도 다짐했다. 연적도 묶어두었다. 포셔의 극은 끝났다. 그러면 안토니오는? 세 쌍의 신혼부부가 주고받는 밀어와 감창甘唱소리가 장원의 밤을 구가할 때, 홀로 잠 못 이루는 외로운 안토니오의 낮은 한숨을 풀벌레들이 받아 삼킨다. "아, 어쩌란 말이냐, 이 안타까운 정신과 육신의 권태를 ……" 후세의 천재 시인 랭보는 이렇게 읊었을 것이다. 외로운 뜨거움, 후회스런 부끄러움, 꿈에 사랑을 하면 깨어나서 죽고 싶어라. 마음은 지순한 여성이나 몸뚱이는 영락없는 사내인 것을.

1 Richard Posner, *Law and Literature: A Misunderstood Relation*, 2nd Ed. (Harvard University Press, 1999), pp. 103-110.

2 Rudolph v. Jhering, *Der Kampf ums Recht*, 『권리를 위한 투쟁』, 윤철홍 옮김(책세상, 2007).

3 SHYLOCK: He was wont to call me usurer(3.1. 43-44).

4 SHYLOCK: You call me misbeliever, cut-throat, dog, (…)(1.3. 110;126-127).

5 SHYLOCK: You, that did void your rheum upon my beard, (…)(1.3. 116).

6 JESSICA: Become a Christian and thy loving wife(2.3. 21).

7 SOLANIO: (…) As the dog Jew did utter in the streets./My daughter! O, my ducats! (…)/Fled with a Christian! (…)/Justice! The law(2.8. 14-17)!

8 SHYLOCK: (…) let him look to his bond(3.1. 44).

9 SALERIO: Why, I am sure if he forfeit thou you wilt not take his flesh. What's that good for(3.1. 47-49)?

10 SHYLOCK: If it will fees nothing else it will feed my revenge(3.1. 49-50).

11 SHYLOCK: I am a Jew. Hath not a Jew eyes?/Hath not a Jew hands, organs, dimensions, senses, affections, passions; fed with same food, hurt with the same weapons, subject to the same diseases, healed by the same means, warmed and cooled by the same winter and summer as a Christian is? If you prick us do we not bleed? If you tickle us do we not laugh? If you poison us, do we not die? And if you wrong us shall we not revenge(3.1. 61-68)?

12 SHYLOCK: I'll have my bond. Speak not against my bond. I have sworn an oath that I will have my bond(3.3. 4-5).

13 ANTONIO: (…) For the commodity that strangers have/With us in Venice, if it is denied,/Will much impeach the justice of the state,/Since that the trade and profit of the city/Consisteth of all nations(3.3. 27-31).

14 Gary Watt, "The Law of Dramatic Properties in Merchant of Venice", in Paul Raffield and Gary Watt, *Shakespeare & Law* (Hart Publishing, 2008), pp. 237-252.

15 CHORUS: (…) Into a thousand parts divide one man, (…) Turning th' accomplishment of many years/Into an hourglass (…)(prologue, 24-31).

16 SALERIO: I should not see the sandy hour-glass run/But I should think of shallows and flats,/And see my wealthy Andrew, in sand,/Vailing her hightop lower than her ribs/To kiss her burial(1.1. 26).

17 GRAZIANO: (…) while I live I'll fear no other thing/So sore as keeping safe Nerissa's ring(5.1. 324).

18 ANTONIO: I am to learn(1.1. 5).

19 ANTONIO: I dare be bound again,/My soul upon the forfeit, (…)(5.1. 251-252).

20 PORTIA: This house, these servants and this same myself/Are yours, my lord's. I give them with this ring, (…)(3.2. 171-174).

21 SHYLOCK: (…) Of your fair flesh to be cut off and taken/In what part of your body pleaseth me(1.3. 149-150).

22 ANTONIO: (…) my purse, my person, my extremest mean(1.1. 137)!

23 BASSANIO: Here is a letter, lady,/The paper as the body of my friend,/And every word in it a gaping would/Issuing life-blood(3.2. 261-264).

24 "(…) my ships have all miscarried, (…)"(3.2. 313-314).

25 PORTIA: I once did lend my body for his wealth/Which, but for him that had your husband's ring,/Had quite miscarried(5.1. 263-265).

26 SHYLOCK: You take my house when you do take the prop/That doth sustain my house; you take my life/When you do take the means whereby I live(4.1. 371-374).

27 Watt, ibid., p. 249.

28 BASSANIO: Look on beauty/And you shall see 'tis purchased by the weight(3.2. 88-89).

29 W. W. Buckland, *A Manual of Roman Private Law* (Cambridge University Press, 1928), p. 121.

30 SHYLOCK: You have among you many a purchased slave/Which, like your asses and your dogs and mules, you use in abject and in slavish parts/Because you bought them (…)(4.1. 91-94).

31 Table III (1) "*tertiis mundinis partes secanto: si plus minusque secuerunt, se fraude esto*(on the third market day let them shares. If they cut too much or too little, be it free from blame)." *The Elements of Roman Law*, 4th Ed., R. W. Lee (trnas.) (Sweet & Maxwell, 1956), p. 428. Lee는 일체의 오차도 없이 정확하게 한 파운드를 요구하는 포셔의 주문(4.1. 322-323)은 틀린 해석이라고 주장한다. 그러나 다른 번역도 있다. 이 번역에 의하면 "He shall fasten him with not less than fifteen pounds of weight or, if he choose, with more."(www.http://historyguide.org/ancient/12tables.html).

32 "A Statute is a Bond of Record sealed, testifying the Debtor to ow unto the Creditior a certaine summe of mony, And the same bond is knowledged before such persons & in such manner as is appointed by Statutes in that behalfe made (…) A Statute Merchant is a bond knowledged before one of the Clerkes of the Statutes sof Merchant ands Maior or chiefe Warden of the Citie of London (…) The execution upon Statutes Merchaant is first to take the bodie of the debtor if he be lay &can be bound, if otherwise, then upon his lands and goods." W. West, *The First Part of Symboleography which May be Termed, The Art, or Description, of Instruments and Presidents*, Part I, Book II, rev. Ed. (Richard Tottle, 1592), p. 151.

33 ANTONIO: My ventures are not in one bottom trusted (…)(1.1. 42).

34 BASSANIO: I like not fair term and a villain's mind(1.3. 178).

35 SHYLOCK: A pound of man's flesh taken from a man/Is not so estimable, profitable neither,/As flesh of muttons, beeves, or goats. I say,/To buy his favour I extend this friendship(1.3. 164-167).

36 ANTONIO: Hie thee, gentle Jew./The Hebrew will turn Christian; He grows

kind(1.3. 177-178).

37 PORTIA: Of a strange nature is the suit you follow (…)(4.1. 174).

38 SHYLOCK: So says the bond, doth it not, noble judge?/Nearest his heart'-those are the very words(4.1. 250-251).

39 PORTIA: Have by some surgeon, Shylock, on your charge/To stop his wounds, lest he do bleed to death(4.1. 254-255).

40 SHYLOCK: Is it so nominated in the bond?

PORTIA: Is it not so expressed, but what of that?/'Twere good you do so much for charity.

SHYLOCK: I cannot find it. 'Tis not in the bond(4.1. 256-259).

41 PORTIA: For as thou urgest justice, be assured/Thou shalt have justice more than thou desir'st(4.1. 313-314).

42 PORTIA: (…) the Venetian law/Cannot impugn you as you do proceed(4.1. 175-176).

43 SHYLOCK: For the intent and purpose of the law/Hath full relation to the penalty/Which here appeareth due upon the bond(4.1. 244-246).

44 PORTIA: Why, this bond is forfeit/And lawfully by this the Jew may claim/A pound of flesh, to be by him cut off/Nearest the merchant's heart(4.1. 228-230).

45 "know the law"(4.1. 234).

46 "most sound"(4.1. 235).

47 "A Daniel come to judgement (…) O wise young judge (…)"(4.1. 220-221).

48 "a worthy judge"(4.1. 233).

49 "Most learned judge"(4.1. 301).

50 "Most rightful judge"(4.1. 298).

51 "a well-deserving pillar"(4.1. 236).

52 PORTIA: Tarry a little. There is something else(4.1. 302).

53 PORTIA: This bond (…) give thee here no jot of blood(4.1. 303).

54 SHYLOCK: Is that the law(4.1. 311)?

55 PORTIA: It is enacted in the laws of Venice,/If it be proved against an alien/That by direct or indirect attempts/He seek the life of any citizen (…)/Shall seize one half of his goods; the other half/Comes to the privy coffer of the state, (…)(4.1. 345-351).

56 SHYLOCK: Give me my principal, and let me go(4.1. 333).

57 BASSANIO: I have it ready for thee. Here it is(4.1. 334).

58 PORTIA: He hath refused it in the open court./He shall have merely justice and his bond(4.1. 335-336).

59 W. Nicholas Knight, *Shakespeare's Hidden Life, Shakespeare at the Law 1585-1595* (Mason & Lipscomb, 1973), pp. 178-180; 280-286.

60 SHYLOCK: I stand here for law, (…)(4.1. 141).

61 SHYLOCK: I crave the law(4.1. 203).

62 SHYLOCK: If you deny me, fie upon your law(4.1. 100)!

63 PORTIA: There is no power in Venice/Can alter a decree established(4.1. 215-216).

64 BASSANIO: And, I beseech you,/Wrest once the law to your authority./To do a great right, do a little wrong,/And curb this cruel devil if his will(4.1. 211-214).

65 PORTIA: There is no power in Venice/Can alter a decree established./'Twill be recorded for a precedent,/And many an error by the same example will rush into the state. It cannot be(4.1. 215-219).

66 PORTIA: The quality of mercy is not strained./It droppeth as gentle rain from heaven/Upon the place beneath. It is twice blest:(4.1. 181-183) (…) It is enthroned in the hearts of kings;/It is an attribute to God himself,/And earthly power doth then show likest God's/When mercy seasons justice(4.1.

181-183).

67 Northrop Frye, *Anatomy of Criticism* (Princeton University Press, 1957), pp. 163-185.

68 ANTONIO: Is like a villain with a smiling cheek, (…)(1.3. 99) .

69 ANTONIO: A goodly apple rotten at the heart(1.3. 100).

70 ANTONIO: O, what a goodly outside falsehood hath(1.3. 101)!

71 PORTIA: To offend and judge are distinct offices (…)(2.9. 60).

72 NERISSA: Hanging and wiving goes by destiny(2.9. 82).

73 PORTIA: (…) the will of a living/daughter (is) curbed by the will of a dead father (1.2. 22-23).

74 PORTIA: (…) the lott'ry of my destiny/Bars me the right of voluntary choosing (2.1. 15-16).

75 PORTIA: It is engendered in the eyes,/With gazing fed; and fancy dies/In the cradle where it lies(3.2. 63-70).

76 MOROCCO: Who chooseth me must give and hazard all he hath(2.7. 9).

77 MOROCCO: Who chooseth me shall get as much as he deserves(2.7. 7).

78 PORTIA: That in the course of justice none of us/should see salvation. We do pray for mercy, (…)(4.1. 196-197).

79 MOROCCO: Who chooseth me shall gain what many men desire(2.7. 5).

80 MOROCCO: All that glisters is not gold(2.7. 65).

81 BASSANIO: So may be outward shows be least themselves./The world is still deceived with ornament(3.2. 73-74).

82 BASSANIO: In law, what plea so tainted and corrupt/But, being seasoned with a gracious voice,/Obscures the show of evil(3.2. 75-77)?

83 BASSANIO: The seeming truth which cunning times put on/To entrap the wisest(3.2. 100-101).

84 ARAGON: (…) the fool multitude, that choose by show,/Not learning more than

the fond eye doth teach,/Which pries not to th' interior (…)(2.9. 25-27).

85 Daniel Kornstein, *Kill All the Lawyers?* (Princeton University Press, 1987), p. 79.

86 "The moon shines bright. In such a night (…)"(5.1. 1-24).

87 PORTIA: You were to blame, I must be plain with you,/To part so slightly with your wife's first gift,/A thing stuck on with oaths upon your finger/And so riveted with faith unto your flesh(5.1. 166-169).

88 PORTIA: In both my eyes he doubly sees himself,/In each eye one. Swear by your double self,/And there's an oath of credit(5.1. 244-246).

89 Harold Bloom, "Operation Roth", *New York Review of Books*, 22 (April 1993), p. 45; 48.

90 Tibor Egervari, *Shakespeare's The Merchant of Venice in Auschwitz*, A. Lager (trans.) (1999); Istvan Pogany, "Shylock in Transylvania: Anti-Semitism and the Law in East Central Europe", in Paul Raffield and Gary Watt (ed.), *Shakespeare and the Law* (Hart Publishing, 2008), p. 258; http://www.uoguelph.ca/shakespeare/a_auschwitz.cfm(2011. 7. 15 최종접속).

91 Pogany, ibid., p. 261.

92 "comic villain", Harold Bloom, *Shakespeare: The Invention of the Human* (Penguin Books, 1998; 1999), p. 171.

93 Richard H Weisberg, "The Concept and Performance of 'The Code' in The Merchant of Venice", Raffield and Watt (ed.), ibid., pp. 289-298.

94 Ibid., pp. 298-291.

95 PORTIA: Tarry a little(4.1. 302).

96 K, Gross, *Shylock is Shakespeare* (Chicago University Press, 2006), p. 107.

97 NERISSA: If he should offer to choose, and choose the right casket, you should refuse to perform your father's will if you should refuse to accept him(1.2. 88).

98 PORTIA: (…) set a deep glass of Rhenish wine on the contrary casket; (…)(1.2. 92).

99 PORTIA: I could teach you/How to choose the right, but then I am forsworn(3.2. 9-10).

100 PORTIA: Tell me where is fancy bred,/Or in the heart, or in the head?/How begot, how nourished?/Reply./It is engendered in the eyes,/With gazing fed; and fancy dies/In the cradle where it lies. Let us all ring fancy's knell(3.2. 63-69).

101 PORTIA: There are some shrewd contents in yon same paper/That steals the colour from Bassanio's cheek(3.2. 241-242).

102 PORTIA: Sir, you are very welcome to our house./It must appear in other ways than words,/Therefore I scant this breathing courtesy(5.1. 141).

103 PORTIA: Then you shall be his surety. Give him this,/And bid him keep it better than the other(5.1. 254-255).

4장

이건 법률가의 해골 같군!

「햄릿Hamlet」

복수극의 원형

"모든 의미에서 「햄릿」은 셰익스피어 극의 진수다. 비단 셰익스피어뿐 아니라 역대 모든 연극 중의 연극이다." 영국 왕립셰익스피어극단이 배출한 무수한 햄릿 배우 중 최고의 배우로 공인 받은 로렌스 올리비에의 확신에 찬 단언이다. 햄릿은 복수극이다. 복수야말로 인간의 가장 원초적인 본능이다. 동서양을 막론하고 무수한 문학 작품이 복수를 주제로, 살인을 그 수단으로 다룬다. 그런데 그 많은 살인, 복수문학 중 「햄릿」만큼 널리 사랑받는 작품은 없다. 주인공 햄릿이 내뱉은 말 한마디마다 수천 개의 주석이 붙었고 내딛은 발자국마다 영탄의 기념비가 세워졌다.[1]

전형적인 복수극의 기준에서 볼 때 작품 「햄릿」의 플롯은 복잡하다. 아비를 잃은 세 청년의 복수가 동시에 진행된다(극중의 극 속에도 아킬레우스의 아들 퓌러스의 복수가 삽입되어 있다.). 숙부에게 아버지를 살해당한 햄릿, 적국의 왕에게 아버지와 고토를 함께 앗긴 노르웨이의 왕자 포틴브라스, 그리고 왕자 햄릿의 광기에 아비와 누이를 차례로 잃은 레아티스,

로렌스 올리비에는 최고의 햄릿 배우로 꼽힌다.

이들 세 청년이 복수하는 상황과 방법도 각양각색이다. 직접 가격, 전쟁, 그리고 결투, 세 청년의 역할은 제각기 처한 상황에 맞추어 조율된다.

비극에서 복수는 극의 전개에 중요한 기능을 한다. 복수를 유발한 원인행위로 공동체의 도덕 질서에 조화가 무너지면서 긴장이 심화된다. 복수행위는 원인행위로 무너진 도덕적 균형을 회복하는 긍정적 가치를 지닌다. 그러나 「햄릿」에서 일어난 많은 비극적 죽음은 이러한 도덕적 균형의 회복을 다소 약화시킨다. 극의 종말에 등장인물 대부분이 죽고 나서 적국의 왕자 포틴브라스가 도덕적, 법적 질서를 회복하는 것은 국가 단위의 공동체의 정의관에는 선뜻 부합하지 않는다.

누구나 주인공 햄릿에게 복수할 의무가 있다고 믿는다. 대부분 비평은 우유부단하거나 지나치게 신중한 햄릿의 복수 과정을 비판한다. 일찌감치 클라우디스를 죽였어야 했다는 것이다. 우유부단한 성격 때문에 정당한 복수가 지연되고, 그로 인해 자신과 자신이 사랑하는 사람을 모두 파멸로 몰아넣었다는 것이다.

이러한 통설과는 다른, '법률가적' 해석이 있다. 첫째, 햄릿은 살인을 통한 복수를 해서는 안 된다는 주장이다. 햄릿의 우유부단은 충동적인 복수, 원시적 보복 감정을 절제하기 위한 노력으로 오히려 높게 평가되어야 한다는 것이다. 둘째, 그의 복수의 결심은 시종일관 견고했고, 더욱이 살인죄의 책임을 면하려고 치밀한 법률가적 준비를 했다는 것이다.

그 유명한 독백 "사느냐, 죽느냐to be or not to be"는 자살이 아니라 복수를 위한 고민은 아닐까? 만약 그렇다면 "양심이 우리 모두를 비겁자로 만든다."[2]는 햄릿의 대사도 단순한 수사로 흘려 넘겨서는 안 된다. 그가 열거한 감내하기 힘든 '인생의 고통' 리스트에 법절차의 무력감, 비효용성, 그리고 지연이 들어간 것도 이상한 일이 아니다.

> 사느냐, 죽느냐, 그것이 문제로다.
> 그 어느 쪽이 더 사나이다울까?
> 가혹한 운명의 화살을 받아도 참고 견딜 것인가?
> 아니면 밀려드는 재앙을 힘으로 막아 싸워 없앨 것인가?[3]
>
> 그렇지 않으면
> 그 누가 이 세상의 사나운 채찍의 비난을 견디며
> 폭군의 탄압과 세도가의 멸시,
> 버림받은 사랑의 고통, 법의 지연law's delay,
> 덕망 있는 사람에게 가하는 소인배의 불손,
> 이 모든 것을 참고 지낼 것인가?
> 한 자루의 단도면 쉽게 끝낼 수 있는 일인데.[4]

그래서 햄릿은 신속한 사적 복수보다는 지루한 법적 복수를 감내할 것인가를 두고 고민한다. 이런 관점에서 본다면 햄릿은 법의 발전의 기로에 선 한 인간의 내적 갈등을 상징하는 인물로 평가할 수 있다. 주인공의 내적 갈등을 통해 원시적인 사적 복수에서 법의 지배로 발전하는 과정에서 수반되는 개인적 고통과 불확실한 결과를 그린 작품으로 이해할 수 있는 것이다. 셰익스피어 연구의 선구자, 브래들리A.C. Bradley는 한 세기 전에 이미 이런 주장을 폈다. 그에 의하면 햄릿의 '통상적 양심'은 유령으로 나타난 아버지의 뜻에 따라 숙부를 죽여야 한다고 믿었지만, 보다 깊은 무의식의 세계, 즉 그의 '내면의 양심'은 살인행위에 대한 '도덕적 저항감'을 가졌다는 것이다.[5]

"눈에는 눈으로"라는 소위 '탈리오의 법칙'은 구약 시대의 정의관을 상징한다. 그러나 한 유대법의 전문가는 이 말은 잃어버린 눈의 가치에 상당하는 금전배상을 해야 한다는 원칙을 천명한 것으로 해석한다.[6] 셰익스피어 동시대인 프랜시스 베이컨도 복수는 '원시적 정의'의 일종이라고 규정한다.[7] 현대 미국법사의 거목, 올리버 웬델 홈스Oliver Wendell Holmes Jr.의 관찰에 의하면 응보는 모든 법 제도의 초기단계에 공통된 정의관이었다.[8] 셰익스피어도 이 원리를 작품의 제목으로 택하고(「눈에는 눈」) 극중 인물의 입과 행위를 통해 실현한다(제6장 참조).

세 청년 중 둘은 구약적 복수관을 신봉한다. 레아티스와 포틴브라스는 일말의 고민이나 주저도 없이 즉각 복수행위에 나선다. 그러나 햄릿은 다르다. 햄릿의 '깊은 양심적 자아'는 고민한다. 그러나 아들에게 복수의 명령을 내린 아버지, 선왕 햄릿은 전통의 정의관을 신봉한다. 전사戰士 군주였던 그는 갑옷을 입은 유령의 모습으로 나타나 자신을 죽인 원수에게 복수하라고 주문한다. 적은 무자비하게 궤멸하는 것이 전사의 미덕이고 전쟁의 윤리다. 그러나 끊임없는 복수의 연결고리로 이어지는 구세대의 정의관을 새 세대가 무비판적으로 받아들이지 않은 것이 역사의 발전이다.

이성적 법의 발전이라는 관점에서 볼 때 세 청년 중 햄릿만 유일한 이성적인 존재이다. "인간이란 얼마나 오묘한 존재인가! …… 천사의 행동에 신의 지혜를 구비했느니."[9] 햄릿의 머리와 가슴은 고상한 가치의 추구에 집중된다. 독서, 철학, 수사학, 그리고 사회의 문명화이다. 문명 사회의 제도적 상징이 법이다. 아버지를 죽인 짐승, 클라우디스를 되죽임으로써 자신마저도 짐승으로 전락하고 싶지 않았다. 기도하는 클라우디스를 살해하지 않은 것도 죽여서 천당을 보내지 않겠다는 '복수의 완전 성취'를 위한 것이다. 깊은 갈등 끝에 결국 복수의 충동에 굴복하지만 그 과정에 이르는 내면적 고뇌의 정체는 도덕적 사려가 깊은 법학도의 갈등일 것이다.

살인죄의 교과서

「햄릿」은 살인죄에 관한 종합적인 교과서다. 이 작품에는 엘리자베스 영국의 살인죄 법리가 정교하게 엮였고, 당시에 한창 진행 중이던 살인죄 법리 개혁의 내용이 반영되었다.[10] 법리의 상당 부분은 오늘날의 한국법 아래서도 맞아떨어진다. 어떤 사람을 어떤 상황에서 죽이느냐에 따라 법은 취급을 달리 한다. 죽은 사람의 신분에 따라 존속살인, 대역大逆살인 등으로 등급화한다. 또 냉정하게, 계획적으로 죽였느냐, 아니면 일시적 흥분으로 죽였느냐 등에 따라 처벌의 강도도 달리한다. 일반인이 생각하는 것보다 살인죄의 법리는 복잡하다.

「햄릿」에 등장하는 주요 인물은 모두 자연사가 아니다. 선왕先王 햄릿은 신왕 클라우디스에 의해 독살당하고, 클라우디스는 선왕의 아들 햄릿의 칼에 찔려 죽는다. 햄릿과 거트루드 모자간의 대화를 방장 뒤에서 염탐하던 폴로니우스도 햄릿의 칼에 찔려 죽는다. 폴로니우스의 딸 오필리아는 물에 빠져 죽고, 아들 레아티스는 합법적인 운동경기의 형식을 통해 아버지의 원수를 갚으려다 예기치 않은 죽음을 맞는다. 형제인 두 왕을 침상에서 맞은 '약한 여인' 거트루드는 독배를 마시고 죽고, 햄릿을 살해하라고 국왕에게 고용된 로젠크란츠와 길덴스텐은 영문도 모른 채 외국 정부의 손에 목숨을 잃는다.

이 모든 사실적 상황은 당시 영국의 대표적 저술이나 법령에서 근거를 찾을 수 있다. 한 예로 유령이 묘사한 '가장 부자연스럽고 비열한 살인행위'[11]도 에드워드 코크의 『제3 법학제요Third Institute』에 "모든 살인 중 가장 증오스런 행위"로 묘사된다.

"사느냐 죽느냐"의 그 유명한 독백으로 상징되는 햄릿의 외형적인 우유부단함도 자세히 살펴보면 지극히 영리한 법률가의 계산된 행동임이 감지된다. 실행에 옮기기 전에 확실한 증거를 포착하려고 오랜 시일을 고민한다. 단순한 분노나 심증만으로 행동에 옮기지 않는 것이 법률가의 기본자세다. 일단 증거를 포착한 후에도 법률가 햄릿은 살인 후에 받을 처벌을 극소화할 방도를 강구한다. 클라우디우스를 단칼에 죽일 기회가 있었지만 기도하는 순간에 죽으면 천당에 간다는 교리가 마음에 걸려 실행에 옮기지 않는다. 가장 유리한 방편은 심신상실을 가장하는 것이다.

사랑하는 여자의 아버지이기 이전에 원수의 수족인 폴로니우스를 찌르는 순간에도 법률가의 기지가 번뜩인다. "뒈져라 쥐새끼야!"[12] 이 한마디로 햄릿은 처벌을 면할 수 있다. 이른바 '사실 착오'의 법리다. 우리 형법에도 규정된 이론이다. 정말로 그가 방장 뒤에 숨은 물체를 쥐새끼로 오인하여 칼질을 했고, 그렇게 오인할만한 정당한 사유가 있었다면, '사람'을 죽인 죄과를 받지 않는 것이다.

자신이 목격한 범행현장의 상황을 왕에게 보고하는 거트루드도 자식의 죄책을 가볍게 하려는 눈물겨운 노력을 보인다. 방금 어머니의 불륜을 지극히 정상적인 논리로 추궁하던 자식을 "바다와 바람이 힘을 겨룰 때처럼 건잡을 수 없는 실성으로 …… 미치광이의 오판으로 죽였다."[13]면서 감싼다. 자식의 안위를 위해 무슨 짓을 못하랴. 그것이 모정인데.

길덴스텐과 로젠크란츠의 죽음에 대해서도 햄릿은 형사책임을 지지 않는다. 실행의 착수(문서의 위조)가 이루어진 곳은 공해상이었고 당시의 영국법에 의하면 정부는 이런 행위에 대한 재판관할권이 없었다.

법학도의 우울증?

햄릿은 학생이다. 최소한 서른이 넘은 만학도로 친구 호레이쇼와 함께 비텐베르크 대학에서 수학했다(이 대학은 종교개혁을 주도한 마르틴 루터가 재직하던 곳으로 잘 알려져 있다. 작품의 배경이 된 시대는 역사적으로 이 대학이 설립되기 이전일 것이다.). 그는 다분히 법학도일 가능성이 높다. 법학은 철학, 의학, 수사학과 더불어 중세 대학의 4대 학문 중 하나였다. 물론 라틴어로 수학했다. 파수를 보던 병사들이 햄릿의 비텐베르크 대학 동급생 호레이쇼를 끌어들인 이유는 라틴어를 아는 사람만 유령과 소통할 수 있다는 당시의 민간 속설을 반영했기 때문이다. 예나 지금이나 법학도의 특이한 행태는 과도한 수학의 결과로 만성 우울증에 시달린다는 것이다. 법학의 대상은 인간의 추악함, 어두운 세계의 아픈 사연들이다. 추악한 세계의 원리를 깊이 탐구하는 법학도는 자신도 추악해지지 않으려면 끊임없이 맑고 밝은 영혼의 정화가 필요하다. 맑은 영혼의 청년이 추악한 세속의 뒷이야기에 탐닉하다가 우울증에 걸리는 것은 자연스러운 일이다. 공부를 너무 많이 하는 것은 "나태sloth"라고 베이컨은 썼다.[14] 기독교 성경에도 비슷한 구절이 있다. "과도한 공부는 육신을 지치게 한다."[15]

1590년대 후반의 런던의 분위기나 연극의 주요 관객층을 유념한 작가라면 공부에 지친 나머지 우울증에 걸린 법학원의 한 청년 법학도를 주인공으로 택했을 개연성이 있다. 타인의 우울한 사연을 심층적으로 공부하면서 인생의 덧없음, 고독, 절망과 좌절, 장래에 대한 불안이 가중된 법학도의 모습이 상상된다. 햄릿이 우울증을 앓았든 아니든, 그의 법학도적 특성은 작품 전편에 걸쳐 드러난다. 우선 그는 말이 많다. 언어의 조작에도 능숙하다. 햄릿이 책 읽는 모습을 본 폴로니우스가 무슨 책이냐고 묻자 "말, 말, 말뿐이지."[16] 한다. 혹시 법서는 아닐까? 법정 변호사의 제복, 검은 색 망토를 입고 동물의 뼈를 녹여 장정한 두터운 법서, 혼북hornbook을 손에 들고 무대에 서성이는 햄릿을 지은이는 실제로 본 적이 있다.

미국의 '법과 문학' 운동의 대표 주자 중 한 사람, 리처드 위스버그Richard Weisberg는 『언어의 실패The Failure of the Word』라는 저술에서 햄릿의 행동양식은 귀족이나 영웅의 그것과는 달리 신중한 법률가의 전형이라고 평했다.[17] 돌다리도 두드려 보고 건너듯, 자명해 보이는 사실도 재삼 확인하고 끝없이 의문을 제기한다. 연속적인 자문과 반대신문, '법률가처럼 생각하는 법how to think like a lawyer', 그것은 건전한 상대주의를 넘어 회의주의, 허무주의로 이끄는 길잡이다.[18]

법률가 햄릿의 특성은 다변성에서 드러난다. 말은 무성한 반면 행동은 한없이 더디다. 절대 안전을 확신할 수 있어야만 행동에 옮기는 법률가와 같다. 그는 "우울의 병색에 그늘져"[19] 행동력을 잃었다. 그는 현실을 도피하거나 진실을 감추려고 주저리주저리 넋두리를 편다. 그 변설 때문에 옳든 그르든 어떤 행동도 옮기지 못한다. 브래들리는 햄릿이 단순한 학생이어서 더욱더 긴박한 상황에서 갈피를 잡지 못했다고 주장한다.[20]

만약 햄릿이 판사가 된다면 사법적극주의자보다는 사법자제의 신봉자가 될 가능성이 높다. 하버드 법대 교수 출신으로 연방대법원판사(1939-1962)로 명성을 쌓은 펠릭스 프랑크퍼더Felix Frankfurther는 1949년의 한 판결에서 자신의 사법자제 철학을 강조하려고 햄릿의 내용을 언급하면서 "셰익스피어라도 그렇게 했을 것"이라고 쓴다.[21] 햄릿과 같은 유형의 법률가는 다양한 가능성을 지나치게 심사숙고하는 반면, 어떤 분명한 예측과 전망도 제시하지 못하는 결함이 있다. 이러한 유형의 변호사는 선명한 결과의 예측을 기대하는 의뢰인에게는 답답한 존재일 것이다. 햄릿 자신은 변설로 사람을 희롱하는 법률가의 혀를 비판한다.

법률가의 해골

"이건 법률가의 해골인 것 같군! 그 능숙한 구변과 궤변은 어디로 갔지? 소송사건, 신분권, 그리고 모략은? 이 무지렁이에게 더러운 삽으로 골통을 그렇게 얻어맞고도 가만있나? 어디 폭행죄로 고소라도 해보시지, 왜 말을 못해? 이 친구 생전에 부동산 투기꾼이었는지 모를 일이야. 양도증서, 점유이전, 이중매매, 매수인, 토지양도 이런 따위로 말이야."[22]

물론 햄릿은 여기에서 삶의 유한성과 무상을 한탄한다. 법률가의 화법은 일반인과 뚜렷하게 구분된다. 그러나 세속적 권세를 자랑하던 법률가도 죽음 앞에서는 여느 사람과 다를 바 없다. 햄릿의 '해골 바가지' 대사에 언급된 당시의 법률용어는 대부분 오늘날에는 사라졌거나 사용되더라도 의미가 변질되었다. 그러나 전문용어를 즐겨 사용함으로써 은연중에 자신의 권위를 과시하고 의뢰인의 경외심을 유발하려는 법률가의 직업적 속성은 예나 지금이나 마찬가지다.

햄릿에게 법률가의 해골은 마르셀 프루스트의 마들렌 빵에 해당한다. 아련하게 그리운 '잃어버린 시간들'을 상기시키는 단초가 되는 상징물이다. 도대체 법률가의 두개골은 어떤 특징이 있을까? 이마가 앞으로 튀어나온 사람은 머리가 좋은 지식인이라는 속설 때문일까, 아니면 의뢰인의 원한을 사서 둔기에 맞아 죽은 상처라도 있었던 것일까? 두개골의 외양은 그렇다고 치자. 사람들은 도대체 법률가의 머릿속에 무엇이 들어 있을까 궁금하다. 음악가, 과학자, 작가와는 다른, 법률가의 정신적 생리라는 것이 있는가? 법률가는 어떤 기법으로 자신의 주장을 전개하는가? 이른바 '법적 논리'는 일반 논리와 어떻게 다른가? 어떤 논리적 기준으로 선행 판결이 후속 판결에 대한 '구속력binding'을 부여하는가?

18세기 정치사상가, 에드먼드 버크Edmund Burke는 법학공부는 사람의 생각을 압축함으로써 날카롭게 한다고 평한 바 있다. 법과대학의 교육은 '법률가의 사고법'을 훈련시키는 것이다. 구체적으로 그게 무엇인가? 논리적 분석력과 내러티브, 최소한 이 두 기지를 들 수 있을 것이다. 논리적 분석력이란 논리의 전개과정에서 생략과 비약을 경계하고 약점과 전제조건을 세밀하게 검토하여 가설로 내걸었던 명제의 완결성을 입증할 때까지는 최종판단을 유보한다는 의미다.

법적 변론의 다른 특징은 내러티브, 즉 이야기를 전달하는 능력이다. 법률가도 작가와 마찬가지로 이야기꾼이다. 두 직업 모두 언어의 가공력과 설득력이 요체다. 작가는 현실에서 소재를 얻어 이를 자신의 상상력으로 가공하여 허구의 형식으로 세상에 제시한다. 법률가는 분쟁이 된 구체적인 현실을 법이라는 가공된 사회규범에 투영하여 그 그림자를 찾아내는 능력을 갖추어야 한다. 법정을 움직이는 것은 당사자의 사연을 전달하는 능력이다. 모두진술, 최종변론, 신문과 반대신문, 직접심문, 이 모든 재판과정이 한마디로 '이야기'를 전달하는 작업이다. 해골바가지를 가격하는 햄릿은 실은 자기 자신을 가격하는 것이다. 복수를 할 것인가? 말 것인가? 만약 한다면 언제, 어떤 방법으로 실행할 것인가. 온갖 경우의 득과 실을 햄릿처럼 세세하게 재는 사람이 어디 있으며, 그처럼 온갖 몽롱한 인조언어를 희롱하는 사람이 또 어디 있을까? 영민하나 소심하고 우울한 청년 법률가가 아니고서야.

'죽은 자의 해골'은 수준 높은 농담의 소재로 널리 활용된다. 남아프리카의 지도자, 성공회의 투투 주교가 1980년대 초 미국 워싱턴의 흑인

학교, 하워드 로스쿨Howard Law School에서 강연한 적이 있다. 지은이는 공익채널 라디오를 통해 중계방송을 들었다. 그는 특히 소수 인종의 사회진출을 격려하고 교육의 중요성을 강조하면서 자조적인 농을 던진다. "저세상에선 흑인이 대우받는대요. 백인의 해골은 단돈 1달러인데 흑인 것은 100달러나 한대나. 거의 사용하지 않은 신품이라서 그렇다더군."

자살과 정당방위

셰익스피어는 산역꾼의 입을 빌어 낡은 영국법의 용어와 이론을 주절댄다. 흔히 '정당방위se defendo'로 알려진 법리다. 정당방위는 어느 법제에서나 공통되는 범죄의 면책사유다. 그런데 도대체 자살자에게 무슨 정당방위 이론인가? 당시 영국법에 의하면 자살은 중죄felony였고, 따라서 중죄인 자살자의 재산은 몰수하고 교회가 집전하는 정식 매장을 금지했다. 생명을 주고 뺏는 일은 오로지 조물주의 권능이다. 그러므로 기껏해야 창조주의 피조물에 불과한 한낱 인간이 스스로 목숨을 끊는 행위는 신의 권능에 대한 침해인 것이다. 속말로 사람은 죽고 싶어도 제멋대로 죽어서는 안 되는 것이다.

이러한 교회법의 기본 원칙이 세속의 법에 어떻게 반영되는가? 당시의 법리는 형사책임을 지우는 근거를 피해자가 입은 손해에서 가해자의 범죄행위로 관심의 초점을 옮기고 있었다. 그렇다면 살인이란 '사람'을 죽인 행위일 뿐, 그 죽은 사람이 다른 사람이냐 아니면 자기 자신이냐에 따라 법적 취급을 달리할 이유가 없는 것이다.[23]

첫 번째 산역꾼이 이의를 제기한다. "제멋대로 저승길을 찾은",[24] 여자를 어떻게 정식 기독교식 장례를 치를 수 있느냐고. 동료는 검시관의 공식보고서에 신뢰를 준다. 그러나 승복하지 않는 그는 정당방위의 법리를 따지고 든다.[25]

범죄행위actus reus의 3대 구성요건을 열거하면서 오필리아의 자살행위는 정당방위가 되지 않는 이상 중죄로 처벌받아야 한다는 것이다.

"자, 여기 물이 있다고 쳐. …… 사람이 물 쪽으로 가서 풍덩했어. 그러면 좋으나 마나 지가 간 것이란 말이야. …… 제 손으로 제 죽음을 범하지 않은 자는 제 목숨을 살인한 자가 아니란 말이야."[26] 그게 법이냐는 반문에 검시관이 결정한 법이라고 못을 박는다.

이러한 법리는 당시 지식인에게 상식의 범위에 속했겠지만 셰익스피어는 1565년에 일어난 실제 사건에서 이 장면에 대한 아이디어를 얻었을 가능성이 높다. 정신이 온전치 못한 존 헤일스가 강물에 뛰어들어 익사한다.[27] 교회법원의 재산몰수 명령에 대해 유족은 이의를 제기한다. 자살행위는 사람의 생전에 완성될 수 없다. 그리고 그의 죽음과 동시에 공동소유자인 아내가 잔존배우자의 자격으로 재산을 취득했다는 것이다. 산역꾼의 주장처럼 자살행위는 범의imagination, 실행의 결의resolution와 완성perfection의 삼 단계로 구성되고, 제3의 단계인 완성은 행위act와 행위의 연속인 사망death으로 세분된다고 주장했다. 법원은 '생전의 헤일스'가 '다른 헤일스'를 죽게 만들었다. '산 자'가 '죽은 자'를 살해한 것이다. 그러므로 산 자를 처벌하는 것은 법리에 합당하다고 판결한다. 가련한 미망인은 미쳐서 죽은 남편의 재산을 상속받지 못했다. 법은 허구다. 이 법적 허구는 셰익스피어의 활동기보다 훨씬 앞선 1565년에 제조된 것이지만 세월을 건너 산역꾼의 입에까지 전승될 정도로 파장이 컸다(그러나 1532년, 의회는 법을 제정하여 정당방위 법리의 불합리한 허점을 보완한다. 그리하여 셰익스피어 당시의 법은 어떤 상황에서나 정당방위가 인정되는 경우에는 재산의 몰수를 면할 수가 있었다.).

양심의 가책

범인은 언젠가는 자신이 범죄를 저지른 현장에 나타나기 마련이다, 범죄학 교본의 한 구절이다. 중한 죄를 범한 사람일수록 강한 양심의 가책을 느끼기 때문이라는 것이다. 범죄자의 심리상태를 묘사하는 장면에서 작가의 역량이 빛난다. 마치 『죄와 벌』의 불멸의 주인공 라스콜리니코프를 연상시킨다. 유령의 말을 제외하고는 클라우디어스가 아버지를 죽였다는 증거를 확보하지 못한 햄릿은 "내 아버지의 살해와 같은"[28] 연극을 보여주면서 '범죄자의 양심'의 반응을 탐지할 계획을 세운다. 햄릿 스스로 무대감독이 되어 「곤자고의 시역The Murder of Gonzago」을 공연한다. 제목을 묻는 왕에게는 「쥐덫The Mouse Trap」이라고 답한다. 복선이 깔린 언중유골이다.

> 죄지은 놈이 연극을 보다가 교묘하게 꾸며진 장면에 감동이 되어 제 입으로 죄를 털어놓는다지. 살인죄는 입이 없어도 스스로 실토하기 마련이라지. 신기한 노릇이야.[29]

연극을 빌려 선왕이 독살을 밝히는 햄릿. 대니얼 맥클리스 「극중극(The Play Scene in Hamlet)」(1842).

확신에 찬 햄릿의 다짐이다.

> 연극이 결정타야, 왕의 본심을 드러내게 하고야 말 것이다.[30]

'범인의 양심'을 드러내게 하는 것은 유능한 법정변호사의 변론기술이기도 하다. 허먼 우크Herman Wouk의 소설(1951) 및 영화(1954) 「케인호의 반란The Caine Mutiny」이나, 잭 니콜슨 주연의 영화, 「어 퓨 굿맨A Few Good Men」(1992)에서 피고인은 능숙한 변호사의 심문에 말려들어 이성을 잃고 자신도 모르게 범행을 인정하는 단서를 제공하게 된다.[31] 그러나 실제로 현실의 법정에 선 인간은 대체로 작품에서처럼 선량하거나 순진하지 않다. 감출 수 있는데도 자진하여 과오를 솔직하게 털어놓는 사람이 점차 줄어들고 있다. 이를 일러 법과 인간세계가 진화했다는 증거라고 한다.

심신상실?

햄릿의 정신이상 여부는 오래전부터 법률가들에게 중요한 도락의 하나로 인기 있는 모의재판의 소재로 활용된다. 1996년 3월, 미국 보스턴 대학 강당에서 성황리에 열린 재판은 현직 연방대법원 판사, 앤서니 케네디Anthony Kennedy가 재판장으로 출연한다. 검사역으로는 저명한 형사변호사가, 변호사역으로는 하버드의 법심리학 교수가 나선다. 배심도 구성되었다. 3시간 반에 걸친 흥미진진한 변론 장면을 정평 있는 시사교양 채널 C-SPAN이 실시간으로 전국에 중계 방송했고, 지금까지도 수시로 앙코르 방영한다. 재판은 구체적으로 폴로니우스의 죽음에 대해 햄릿은 '심신상실insanity'을 이유로 형사책임을 면할 수 있는가에 대한 것이다. 모의재판은 연례행사가 되어 미국의 각지에서 이어진다. 2007년, 워싱턴의 케네디센터John F. Kennedy Center가 개최한 재판은 1천여 석의 관람석이 하루 만에 매진된다. 이 센터는 1994년부터 매년 셰익스피어 작품을 상연하면서 적어도 한 사람 이상의 연방대법관을 참여시켜 미국법의 지적 연원과 범주를 확대하는 데 기여한다. 5백 년 전의 사건을 다투는 재판이다. 재판장은 법정변론의 자료를 원문에 한정시키기도 하고 보충자료의 제출을 허용하기도 한다. 앤서니 케네디가 단연 인기 제일의 단골 재판장이다.

2011년 2월, 할리우드에서도 재판이 열렸다. 이번에도 재판장은 케네디다. 케네디가 은퇴하면 누가 그 자리를 이어받을 것인가도 중요한 관심사이다. 1990년 흥행에서 대성공을 거둔 영화 「햄릿」에서 주인공 역을 열연했던 배우, 멜 깁슨이 피고가 아닌 방청객의 자격으로 참여했다. 인텔리 배우 조디 포스터도 동석했고, 헬렌 헌트는 배심의 일원이 되었다. 모두가 기꺼이, 그리고 영광스럽게 이벤트에 참석했다.

이제 텍스트를 살펴보자. 먼저 햄릿 스스로는 자신의 상태를 어떻게 말하는가?

여러 사람에게 그는 행위 당시에 일시적인 심신상실의 상태였음을 고백한다. 폴로니우스를 죽인 후, 왕이 징딤꾼으로 보낸 옛 친구, 로젠크란츠에게 햄릿은 "내 머리가 돌았다."[32]고 한다. 그리고 극의 종장에서 최후를 맞으면서, 자신이 죽인 자의 아들, 레아테스에게 사과한다. "내가 한 짓은 광기가 범인이야. …… 이 햄릿도 피해자의 한 사람이야. 광증은 이 가엾은 햄릿의 적이야." 하는 변명과 함께.[33]

그런가 하면 자신의 광증은 의도적인 가장임을 심우心友 호레이쇼에게 알려준다. "혹 이상한 행동을 하더라도 모르는 체하게나."[34] 왕이 보냈다는 사실을 고백한 길덴스텐을 떠나보내면서 "북북서풍이 불 때만 머리가 돌고 남풍이 불면 멀쩡해져 매와 왜가리쯤은 분간할 수 있단 말이야."[35] 하면서 은근한 경고를 보내기도 한다.

다른 사람은 그의 상태를 어떻게 판단했는가? 왕비는 진실을 알고 나서 아들의 광기를 내세워 보호에 나선다. 자청하여 햄릿의 정신상태 감정에 나선 폴로니우스는 "실연 때문에 미쳐버린" 햄릿이 "약간 돌기는 했어도 아주 돈 건 아니야."[36] 하고 결론을 내린다. "뒤가 몹시 켕기는"[37] 왕도 반신반의하며 은근한 두려움에[38] 불편한 존재를 영국으로 추방하여 죽이려 한다.

이렇듯 상반되는 증거가 산재하기에 햄릿의 살인재판은 단판에 그치지 않고 연속적으로 이어지는 법리논쟁의 경연장이 된다. 여태껏 내려진 판결에서 피고인 햄릿은 승과 패 사이에 수없이 많은 나들이를 했다.

국적 없는 햄릿

작품「햄릿」은 국경이 없고, 배우 햄릿은 국적이 없다. 작품도, 주인공도 정치와 이데올로기를 초월한다. 청년 칼 마르크스가 연상의 여인, 예니에게 구애하려고 셰익스피어 구절을 열심히 외웠다는 이야기는 이미 전래고사에 속한다. 장인 베스트팔렌은 당시 지식인의 전형대로 셰익스피어의 열성팬이었다. 21세기에도 인류의 문성文聖, 셰익스피어의 지위는 견고하다. 사회주의 중국의 지도자 원자바오 총리가 2011년 6월 26일, 셰익스피어 생가를 방문하고. 에이번 강변의 극장에서「햄릿」을 관람하면서 위대한 시인에게 경의를 표했다고 한다. "이 지역 주민은 영국은 물론 전 세계적인 위대한 인물을 낳았다는 강한 자부심을 가질만하다."고 했다. 단순한 정치적 제스처만은 아닌 것 같다.

1944년 9월 1일, 막바지에 내몰린 '제3제국'의 선전상, 괴벨스는 최후의 순간까지 총력전을 펴기 위해 나치의 지배권이 미치는 전역에 걸쳐 일체의 극장을 폐쇄했다. 전쟁중 독일에서만 89개의 극장이 폭격에 사라지고, 수천 명의 연극인이 망명길에 오른다. 이들은 바이마르 시대 이래 축적된 풍부한 문화 전통을 함께 가지고 떠난다. 독일의 항복과 함께 베를린에 진주한 소비에트 문화선동대는 사회주의적 리얼리즘을 모토로 내건다. 모든 예술은 '사회주의적 인간상'을 구현하기 위한 수단이다.

1945년 12월 11일, 폭격에서 미처 복구되지 않은 베를린 독일국립극장에서「햄릿」공연이 열렸다. 무대감독 반겐하임Gustav von Wangenheim은 막이 오르기에 앞서 젊은 관객들 앞에서 일장 연설을 한다. "햄릿처럼 급진적이 되어라. 사물의 결말까지 생각의 끈을 놓지 말라. 결연하게 행동하라. 우리는 셰익스피어의 햄릿보다 행복하다. 왜냐하면 우리는 무엇을 해야 하는지 알고 있다. 우리는 투쟁의 목표를 명확하게 알고 있다." 그는 원자에서 햄릿이 배우들에게 주문하듯 "자연 앞에 거울을 들이대듯이"[39] 연기하라고 지시한다.[40]

그는 주인공 햄릿의 운명에서 역사적 기로에 선 독일의 운명을 보았다. 햄릿은 보다 인간적인 사회, 궁극적으로 사회주의 세상을 향한 '광풍의 바다' 속에서 갈등하는 혁명 전의 영웅에 불과하다. 따라서 새 시대의 주인공이 포틴브라스가 되는 것은 자연스런 이치다. 장신에 금발의 외모와 의상에서도, 그리고 그가 무대에 등장하는 기법에서도 드러난다. 대관식을 연상시키듯이 객석 한가운데 통로를 가로질러 무대에 등장하면서 인민대중 관객의 광분에 가까운 환영을 받는다. 좌중을 압도하는 체구, 우렁찬 목소리의 헌헌장부가 상대적으로 왜소하고 지적 고뇌에 찬 백면서생, 햄릿을 압도한다. 덴마크를 상대로 유린당한 옛 권리를 요구했던 적국의 왕자는 승자가 되어 정당한 권리를 회복한다. 반면 국왕과 황태자의 죽음은 왕국 그 자체가 멸망으로 귀결되고, 이제 세상은 새 질서가 지배한다. 죽은 자에 대해 정중한 장례를 명령하는 승자의 여유가 새로 열릴, 축복 받은 시대에 대한 자신과 기대감을 더욱 돋보이게 한다.

그 이후 베를린 장벽이 무너지는 순간까지 동독에서 상연된 햄릿의 주된 관심사는 누가 포틴브라스가 되는가였다.[41] 이제 옛 질서가 새 질서의 이름으로 부활되었다. 포틴브라스는 단역으로 되돌아갔고, 무대에 아예 등장조차 하지 않는 '햄릿' 공연도 많다.

법률문학으로서 「햄릿」의 진수는 주인공의 비극적인 죽음과 동시에 적국인을 왕으로 승계시키는 수법에서 나타난다. 법률가는 악법과 부정의보다 무질서를 더욱 싫어한다. 재빨리 왕위 계승자를 확정하여 권력의 공동 상태를 방지하고 사회질서를 안정시키는 것이 법률가의 주된 관심사일 뿐, 누가 권력자가 되는가는 부차적인 문제다. 이런 관점에서 보아도 작품 「햄릿」은 법률가의 속성을 꿰뚫어 본, 탁월한 법률문학이다.

1 Eleanor Prosser, *Hamlet and Revenge*, 2nd Ed. (Stanford University Press, 1967).

2 HAMLET: Thus conscience dose make cowards of us all (…)(3.1. 85).

3 HAMLET: To be, or not to be; that is the question;/Whether 'tis nobler in the mind to suffer/The slings and arrows of outrageous fortune,/Or to take arms against a sea of troubles,/And, by opposing, them(3.1. 58-60).

4 HAMLET: For who would bear the whips and scorns of time,/Th' oppressor's wrong, the proud man's contumely,/The pangs of deprized love, the law's delay,/The insolence of office, and the spurns/That patient merit of th'unworthy takes,/When he himself might his quietus make/With a bare bodkin?/Who would these fardels bear, (…)(3.1. 71-76).

5 A. C. Bradley, *Shakespearean Tragedy*, 『셰익스피어 비극론』, 이대석 옮김(한신문화사, 1986).

6 Daniel Kornstein, *Kill All the Lawyers?* (Princeton University Press, 1997), p. 94.

7 Francis Bacon, "Of Revenge", in *Essays* (1597; reprint Oxford University Press, 1975), p. 18.

8 Oliver Wendell Holmes, Jr., *The Common Law* (1881, reprint Dover Publications, 1991), p. 6.

9 HAMLET: What a piece of work is a man! (…) in action how like an angel,/In apprehension how like a god (…)(2.2. 305-308).

10 안경환, 「햄릿과 살인죄(1)」, 『사법행정』(통권 338호, 1989. 2), pp. 84-87; 「햄릿과 살인죄(2)」, 『사법행정』(통권 339호, 1989, 3), pp. 243-248.

11 GHOST: (…) most unnatural murder. (…) most foul(1.5. 25; 27; 28).

12 HAMLET: How now, a rat(3.4. 24)! '쥐'는 스파이를 의미한다는 것이 정설이기는 하다.

13 QUEEN GERTRUDE: Mad as the sea and wind when both contend/Which is mightier (…) his brainish apprehension kills/The unseen good old man(4.1. 6-12).

14 Bacon, "Of Studies", ibid., p. 204.

15 구약성경, 「전도서」, 12:12.

16 HAMLET: Words, words, words(2.2. 195).

17 안경환, 「미국의 법과 문학 운동」, 『미국지성사의 흐름: 법』(서울대학교출판부, 1999), pp. 350-398.

18 Richard Weisberg, *The Protagonist as Lawyers in Modern Fiction* (Harvard University Press, 1989), pp. 8-9.

19 HAMLET: Is sicklied o'er with the pale cast of thought(3.1. 85).

20 A.C. Bradley, *Shakespearean Tragedy* (Macmillan, 1904; 1974), p. 115.

21 *Framers Reservoir and Irrigation Co. v. McComb,* 337 U.S. 755, 772 (1949) (Frankfurther Concurring).

22 HAMLET: There's another. Why might not that be the skull of a lawyer? Where be his quiddits now, his quillets, his cases, his tenures, and his tricks? (…) action of battery? (…) H'm! This fellow might be in's time a great buyer of land, with his statutes, his recognizances, his fines, his double vouchers, (…) purchases, (…) indentures, (…) conveyances of his land(5.1. 95-109).

23 R. S. Guernsey, *Ecclesiastical Law in Hamlet: The Burial of Ophelia* (AMS Press, 1885; 1971).

24 FIRST CLOWN: (…) wilfully seeks her own salvation(5.1. 1-2)?

25 FIRST CLOWN: How can that be unless she drowned herself in her own defense?/(…) It must be *se offendendo*, it cannot be else; for here lies the point: if I drown myself wittingly, it argues an act; and the act hath three branches: it is to act, to do, and to perform. Argal, she drowned herself wittingly(5.1. 6-13).

26 FIRST CLOWN: Here lies the water-good./Here stands the man-good. If the man goes to this water/and drown himself, it is, will he, nill he, he goes. Mark/you that. But if the water come to him and drown him,/he drowns not himself; argal he that is not guilty of his own death shortens not his life(5.1. 15-19).

27 *Hales v. Peti*, 75 Eng. Rep. 390 (C. B. 1565). "Not having God before his eyes, but seduced by the art of the devil, Sir John Hales voluntarily entered (the) river, and himself therein then feloniously and voluntarily drowned (…)."

28 HAMLET: Play something like the murder of my father(2.2. 597).

29 HAMLET: I have heard that guilty creatures sitting at a play/Have by the very cunning of the scene/Been struck so to the soul that presently/They have proclaimed their malefactions;/For murder, though it have no tongue, will speak/With most miraculous organ(2.2. 591-596).

30 HAMLET: The play's the thing. Wherein I will catch the conscience of the King(2.2. 606-607).

31 안경환, 『법, 영화를 캐스팅하다』(효형출판, 2007), pp. 196-202; 227-234.

32 HAMLET: Make you a wholesome answer. My wit's diseased(3.2. 312).

33 HAMLET: (…) With a sore distraction. What I have done. (…) I here proclaim was madness (…) Hamlet is of the faction that is wronged. His madness is poor Hamlet's enemy(5.2. 176-185).

34 HAMLET: To put an antic disposition on – (…)(1.5. 173).

35 HAMLET: I am but mad north-north-west; when the wind is southerly, I know a hawk from a handsaw(2.2. 380-381).

36 POLONIUS: Though this be madness, yet there is method in't(2.2. 207-208).

37 KING CLAUDIUS: How smart a lash that speech doth give my conscience(3.1. 53)!

38 KING CLAUDIUS: (…) though it lacked form a little, Was not like madness. There's something in his soul(3.1. 166).

39 HAMLET: (…) to hold as 'twere the mirror up to the nature,(…)(3.2. 21-22).

40 J. Lawrence Gunter and Andrew M. McLean (ed.), *Redefining Shakespeare: Literary Theory and Theatre Practice in the German Democratic Republic* (University or Delaware Press, 1997), pp. 29-57.

41 J. Lawrence Gutner, "Introduction: Shakespeare in East Germany: Between Appropriation and Deconstruction", ibid., pp. 29-57.

5장

자유다! 독재자는 죽었다!

「줄리어스 시저Julius Caesar」

복수극 — 햄릿의 세포분열

희곡 「줄리어스 시저」는 「햄릿」과 마찬가지로 복수극이다. 그러나 복수에 이르는 과정이나 복수를 주도하는 주인공의 성격은 다르다. "죽느냐, 사느냐, 그것이 문제로다." 우유부단의 화신으로 여겨지는 햄릿의 심리적 이중성은 「줄리어스 시저」에서는 두 사람의 별도 인물로 분열된다. 브루터스와 안소니, 두 캐릭터는 햄릿의 분신이다. 햄릿은 한쪽 발은 복수라는 과거에 담근 채, 나머지 한쪽은 문명개화된 미래사회를 향해 내딛고자 꿈꾼다. 안소니가 과거에 집착하는 인물이라면, 브루터스는 미래지향적 인물이다.

두 작품 모두 살인이 사건의 발단이다. 「햄릿」에서는 선왕의 죽음이, 「줄리어스 시저」에서는 시저의 암살이 극의 전개에 핵심적인 계기를 마련한다. 두 건의 살인 모두 새로운 살인을 통한 복수의 염에 불을 지핀다. 두 건 모두 아비 살인이다. 안소니는 시저의 양아들이고 브루터스도 시저가 아들처럼 아끼던 사이이다. 선왕의 망령이 아들 햄릿을 괴롭혔듯이 시저의 망령도 브루터스의 꿈에 나타난다. 이런 정서적 유사성을 감안하여 주인공의 복수의 심리적 배경을 심층적으로 분석할 필요가 있다.

브루터스는 근대적인 정의를 상징한다. 그의 복수는 사적, 정서적 충동에 기초한 것이 아니다. 그래서 다분히 추상적이고 공익적인 요소가 강하다. 브루터스에게 시저의 살해는 자신의 이상을 실현하기 위해서 불가피한 일이었다. "시저를 덜 사랑한 것이 아니라, 로마를 더 사랑했기 때문이었다."[1] 시저의 야심이 로마의 미덕을 파괴했다. 개인의 자유, 자치정부, 시민공화주의와 같은 전래의 미덕은 무소불위 권력의 황제가 되려는 시저의 야심 앞에 유린될 위기에 처했다고 판단한 것이다.[2] 브루터스는 자신이 신봉하는 정치적 이상을 실현하려면 반드시 시저를 제거해야 했다. 그래서 스스로 고귀한 이상에 따른 이성적인 결정을 실행에 옮긴다는 확신에 차 있었다. 그러나 극의 진행에 따라 관객은 복수에 대한 브루터스의 관념이 지나치게 추상적이고 결행의 시기도 시기상조였음을 감지할 수 있다.

이성적인 상황판단과 결행의 시기를 두고 신중하고도 냉정한 숙고를 거듭하던 햄릿도 결과적으로는 복수의 충동 앞에 굴복한 사실이나, 브루터스의 이성적인 태도가 안소니의 복수심 앞에 패퇴한 것이나 맥을 같이한다. 안소니에게는 로마의 장래를 향해 제시할만한 정치적 이상이 없다. 그는 오로지 아버지 시저의 복수에 혈안이 되었을 뿐이다. 그러나 그는 대중의 정서, 의리, 혈연, 그리고 사적 이해의 유착과 같은 현실 정치를 움직이는 요소를 너무 잘 파악하고 있다. 그는 의리와 충성심을 자신의 정치적 철학이자 무기로 신봉하고 행동에 나선다. 안소니는 감성적 측면의 인간 본성의 화신인 것이다.

1988년, 「뉴욕타임스」의 드라마 평론가, 프랭크 리치Frank Rich는 미국의 9학년(중3) 교사가 현대의 시민정신을 함양하는 '교육용' 교재로 가장 선호하는 셰익스피어의 작품이 「줄리어스 시저」라는 사실에 크게 분개했다.[3] 리치는 민주주의의 위기, 연고주의, 군중정치를 찬양하는 이 드라마가 어떻게 민주시민의 양성에 기여할지, 강한 의문을 제기했다.

시민공화주의

셰익스피어가 「줄리어스 시저」를 통해 제시한 정치적 이념을 시민공화주의civic republicanism라는 헌법원리로 압축할 수 있다. 이 작품은 파당으로 분열된 사회에서 고전적 공화주의의 이념을 강론한다. 고전적 공화주의는 시민의 적극적인 국정참여를 본령으로 한다. 국정참여는 시민의 권리이자 의무이다. 공동체의 주체인 시민은 사생활의 불편함이나 경제적 부담이 발생하더라도 국정참여를 거부하지 못한다. 고대 아테네의 기본 정치이념이던 공화주의는 시저 시대에 이르기까지 로마에 전승된다. 비록 평민은 직접 정치적 직책을 담당할 수는 없었지만 자신의 입장을 대변할 대표자를 선출할 권리를 보유했다.

캐시어스가 브루터스를 반란에 참가시키는 명분도 시민공화주의의 회복에 있다. 시저가 권력을 독점함으로써 공화정을 파괴하려 획책한다고 비판한 후에, 캐시어스는 공화정의 건설자인 국가건설자의 의도와 정신을 거론한다.

그대와 나 모두 선조들로부터 들어왔지 않소.

그 옛날 브루터스란 분이 계셨지요.
그 분은 말했지요. 로마에 왕을 추대하느니
차라리 악마의 다스림을 받는 편이 낫다고.[4]

캐시어스는 옛 브루터스가 공화정의 표상임을 적시한다. 이 브루터스는 기원전 508년 전제군주 타퀸Tarquin의 폭정에 대해 반란을 일으켜 그를 축출한 인물이다. 독재자 타퀸은 에트루스Etruscan 왕조의 국왕으로, 로마인에 의해 선출되지 않았다. 브루터스는 공익을 위해 기꺼이 자신의 이익을 양보한 인물로 숭앙받는다. 그는 축출된 독재자를 복위시키는 음모에 가담한 자신의 두 아들을 가차 없이 처형함으로써 공화정과 법질서를 확립한다. 루브르 박물관에 걸린 쟈크 루이 다비드Jacques-Louis David의 그림, 「아들의 시체를 바라보는 브루터스」[5]가 이 역사적 사건을 시각적으로 재구성한다. 이 그림은 단순히 과거 로마사의 재현에 그치지 않고 프랑스혁명에 대한 작가 자신의 논평이기도 하다. 국가가 가정보다 더욱 상위에 있으며 고귀한 혁명정신을 지켜내려면 자기희생을 감내하는 준엄한 남성적 미덕이 요구된다는 것이다.[6] 셰익스피어의 시극, 「루크리스의 능욕Rape of Lucrece」도 이 사건을 다룬다. 타인의 침실을 능욕한 성적 전제가 타퀸의 정치적 파멸의 원인이 되었다는 메시지를 담았다.

쟈크 루이 다비드, 「아들의 시체를 바라보는 브루터스(The Lictors Bring to Brutus the Bodies of His Sons)」(1789).

캐시어스의 설득이 주요하여 브루터스는 '고귀한 미덕'을 위해 음모에 가담한다. 시저가 브루터스 자신에게는 더없이 관대했지만, 사사로운 감정을 공익 뒤에 감출 줄 아는 선조의 미덕을 받들어 반란에 동참한 것이다. 그는 반란모의의 진의가 시저의 독재로부터 시민공화정을 지켜내는 데 있다고 믿었다. 공모자도 시민공화주의 이상에 충만하였던 것이 사실이다.

"브루터스, 너마저도!"[7] 시저가 쓰러지자 신나는 "자유다, 자유, 독재자는 죽었다!"[8]며 환호성을 지른다. 캐시어스도 "자유다, 자유, 해방이다!"[9] 하고 화답한다. 브루터스 자신도 (시저를 찌른 칼을 내던지며) "평화, 자유, 자유"[10]라며 살인의 의미를 확정한다.

스스로 주동자이자 핵심인물로 자부한 캐시어스는 새로운 역사가 열리는 '엄숙한 장면'을 목도하며 이들 암살자들이 "조국에 자유를 선물한 은인"[11]이라고 치켜세운다. 이처럼 공모자들은 자신을 독재와 사적 탐욕에 대항하여 공공의 정의를 실현한 자유의 첨병으로 자처한다.

(공모자의 경우는 논외로 하더라도) 브루터스가 반란에 가담한 유일한 동기가 시민공화주의 이상의 실현에 있었다는 사실은 장례식 연설에서도 재확인된다. 그 유명한 장례 연설의 핵심은 시저를 덜 사랑한 것이 아니라 단지 로마를 더 사랑했기 때문이다. 브루터스의 설명에 의하면 시저가 로마시민의 정치적 권리를 찬탈하려고 기도했다는 것이다.

극의 마지막에 브루터스를 패퇴시킨 안소니까지도 브루터스는 "가장 고귀한 로마인"이었다고 솔직하게 시인한다.[12] 안소니의 평가에 의하면 음모에 가담한 공모자 중 브루터스만 유일하게 순수한 애국심에 의해 행동했다고 인정한다. "그야말로 진정한 사나이였다."[13]

브루터스가 수호하려 나선 고전적 시민공화주의는 시저 체제의 등장과 더불어 오랫동안 휴면기에 들어간다. 그러나 로마제국의 멸망과 중세 암흑기를 거쳐 르네상스가 도래하면서 재현된다. 고대 그리스 로마에 대한 관심이 고조되면서 당시의 정치적 이상인 시민공화주의에 대한 새로운 관심도 증폭된다. 흔히 『군주론』의 저자이자 권모술수의 이론가로, 지극히 편향적으로 소개되는 마키아벨리도 고전적 시민공화주의를 찬미하는 저술을 남긴다. 그의 저술, 『연술과 역사Discourses and Histories』(1502)는 출간 5백 년이 지난 지금까지도 고전적 시민공화주의의 기념비적인 저술로 인식된다. 셰익스피어도 르네상스의 흐름에 동승한다. 작품 「줄리어스 시저」에는 시민공화주의의 이상이 일관되게 흐른다.

1980년대 중반, 미국에서도 시민공화주의 담론이 번성한다. 존스홉킨스 대학의 역사학 교수, 포콕의 획기적인 저술이 중요한 계기를 마련하고,[14] 미국헌법 제정 이백주년(1989)을 기하여 미국헌법의 사상적 배경을 규명하는 작업으로 확대 · 전개된다.[15]

대중연설과 구두변론

이 작품은 대중을 효과적으로 설득하는 웅변술의 중요성을 절감하게 한다. "말 한마디로 천 냥 빚을 갚는다."는 속담은 우리나라에만 있는 것이 아니다. 역대 명재판은 명변론을 기초로 탄생한다. 특히 배심재판을 유지해온 영미법계의 나라에서 법정변론의 중요성은 실로 심대하다. 영국은 변호사의 직역을 나누어 법정에서 변론할 수 있는 변호사의 자격을 따로 설정하였고, 이들 법정변호사barrister만 판사가 될 수 있다.[16]

배심은 법률전문가가 아닌 일반 시민이 판단의 주체가 된다. 그래서 판사보다 배심을 염두에 둔 변론이 중요하다. 그러기에 변호사는 때때로 재판장의 제지를 받아가면서도 배심원의 감성을 자극하는 언어와 제스처를 사용하고 전문적인 연기수업을 받기도 한다.

'부천서 성고문사건'으로 시대의 문제를 제기한 조영래 변호사.

우리의 정치사에도 대중연설의 위력을 입증한 생생한 선례가 즐비하다. 1960년 대통령선거 과정에서 한강백사장에서 열린 야당 후보의 연설은 "못 살겠다, 갈아보자."는 선거구호와 함께 민심을 요동치게 만들었고, 1971년 대통령선거에서 김대중 후보의 장충단공원 연설은 엄청난 후폭풍을 몰고 온다.

법정변론의 위력을 입증한 예도 있다. 1986년 6월 '부천서 성고문사건'에서 조영래가 쓴 변론서는 한 시대의 명문으로 평가된다. 비록 해당 판결에는 직접 영향을 주지 못했지만 일반 국민에게는 당시 정권의 도덕성을 정면으로 비판하는 공적인 자료가 되어 이듬해의 6월 민주항쟁(1987)에 중요한 계기를 마련했다.[17]

극으로서의 「줄리어스 시저」는 클라이맥스인 '장례식 연설'을 계기로 일대 반전이 일어난다. 시저의 시신을 앞에 두고 브루터스, 안소니 두 라이벌은 추도사로 정치적 대결을 벌인다. 이 순간까지 연극은 일방통행, 즉 시저의 암살을 향해 숨 가쁘게 진행된다. 그러나 두 사람의 연설 이후로 비극의 진행방향은 급격하게 달라진다. 로마 시민들의 급변한 태도로 반란자들은 권력투쟁에서 패배하고 끝내 몰락과 죽음으로 종결된다.

장례식의 추도사는 배심재판에서 변호사의 최종변론closing argument에 비유할 수 있다. 브루터스와 안소니, 두 변호사의 변론에 동원된 기법을 비교해보자. 무엇이 안소니를 승리케 했으며, 무엇이 브루터스를 실패케 했던가? 셰익스피어가 사극 「줄리어스 시저」를 저술하면서 대중연설을 극의 반전에 중요한 계기로 삼은 역사적 근거가 있다. 시저 시대 로마의 정치에서 대중연설이 매우 중요한 변수였다는 것은 사료가 입증한다. 공화정 시대와 법률가 집단의 번성이 공개변론에 대한 수요와 공급을 증대시킨다. 의사당과 법정, 그리고 광장에서 로마의 웅변가들은 자신의 명성을 쌓아간다. 학교마다 수사학의 중요성이 부각되고 문법, 작문, 운율법, 변론술 등에 관한 저술이 쏟아진다.

이 극에도 당시 최고의 명성을 누리던 두 사람의 웅변가가 등장한다. 키케로와 시저다. 셰익스피어는 극중에 이들의 웅변기량을 보여주지는 않지만 키케로는 당대는 물론 로마 시대를 통틀어 단연 제일의 웅변가로 평가받는다. 시저도 키케로의 연설을 찬탄하는 친서를 보냈다고 한다. "그대는 웅변의 진수를 발견한 사람, …… 가장 위대한 장군의 승리보다 더욱 큰 승리를 이루어냈도다." 시저의 공개적인 찬사는 의미가 깊다. 시저 자신도 위대한 장군이었을 뿐 아니라 탁월한 웅변가로서도 정평이 있었다. 전쟁과 정치, 두 영역에서 모두 성공한 지도자로서 시저는 자신의 고유한 필력과 웅변술을 개발한다. 비록 키케로에 비견할 열정적인 웅변술은 아니지만, 간명하고도 직선적인 스타일을 개발함으로써 키케로에 버금가는 로마 제2의 웅변가로 평가되는 것이다.[18]

키케로의 정치연설과 법정변론은 후세인의 찬탄 속에 전승된다. 그중 일부는 오늘날에도 웅변교재로 사용된다. 셰익스피어가 키케로에게 부여한 역할은 단역에 가깝지만 내용상 무게는 가볍지 않다. 모의자 중 한 사람이 "은발의 위엄을" 호령하는 키케로를 끌어들여 반란의 정당성과 권위를 높이자고 제안하자 브루터스는 반대한다. 이유인즉, "그는 자신이 수도하지 않는 일을 따라하는 사람이 아니다."[19]

장례식 연설

장례식 연설의 기원은 그리스의 문헌에서도 찾아볼 수 있다. 기원전 431년, 고대 그리스 민주주의를 상징하는 인물로 인식된 페리클레스의 연설이 전해온다. 아테네의 한 명사의 영결식에서 그는 민주주의의 이상을 강조한다.

> 여기 이 자리에 우리는 자기 자신의 이익은 물론, 나라 전체의 이익을 위해 모였습니다. 일상의 대부분을 자영업에 종사하는 시민도 나라 전체의 정치에 대해 속속들이 알고 있습니다. 여기에 바로 우리 사회의 위대함이 있습니다. 그러므로 정치에 무관심한 시민은 자신의 영업에도 관심이 없는 사람입니다. …… 전장에서 쓰러져 우리 곁을 떠나간 아테네의 병사 그 누구도 자신의 부를 추구했기 때문에 취약해진 것은 아닙니다.[20]

작품 「줄리어스 시저」의 클라이맥스는 이러한 배경 아래 벌어진 추도사의 경연이기에 독자와 사가의 관심을 더욱 증폭시킨다. 시저를 살해한 직후 공모자들은 브루터스가 시민의 혼란을 진정시키고 대의를 지키려고 시저의 시해가 불가피했음을 납득시킬 것이라고 기대한다. 시저의 양아들이자 심복인 안소니는 처음에는 브루터스에 동조하는 것처럼 가장하고 단지 몇 마디 추도사를 하게 해달라고 요청한다.[21]

브루터스가 먼저 연단에 오른다. 간명하게, 그리고 산문적으로 자신의 추상적 가치를 청중에게 전달한다. 그는 자신의 사심 없는 미덕을 무기로 호소한다. "나를 믿어 주세요. 내 명예를 걸고 말하노니."[22] 브루터스는 자신이 얼마나 시저를 사랑했는지를 상기시킨다. 그리고 자신이 얼마나 시저의 총애를 받았는지도 강조한다. 세간에는 브루터스가 시저의 사생아라는 풍문도 퍼져 있다고 한다. 그러나 '사랑'이란 눈으로 거머쥘 수 있는 구상이 아니라 형체가 없는 추상이다. 이어서 그는 사적 추상보다 가치에서 앞서는 공적 추상, 즉 조국 로마에 대한 충정을 내세워 대의명분을 강화한다. "누가 나더러 왜 시저에 맞섰느냐고 물으면 나는 이렇게 대답할 것입니다. 내가 시저를 덜 사랑한 게 아니라, 로마를 더 사랑했기 때문입니다."[23]

브루터스가 의존한 상황설명은 공동체의 선이라는 추상적인 정치적 원리이다. "당신들에게 묻노니, 살아 있는 시저 아래 모두 노예로 살 것인가, 아니면 시저를 죽이고 자유민으로 살 것인가?" 수사적인 표현을 동원하여 브루터스는 "황제가 되려는 시저의 야심을 저지함으로써 '공화국' 내 모든 사람의 자유를 지키기 위해"[24] 시저를 죽인 것이라고 주장한다. 한마디로 요약하자면 "로마의 선을 위해"[25] 시저를 살해했다는 것이다.

브루터스의 짧은 연설은 일순간 효과가 있는 것처럼 보였다. 주장의 핵심이 담겨 있고 반복과 반어법의 적정한 조합이 이루어졌다, 연설을 들은 군중은 "시저가 폭군이었다. …… 시저가 사라진 것은 우리에게 축복이다."[26]라고 반응한다. 환호한 군중은 "브루터스를 시저로 만들자."고까지 아우성이다.[27]

그러나 "그(브루터스)를 시저로 만들자."는 현장 반응이 나온 것은 브루터스의 연설이 실패한 단적인 증거이다. 안소니가 연단에 오르기도 전에 이미 상황은 브루터스에게 불리하게 진행됨을 보여준다. 일체의 독재 체제를 청산하자는 브루터스의 정치적 이상에 대해 '네 자신이 시저가 되어야 한다.' 하는 반응이 나온 것은 화자와 청자 사이에 극복할 수 없는 소통의 장벽이 가로놓여 있었다는 확실한 증거다. 한마디로 말해서 로마의 군중은 브루터스의 진정성을 이해하지 못했던 것이다. 그는 대중을 움직이는 현실정치인으로는 실패한 것이다. 브루터스의 연설에는 사람들의 머리에 호소하는 논리와 이성이 충만할 뿐, 가슴을 겨냥한 열정과 감성이 결여되어 있었다. 입만 벙긋하면 '나라를 위해', '시민의 이름으로'라는 구호를 내거는 정치가들의 언변에 로마 시민들은 식상하고도 남음이 있을 것이다.

브루터스가 군중 앞에 내놓은 시저의 구체적인 죄상은 전혀 없다. 왜 그가 독재자인지, 그의 '야심'을 뒷받침하는 구체적 증거를 전혀 제시하지 않았다. 누구나 잘 알 것이므로 '공지의 사실'에 대한 부정적인 공감대가 형성될 것이라는 막연한 기대만으로 자신이 원하는 구체적인 결론으로 연결할 수 없다. '그를 시저로 만들자!' 청중의 오도된 반응은 브루터스의 성공이 지극히 단명할 것임을 암시한다. 배심을 앞에 두고 벌어지는 법정변론은 상반되는 두 입장이 대립, 교차된다. 상대가 남긴 공백을 파고드는 한편, 약점을 가차 없이 반박함으로써 자신이 원하는 방향으로 결론을 이끌어내야만 한다. 배심재판에서 흔히 보듯이 브루터스의 일시적 승리는 안소니가 연단에 등장하자 급격하게 무너진다.

브루터스의 연설은 대중연설로서는 약점투성이다. 첫째, 지나치게 추상적인 수사가 주조를 이룬다. 이런 연설로는 청중과 화자 사이에 공감대를 형성할 수가 없다. 즉시 동의할만한 사실의 적시나 청중의 흥미를 자극할만한 일화가 없는 원론적 강의는 구체적인 결과를 유도해내지 못한다. 그들이 관심을 가진 구체적인 이익을 겨냥하지 않은 연설은 청중의 정서적 호응을 얻지 못한다. 군중은 지식인이 아니다.

브루터스의 결정적인 실수는 안소니에게 연단을 내준 채 자리를 떴다는 것이다. 안소니의 주장에 대해 재반론할 기회마저 스스로 포기한 것이다. 게다가 그는 안소니의 연설이 끝날 때까지 한 사람도 떠나지 말라고 청중에게 부탁하는 여유를 부렸다. 모의 당시 안소니를 죽여 후환을 없애자는 캐시어스의 강력한 제안을 "시저의 정신만 죽이면 되는 것이지, 육체는 손대지 말라."며 일축한 그였으니.

안소니는 이러한 브루터스의 약점을 모두 극복한다. 이에 더하여 자신의 장점을 최대한 살린다. 연단에 오르자마자 안소니는 브루터스의 연설로 인해 자신에게 적대적인 입장을 취하는 청중을 무장해제시킨다. 그는 브루터스가 시저를 살해한 이유로 내세운 정치적 야심을 반박하는 구체적인 사례를 들어가며 주장의 허구성을 반박한다. 그는 브루터스가 이미 자리를 떠났다는 사실을 알고 이를 십분 활용한다. 브루터스의 연설이 짧은 반면, 안소니의 연설은 길다. 브루터스의 연설이 차분하고 추상적이었던 반면, 안소니의 연설은 뜨겁고 구체적이었다. 브루터스와는 달리 안소니는 생생하고도 활기에 넘친다. 게다가 즉석에서 발휘된 순발력과 풍자가 적절하게 뒷받침된다 결국 연단에 오를 때 브루터스의 편에 서 있던 청중을 자신의 편으로 돌아서게 한다.

시작부터 안소니는 침착하고 영리한 정적이 자신에 대해 가지고 있을 경계심을 풀어버린다. "나는 시저를 묻으려 왔을 뿐, 그를 칭송하기 위해 이 자리에 선 것이 아니다." 그러나 내심은 다르다. 군중에 대고 그는 "나는 그대들을 선동하지 않을 것이다." 하지만 본심은 정반대다. 안소니는 브루터스를 일러 "고귀한 브루터스"로, 공모자들도 "고귀한 분들"로 추켜올린다. 그의 내심은 정반대, 그들은 비열한 반역자였을 뿐이다.

"고귀한 분" 구절은 1978년 미국연방대법원의 판결문에도 등장한다. 이 판결에서 대법원은 형사피고인의 권리를 보장하는 하급심 판결을 지지한다.[28] 내용인즉 사실심 판사는 배심에 대해 피고인이 헌법이 보장한 증언거부권을 행사한 사실 때문에 피고인에 불리한 예단을 갖지 말라는 요지의 설시이다. 항소한 피고인은 이러한 판사의 설시가 결과적으로 자신의 사건에서 증언대에 서기를 거부한 피고인에게 불리한 결과를 초래했다고 주장한다. 반대의견을 쓴 스티븐스 판사는 안소니의 장례식 연설을 인용한다. "만약 법원이 신청인의 주장이 이상하다고 판단한다면, (검사의 주장처럼) 또는 판사가 배심이 핵심 쟁점을 파악했는지 여부를 확인할 목적으로 약간씩 다른 표현으로 3, 4차례 설시를 반복했다면, 시저의 살해처럼 일관된 품위를 보인 것이다."[29]

안소니는 "나는 브루터스처럼 뛰어난 웅변가가 아닙니다."라고 자신을 낮춘다. 이러한 자기비하에 가까운 겸손에도 불구하고 안소니는 브루터스보다 훨씬 뛰어난 웅변가임을 입증한다. 지나친 겸손은 위장된 오만이다. 상대방이 겸손해 할 때 가슴 속에 비수를 감추었음을 알아야 한다. "나는 배운 것이 없는 촌사람입니다." "나는 이름 없는 시골 변호사에 불과합니다." 상대방의 방심을 유도하려고 연막을 치는 능란한 변사의 수법이다. 또 그는 브루터스와는 달리 충분한 시간을 활용하면서 서스펜스를 조장하고 클라이맥스로 유도한다. 그는 서서히, 한단계 한단계, 군중의 감정을 자극하고 달래준다. 처음에는 시저의 유언을 읽어주기를 거절한다. 그러면서 군중의 호기심을 자극하면서 자발적인 요구를 유도한다. 지극히 절제했던 감정을 서서히 고조시키면서 청중의 격앙을 유도하고 결정적인 순간에 폭발시킨다. 군중의 감정이 격앙된 순간에 자신의 주장을 뒷받침하는 결정적인 증거를 제시하는 고도의 테크닉도 보인다. 시저가 남긴 유언장, 칼에 찔려 죽었을 때 입었던 피 묻은 상의, 그것으로도 부족하여 시저의 시신까지도 효과적으로 활용한다. 마치 '공공의 적'인 흉악범을 기소하는 검사처럼 그는 시저의 상의를 군중 앞에 들어 보이면서 단도로 찌를 때 생긴 구멍과 옷에 묻은 시저의 핏자국을 가리킨다. "만약 그대들에게 눈물이 있다면 지금 흘릴 준비를 하세요."[30] 군중의 절규어린 통곡을 앞장서서 유도한다. 시종일관 안소니는 이성과 논리보다는 감정에 주조를 맞춘다. 그러면서도 그는 자신은 청중을 선동할 의사가 없노라고 되풀이하여 강조한다.

> 나는 재치도 없고 연설도 잘 하지 못하며 위엄도 없습니다.

손짓 몸짓도 할 줄 모르고 설복하는 기교도 없고
사람들의 피를 끓게 하는 선동력도 없습니다.
나는 다만 내가 알고 있는 것을 이야기할 뿐입니다.[31]

이렇게 영악한 안소니는 군중의 호의적인 반응을 보면서 자신의 승리를 확신하자 분노에 불을 붙이고 마침내 군중을 폭동으로 이끄는 데 성공한다. 1953년, 조셉 만케비츠Joseph Mankiewicz 감독의 흑백영화, 「줄리어스 시저」에서 안소니 역을 맡아 이 장면을 재생시킨 청년 배우, 말론 브란도의 명연기는 반세기가 훌쩍 넘긴 오늘에도 수시로 부활하는 전설이 된다. 브루터스의 말대로 "인간 매사에 때가 있는 법이다."[32] 브루터스는 절호의 '밀물flood' 타이밍을 놓친 반면, 안소니는 단단하게 거머쥔 것이다.

달려라, 재앙이여,
이왕 나선 길이니
네 맘껏 내쳐 뛰려무나.[33]

브루터스가 연설을 통해 얻은 것이 무엇인가? 그는 비록 패했지만 상대방의 존경과 후세인의 경의를 얻었다. 그렇다면 그의 패배는 안소니가 군중선동을 통해 얻은 현세권력보다 더욱 값진 것이었을까? 권력이란 한 사람의 일생 동안에도 부침하는 것, 승자가 되어 천하를 삼분통치하며 '나일강의 요부' 클레오파트라의 침상의 주인이 되어 사랑과 권세를 주름잡던 안소니도 '애송이 시저' 옥타비아누스에게 무너진다.

셰익스피어는 별도의 작품(「안소니와 클레오파트라Anthony and Cleopatra」)으로 뒷이야기를 충실하게 전해준다.

제왕적 대통령

시저는 오늘날의 용어로 '제왕적 대통령'의 전형이다. 1973년 아서 슐레신저 교수의 저서의 제목에서 유래한 이 어휘는 어느 틈엔가 학문 용어로 정착된다.[34] 현대의 민주헌정은 국가권력 사이에 적절한 분리와 견제를 제도화하는 것을 대원칙으로 한다. 그래야만 나라의 주인인 국민이 편하게 된다는 것이 원론이자 경험칙이다. 그런데 어느 나라를 막론하고 행정부의 권한이 비대해지는 것이 일반적인 현상이다. 탄생 당시부터 엄격한 권력분립제를 채택한 것으로 알려진 미국도 20세기에 들어와 대통령의 권한이 확대되어 헌법 제정 당시 의회의 권한으로 규정된 영역도 상당히 침범한 것으로 평가된다. 로마의 공화정 아래서는 귀족 사이에 권력의 경쟁과 균형이 이루어졌다. 기원전 46년, 정치적 혼란 속에 권력의 공동상태가 발생하자 시저가 군대를 이끌고 로마에 입성한다. 놀란 원로원은 그에게 10년 임기의 독재자 지위를 부여한다. 그것으로는 시저의 성에 차지 않았다. 그는 이 극의 배경이 된 일자(기원전 44년, 3월 15일) 직전에 '종신영도자'로 승격했다. 사실상의 황제인 셈이다.

슐레신저는 고대 로마와 미국 사회에 공통된 정치원리, 즉 "공화주의적 에토스에 내재한 불문의 한계"[35]가 존재한다고 주장했다. 제국을 상대로 독립전쟁을 수행하는 과정에서 사령관 조지 워싱턴은 조셉 에

디슨Joseph Edison의 작품 「카토Cato」의 공연을 즐겼다. 수하 장병과 브루터스의 정의로운 거사를 찬양하면서 폭정을 타도할 결의를 다지곤 했다. 극중의 독재자, 시저는 다름 아닌 식민지인의 대표권은 거부하면서 세금의 징수에만 혈안이 된, 바다 건너 영국 정부를 의미했다.

역사적 인물, 카도는 당대 제일의 스토아 철학자이자 공화정의 신봉자였다. 정치가로서 시저의 독재에 저항하다 힘에 부쳐 자살로 생을 마감했다.[36] 셰익스피어는 카토를 브루터스의 장인으로 삼는다. 브루터스의 아내, 포셔도 카토의 딸임에 무한한 자부심을 느끼고[37] 남편의 패배를 예상하자 "불을 마시고" 자살한다. 브루터스 자신은 장인의 자살을 비겁의 소치라고 비난했지만[38] 자신도 종내 그 길을 택한다. 작가는 "독재자의 적, 조국의 친구"임을 자처하는 카토의 아들도 브루터스 진영에 참전시킨다.[39]

거룩한 이름, 카토는 1780년대 후반 미국 연방헌법의 비준 과정에서 부활한다. 제헌헌법에 의해 탄생할 연방정부는 시저에 비견할 방대한 권력을 보유한 괴물이 될 것이다. 열렬한 비준 반대운동에 나선 일단의 지식인이 있었다. 이미 대세를 업은 헌법의 전도사로 나선 알렉산더 해밀턴, 제임스 매디슨과 같은 연방주의자들을 상대로 외로운 설전에 투신한 브루터스와 카토, 필명이 상징하듯 이들은 물론 반연방주의자Anti-Federalist였다. 1788년 1월, 브루터스는 이렇게 썼다. "로마 공화국의 자유는 파괴되었고 헌법은 줄리어스 시저의 군대에 의해 유린당했다. 그는 애초에 공화국의 법절차에 따라 자리에 임명되었다. 그런 그가 고귀한 자유공화정을 절대권력의 족벌정치로 타락시켰다."[40]

미국의 정치상황이 로마 공화국의 운명과 유사하다고 브루터스는 주장한다. 요크타운 전투에서 영국에 승리했는데도 밀린 봉급을 받지 못한 일단의 대륙회의 군대 장교는 무력한 민간정부를 전복하고 대신 사령관 워싱턴을 수반으로 하는 군사정부를 세울 모의를 한다. 만약 사령관이 거절하면 다른 군사 지도자를 대체 옹립할 계획이었다. 1783년 다행스럽게도 워싱턴은 모의를 진압한다. "만약 사령관이 시저와 같은 야심의 소유자였더라면 아마도 이 나라의 자유는 전쟁과 더불어 사라지고 말았을 것이다." 하고 브루터스는 썼다.

역사는 철두철미 승자의 기록이다. 헌법의 제정과 함께 「페더랄리스트 페이퍼The Federalist Papers」는 공식적으로 미국사의 정신적 유산으로 지정된다. 반면 브루터스와 카토의 글들은 갈래갈래 흩어져 허공을 유랑하다 20세기 후반에야 비로소 단행본으로 묶인다.[41]

1966년, 우리의 소설가 정을병鄭乙柄도 중편 『카토의 자유』를 통해 군사독재를 비판하는 칼날 같은 지식인의 메시지를 던진다. 작품 「줄리어스 시저」가 근본적으로는 시민공화주의 이상을 강론하지만 대중민주주의가 초래할 위험에 대한 경고도 담았다. 대중은 대의보다는 목전에 걸린 사적 이익에 민감하다. 안소니가 공개한 시저의 유언장에 로마 시민 모두에게 사재를 남겼다는 구절을 듣고 군중은 결정적으로 안소니 편으로 돌아선다.[42] '거리의 정치'는 물론 다양한 가치관이 표출되는 '열린사회'에 민주적 정당성을 부여하는 신성한 기재다. 그러나 상황에 따라 몽매한 대중이 무뢰한 폭도로 돌변할 위험은 언제나 상존한다. 그래서 '민주주의'라는 거룩한 날말 앞에 '성숙한'이란 전제조건이 필요한 것이다.

1 BRUTUS: Not that I loved Caesar less, but that I loved Rome more(3.2. 21-22).

2 일제 시대에 우리나라에도 이 작품이 소개되었다. 1926년 1월 1일, 춘원 이광수가 3막 2장의 연설장면을 번역하여 동아일보에 게재하였다. 바로 전해인 1925년 경성고등상업학교어학부 학생들에 의해 놀랍게도 '원어로' 공연되었다는 기록이 있다. 3·1운동 이후 청년학생층에 일던 강한 민족의식의 자각이 당시 일본 지식인 사이에 유행하던 민권사상과 결합하여 이 작품에 대한 관심으로 이어졌을 것이다. 「경성고상 외어극 12日夜 공회당에서」, 『매일신보』(1925. 12. 10.). 신정옥, 『셰익스피어, 한국에 오다』(백산서원, 1998), p. 51에서 재인용.

3 "Some Romans and Countrymen inspire Anew to Murder Caesar", *New York Times* (March 23, 1988), C17.

4 CASSIUS: O, you and I have heard our fathers say/There was a Brutus once that would have brooked/Th'eternal devil to keep his state in Rome/As easily as a king(1.2. 159-162).

5 또는 「브루터스에게 두 아들의 시체를 가져다주는 형리들」.

6 주경철, 『문학으로 역사읽기, 역사로 문학읽기』(사계절, 2009), p. 130.

7 CAESAR: Et tu, Brute(3.1. 78)!

8 CINNA: Liberty! Freedom! Tyranny is dead(3.1. 80)!

9 CASSIUS: Liberty, freedom, and enfranchisement(3.1. 80).

10 BRUTUS: Peace, freedom, and liberty(3.1. 111)!

11 CASSIUS: The men that gave their country liberty(1.3. 113-119).

12 "the noblest Roman of them all"(5.5. 67).

13 "This was a man."(5.5. 74).

14 J. G. A. Pocock, *The Machiavellian Movement: Florentine Political Thought and the Atlantic Republican Tradition* (Princeton University Press, 1975).

15 *Yale Law Journal* (July 1988).

16 근래에 들어와서는 법정변호사가 아닌 사무변호사(solicitor)에게도 하급법원의 판사직을 개방했지만 상급법원은 요지부동이다. 법정변론의 중요성은

배심제 때문에 더욱 배가되었다. 영화를 통해 심심찮게 볼 수 있는 미국의 형사재판에서 유, 무죄의 결정권은 배심의 몫이다.

17 안경환, 『조영래 평전』(도서출판 강, 2006).

18 Daniel Kornstein, *Kill All the Lawyers* (Princeton University Press, 1997), p. 111.

19 BRUTUS: Let us not break with him,/For he will never follow anything/That other men begin(2.1. 149-151).

20 Kornstein, ibid., p. 113.

21 현역 미국의 법학자 중 최고의 지성인으로 평가되는 시카고 법대의 리처드 포스너 교수는 두 주인공의 연설을 대비시키는 분석적인 글을 쓴 바 있다. Richard Posner, *Law and Literature: A Misunderstood Relationship* (Harvard University Press, 1998), pp. 262-265.

22 BRUTUS: Believe me for/mine honour(3.2. 14-15).

23 BRUTUS: If then "Why Brutus rose against Caesar, this is my answer: not that I loved Caesar less, but that I loved Rome more(3.2. 20-22).

24 BRUTUS: (…) shall receive the benefit of his dying: a place in the commonwealth (3.2. 43).

25 "for the good of Rome"(3.2. 45).

26 FIRST PLEBEIAN: This Caesar was a tyrant. (…) we are blessed that Rome is rid of him(3.2. 70-71).

27 THIRD PLEBEIAN: Let him be Caesar(3.2. 51).

28 *Lake v. Oregon,* 435 U.S. 333 (1978).

29 Id., 345-346.

30 ANTONY: If you have tears, prepare to shed them shed now(3.2. 167).

31 ANTONY: I have neither wit, nor words, nor worth,/Action, nor utterance, nor the power of speech,/To stir men's blood(3.2. 216-218).

32 BRUTUS: There is a tide in the affairs of men/Which, taken at the flood, leads on to fortune; (…)(4.2. 270-271).

33 ANTONY: Now let it work. Mischief, thou art afoot/Take thou what course thou wilt(3.2. 253-254).

34 Arthur M. Schlesinger, *The Imperial Presidency* (Houghton Mifflin Company, 1973).

35 "unwritten restraints of republicanism ethos", ibid., p. 13.

36 Marcus Porcius Cato Uticensis(기원전 95-46). 정치가였던 동명의 증조부(기원전 234-149)와 구분하기 위해 "젊은 카토(Cato the Younger)"로 부른다.

37 PORTIA: Well reputed, Cato's daughter(2.2. 294).

38 BRUTUS: Even by the rule of that philosophy/By which I did blame Cato for the death (…)(5.1. 101).

39 CATO: I am the son of Marcus Cato, ho! A foe to tyrants, and my country's friend. I am the son of Marcus Cato, ho(5.4. 3-5)!

40 Ralph Louis Ketcham, *The Anti-Federalist Papers and Constitutional Convention Debates* (Signet Classic, 2003), p. 373.

41 그런데 헌법 옹호자인 알렉산더 해밀턴도 군사 쿠데타의 모의에 관여했다는 후세인의 주장이 있다.

42 ANTONY: Here is the will, and under Caesar's seal. To every Roman citizen—to every several man, he gives seventy-five drachmas. (…) Moreover he hath left you all his walks/His private arbours, and new-planted orchards,/On this side Tiber(3.2. 235; 237; 240-247).

6장

국법을 허수아비로 만들지 말라!

「눈에는 눈Measure for Measure」

더없이 엄격한 법

「눈에는 눈」, 「자는 자以尺報尺」, 「되는 되」 등등으로 번역되는 셰익스피어의 '법률희곡' *Measure for Measure*는 주제도 명확하고 줄거리도 비교적 소략하다. 엄격한 법은 형평적 원칙으로 보완되지 않으면 공동체의 유지가 힘들다는 메시지이다. 또 「베니스의 상인」과 마찬가지로 이 작품에도 영국의 양대 법체계인 코몬로와 형평법 사이의 대립, 긴장이 반영된다.

비엔나는 극도로 엄한 성도덕을 표방하는 법제를 유지한다. 미혼(비혼)의 남녀가 합의에 의해 정을 나눈, 이른바 '사통私通, fornication'도 사형에 처한다. 그러나 이렇게 엄한 법은 실제로는 14년간 단 한 번도 적용되지 않아 사실상 죽은 법이나 마찬가지다. 공작은 날로 떨어지는 성도덕에 대해 걱정이 많다. 매춘, 간통, 사통이 성행하면서 나라의 기강이 말이 아니다. 그런데도 몽매한 백성은 관능을 일상의 도락으로 삼는다.[1] 공작은 일시 정사에서 물러나 '안식' 외유를 떠나면서 신진기예의 원칙론자 안젤로를 직무대행으로, 원로 에스퀄러스를 그의 보조관으로 임명한다. 기대대로 안젤로는 도심의 사창을 전면 폐쇄하고 약혼녀를 임신시킨 클라우디오에게 사형을 선고한다. 클라우디오는 예비 수녀인 누이동생 이사벨라에게 도움을 청한다. 이사벨라의 청초한 미모에 현혹된 안젤로는 자신과 잠자리를 나누면 오빠를 살려주겠노라고 제안한다. 수도사로 가장하여 은밀하게 상황을 감시하던 공작이 나타나 해결책을 제시한다. 이사벨라가 안젤로의 제안을 받아들이나, 어둠 속에서 만날 장소에는 다른 여인을 보낸다는 것이다. 대용품은 다름 아닌 안젤로의 옛 약혼자 마리아나다. 안젤로가 그녀를 버린 이유는 기대하던 지참금에 차질이 있었기 때문이다. 공작의 계획은 각본대로 진행된다. 안젤로는 원하던 '여자'를 품었다. 그러나 약속을 어기고 클라우디오를 처형하고 목을 가져오라고 명한다. 공작은 자연사한 죄수의 목을 대신 보낸다.

공작은 정사에 복귀하여 안젤로의 치적을 평가하겠노라고 선언한다. 시민을 위한 공개청원의 자리에 이사벨라가 등장하여 안젤로의 비행을 고발한다. 안젤로는 증거가 드러나자 이내 자백한다. 공작은 자비를 베풀어 마리아나와 결혼하는 조건으로 안젤로를 살려준다. 공작 자신이 이사벨라에게 청혼하고 그녀는 이의 없이 받아들인다.

목민관의 애로

비엔나의 법이 제대로 작동하지 않는다. 법의 부재가 아니라 법의 타락, 느슨한 집행이 문제다. 엘보우는 터무니없이 무능한 경찰관이다. 그는 수혜자benefactor와 가해자malefactor를 구분 못하고 범법자의 끊임없는 조소를 당해서 인내심 깊은 에스칼러스조차도 짜증을 낼 정도다. 매음굴의 펨푸, 폼피를 사형집행관으로 고용하고, 죄수 바라딘을 무한정 감옥 속에 방기하는 등 비엔나의 행정은 무능과 부패로 얼룩진다. 성도덕의 문란이나 법의 해이에 그치지 않고 주권 그 자체가 견고하지 못하다. 개인적 차원에서나 법집행관의 지위에 있어서나 공작은 유약하다. 해이해진 공중도덕을 혁신하려고 제정한 엄격한 법령[2]은 일반에게는 위협보다는 조소의 대상으로 사실상 죽은 법이나 마찬가지였다. 그리하여 "방종이 정의의 코를 비틀었다."[3]는 공작의 개탄을 '아닌 밤중의 홍두깨' 정도로 치부하는 색주가 여주인 오버던의 불평이 상황을 적확하게 설명한다. 사창가의 철거는 단순히 법의 엄격한 집행에 그치는 것이 아니라 정치공동체의 새로운 도덕혁명을 수행하려는 시도이다.[4]

이 작품에는 세 사람의 법집행관이 등장하여 제각기 독특한 법관을 제시한다. 안젤로의 보좌역으로 임명된 에스큘러스는 아리스토텔레스적 중용의 미덕을 표방하는 비교적 단순한 목민관이다.[5] 공작의 대리인, 안젤로는 보다 복잡하다. 그는 셰익스피어의 전 작품을 통해 가장 청교도적인 가치관을 표방하는 관리다. 청교도적 신념을 목민관의 권위로 무장하여 피치자의 공포를 유발한다. "우리는 법을 허수아비로 만들 수 없소."[6] 이런 그가 위선자로 판명된다. 이사벨라에게 품은 음심 때문에 자신이 수호해야 할 법질서를 앞장서서 유린하게 된다.

법집행관으로서의 공작은 더욱 복잡하다. 때때로 연극적 쇼가 훌륭한 통치기술이 될 수 있다.[7] 그는 이 작품에서 배우이자 무대감독의 역할을 한다. 자신의 통치권을 잠시 안젤로에게 위임하고 수도사로 가장하여 민정시찰에 나선다. 보다 나은 목민관이 되기 위한 수업이라고 '안식년'의 목적을 천명한다. 위양된 권력은 일시 '임대'해준 것에 불과하고 외유(민정시찰)가 끝나면 권좌에 복귀할 것임을 분명히 한다. 셰익스피어 활동 당시 국왕 제임스 1세도 위장하고 런던의 상인조합 등 각종 기관을 잠행했다는 기록이 있다. 제임스가 공작의 모델이 되었을 것이라는 주장도 전혀 근거가 없는 것은 아니다.[8]

사인과 공인의 역할 구분을 흐리게 만든 공작의 딜레마는 사극「헨리네이드Henryneid」[9]의 왕자 할Hal의 고뇌를 연상시킨다. 방탕아의 이미지를 불식하고 군왕 후보자로서의 이미지를 재창조해야만 하는 것이다. 공작의 딜레마는 극의 도입부에 제시된다. 목민관의 직분이 얼마나 힘든지 너무나 잘 안다. 통치란 단순한 법과 질서의 유지를 넘어 소통의 기술이다. 냉정하게 판단할 때 자신은 이러한 총체적 능력을 보유하지 못했다. 그래서 안젤로와 에스큘러스에게 위임한다. "백성의 생각, 우리 도시의 제도와 조건, 일반 재판의 한계라든지 실천방법에 대해 그대는 누구나 원만하게 대할 수 있는 유연성을 갖추고 있소."[10] 에스큘러스에 대한 공작의 평가다. 이러한 권력의 위양은 극중의 호색한 루시오의 평가대로 위험하기 짝이 없다. 위탁을 받은 사람이 기대한 바대로 훌륭한 목민관이 된다는 보장도 없으며, 수탁자가 스스로 독자적인 권력을 구축하여 남용할 위험이 상존하는 것이다. 비록 극에서는 화합으로 종결되지만 현실은 정반대로 낙착될 가능성이 높다. 클라우디오는 사형에 처해지고, 이사벨라는 강간당하고, 공국의 경제는 피폐해지고, 청교도적인 독재에 대한 백성의 충성심은 고갈되었을 위험이 농후하다. 루시오의 표현대로라면 "캄캄한 구석에 숨는 괴짜 공작"[11]의 기대와는 달리 나라의 불행은 가중된다. 공작이 종합평가하듯이 안젤로의 치적 아래 공국의 도덕은 더욱 추락하여 "부패가 끓어 넘쳐 곤죽이 될 때까지"

가속되었다.[12]

공작이 자신의 대권을 통해 공국의 도덕적 중심과 정치적 질서를 바로잡는 계기는 이사벨라이다. 2막 2장에서 안젤로의 형식적 법치주의에 대해 이사벨라는 '보통법'의 원리 속에 내재된 형평의 원칙을 내세워 공격하고, 극의 결말 부분에서 이를 공작의 대권의 일부로 확인한다.[13] 「베니스의 상인」에서의 포셔와 마찬가지로 이사벨라는 결코 법의 테두리를 벗어나지 않는다. 단지 정치윤리의 일부분이 된 기독교적 정의원칙을 천명할 뿐이다.[14]

공작은 비엔나 법제의 대원칙은 아리스토텔레스적 교환적 정의measure for measure라고 확인하면서, 자신이 신봉하는 국정원리는 정치공동체의 공적 이익과 공동체 구성원의 사적 이익을 조화하는 것이라고 선언한다.[15] 공작의 정치철학은 '법과 도덕'의 조화에 있다. 폼피는 고리대는 허용하면서 매춘은 전면 금지하는 비상식적인 법을 탄식한다. 그는 이 조치가 초래할 경제적 결과를 우려하면서 업자들이 결코 법을 준수하지 않을 것이라 확신한다. 세속의 법은 시장의 원리와 인간의 본성을 정복할 수 없다는 것이다. "비엔나 시 모든 사내의 불알을 까서 자빠뜨리자는 이야기입니까?"[16] 폼피의 불평처럼 안젤로는 인간의 본성에 어긋나는 법을 집행해야 하는 난제를 맡게 된다. 무소불위, 거의 반半신적 지위의 공직public body의 권위에서 독재의 씨앗이 잉태된다. 공작 스스로 이 점을 경계한다. "공직이란 타는 말에 불과해. 그 자리에 앉게 된 자가 자신의 위용을 과시하기 위해 박차를 가하면 독재가 되는 법이지."[17]

클라우디오의 믿음에 의하면 정치공동체의 도덕관념에 어긋나는 법은 불안한 공권력을 유지하려고 사적 자유를 탄압하는 독재자의 정치적 행보를 지원하는 수단이 된다. 이 점은 이사벨라가 강력하게 주장하는 바이고, 안젤로 자신조차 불평하면서도 수긍하는 바이기도 하다.[18]

매춘, 인류문명의 유산

이 작품은 외견상 성 문제에 대한 공권력의 개입 문제를 다룬다. 20세기 문학이론의 전형적인 해석은 기독교, 특히 개신교의 프리즘을 통해 본 도덕적 작품이라는 것이다. 즉 기독교적 참회가 극의 핵심적 주제라고 한다.[19] 작품의 무대, 비엔나는 런던의 현실을 투영했다는 것이 정설이다. 1603년 제임스가 국왕에 즉위하기 무섭게 대대적인 사창 단속령이 선포되고 이듬해에 혼인법의 개정이 뒤따른다.[20] 이 작품이 1604년 궁정에서 초연된 것으로 기록되어 있는 만큼 상당히 설득력 있는 주장이다.

작품의 현실적 무대는 런던이었을지라도 주요 등장인물의 행각은 당시 런던의 보편적 윤리나 정서와는 거리가 있다. 작품에서 성적 일탈을 도모한 안젤로는 위선자이자 악한으로 제시된다. 그러나 당시 기록에 의하면 성적으로 방탕한 사내에 대해 공적, 사적 책임을 추궁한 예는 지극히 희소했다. 반면 이사벨라는 더없이 순결한 정절의 상징으로 제시된다. 극단의 종교적 절제를 실천하여 자신의 정조를 혈육의 생명과도 바꾸지 않는다.[21] 그러나 과연 16세기 영국에서 여성의 정조가 생명처럼 중요하다는 관념이 지배적이었는지 의문이다. 물론 처녀왕 엘리자베스의 통치가 영광스런 처녀제국Gloriana의 신화를 강화했지만, 동정녀 마리아 신앙의 경지에 이르렀다는 증거는 없다. 둘째, 자신의 철저한

도덕관념 앞에 오빠의 생명을 기꺼이 희생시키는 이사벨라의 결정을 당시 영국 사회가 이의 없이 지지했을지도 의문이다. 이사벨라도 자신의 정조가 정치적 권력임을 자각한 것이다. 클라우디오가 말하듯이 그녀는 마음만 먹으면 상대를 설득할 수 있는 교묘한 언변을 갖추었다.[22] 최대의 권력만이 그녀의 정조를 살 수 있고, 이 사실을 그녀 자신도 너무나 잘 안다.[23] 이사벨라가 그처럼 소중하게 여기는 정조는 보다 높은 권력 앞에 쉽게 무너진다. 최고 통치권자인 공작의 청혼에 기꺼이 처녀성을 바친다. 물론 결혼이 세속적, 정신적 결합의 최고의 미덕이라고 할 수 있을지는 모른다. 그러나 처녀성 그 자체는 정치권력이나 상품가치를 초월한 독자적인 가치를 보유한다고 주장하기는 어렵다. 적어도 셰익스피어가 그린 비엔나나 그가 살던 당시 영국에서는 그렇지 않다.[24]

인간의 몸이 재화로 거래된 역사는 길다. 노예제도가 대표적인 예다. 여성의 몸을 사고파는 매춘도 마찬가지다. 인류의 개명과 더불어 노예제는 사라졌지만 성매매는 여전히 성행한다. 전자가 정신의 문제라면 후자는 육체의 문제이다. 사람의 육체는 이성의 통제를 거부하는 것이 본능이다. 그 어떤 엄격한 종교나 성윤리를 표방하는 나라에서도 성매매의 근절에 성공한 예는 없다. 성을 주로 사는 사내의 몸은 본질적으로 짐승에 진배없다. 한때 우리 법조계에 퍼져 있던 '명판사'의 신화가 있었다. 이혼하면 알거지가 되는 여성의 처지를 동정한 그 판사는 여성의 위자료를 높여주어야 한다는 것이 평소 지론이었다. 문제는 위자료를 산정하는 기준이 없다는 것이었다. 나름대로 고심 끝에 그가 고안해 낸 '일응'의 기준인즉, 당시 통용되던 하룻밤 화대花代 곱하기 동거일수였다. 사내들의 노변방담爐邊放談으로 삼기도 너무 어이없지만 문제의 핵심은 건드린 셈이다. 아직도 결혼제도의 본질이 성의 배타적 지배라고 보는 관점은 있다. 어쨌든 예나 지금이나 성 문제는 모든 사내에게 쾌락과 고통을 안겨주는 원초적이고도 치명적인 본능이다. 매음굴의 단골 손님인 루치오는 자신을 비난하는 사람의 위선을 내놓고 비판한다. "십계명 중 한 조항은 지워놓고 바다에 나간 해적 같다."고.[25] 이어서 그는 "기도가 능사가 아니다."[26]라며 사창을 출입한다고 해서 신의 구원을 받지 못하는 것은 아니라고 은근히 주장한다.

사형수의 절망

인간 사회가 진보한다는 증거의 하나가 노예제가 폐지된 사실인 것처럼 사형제도 점차 폐지의 추세를 타고 있다. 사형제에 대한 철학적, 실용적 논쟁은 앞으로도 한동안 이어질 것은 분명하지만 나아가는 방향은 분명한 것 같다. 사형 그 자체가 '잔인하고도 비정상적인 형벌'이라는 생각이 확산되는 쪽이다.

"죽음이란 참으로 끔찍한 것이야."[27] 클라우디오는 사형수의 절망적인 심리를 이렇게 묘사한다. "늙고 병들고, 굶주리고, 감옥에 갇히고, 이 진저리나는 세상살이도 죽음의 공포에 비하면 천국이야."[28] 이런 죽음의 공포가 클라우디오로 하여금 누이동생의 정조를 대가로 자신의 목숨을 구걸하도록 만든다. 안젤로는 사형은 본때를 보여줌으로써 새로운 범죄를 예방하는 효과가 있다고 믿는다. 이사벨라는 달리 생각한다. "수없이 많은 사람들이 같은 죄를 범했지만 벌을 받고 죽은 사람이 어디 하나라도 있나요?"[29] 옥지기도 같은 생각이다. "이런 잘못은 나이와 계층을 불문하고 모두가 저지르는 악이거늘 그 친구 혼자 죽어야 하다니."[30]

영국도 셰익스피어 시대는 물론 20세기 후반까지 사형제를 두었다. 빅토리아 시대가 절정이었다. 디킨스의 작품 속에 생생히 나타나 있는 바와 같이 무려 300여 개의 죄목에 사형을 규정했다. 법이 지나치게 엄정하다 보니 이를 우회하는 편법도 탄생했다. 한 예가 이른바 '성직자의 면책특권benefit of the clergy' 제도이다. 사형죄를 범했더라도 성직자 앞에서 참회를 하고 개과천선의 의지가 보이면 형의 집행을 면제할 수 있는 제도이다. 많은 사형수가 참회의 증거로 라틴어로 된 성경구절을 암송했다. 유식무죄有識無罪, 물론 '하느님의 문자'를 아는 특권층을 위한 법리다. 12세기부터 발전된 이 제도는 영국에서 1827년에야 비로소 폐지된다.

형평과 자비

> 군주의 왕관도, 고관의 대검帶劍도 대원수의 지휘봉도,
> 판사의 법복도, 그 어느 것도 결코 자비의 절반만큼도
> 위대하지 않습니다.[31]

하물며 법이야. 법 위에 자비요 형평이 자리잡는다. 이사벨라의 웅변은 포셔의 '자비의 본질'[32] 연설을 연상시킨다. 샤일록처럼 안젤로 역시 자비의 호소에 냉담한 반응을 보인다. '역지사지'[33]라는 성경의 말씀

도 귀 기울이기를 거부한 벽창호 앞에서는 쇠귀에 경 읽기다. "죄수에게 사형선고를 내리는 열두 배심원 중 피고인보다 더 중한 죄를 저지른 자가 한두 명 정도 있을지도 모르잖아요."[34]

그러나 재판관은 달라야 한다. 판관은 결코 죄인犯人도 보통사람凡人도 아니다.

"하늘을 대신하여 칼을 든 자는 신성하고도 엄격해야 하오. …… 자신의 죄과보다도 무거운 짐을 다른 사람에게 지워서는 안 될 일이오."[35] 공작 자신의 입으로 강조한 추상같은 법조윤리다. 그러나 루시오를 위시한 일반 백성은 달리 생각한다. 여론의 힘을 입고 이사벨라는 나선다. 오빠를 사형에 선고한 법은 '공정하나 가혹한 법'[36]이라며 안젤로에게 대든다.

> 만약 최고의 재판관이신 신께서
> 현재의 각하를 심판하신다면 어떻게 될 것 같아요?
> 아, 그 일을 생각하면 각하의 입술에선
> 새사람처럼 자비의 말씀이 흘러나올 터인데.[37]

경륜이 풍부한 에스큘러스도 젊은 상관 안젤로에게 간한다. "당신도 살면서 언젠가는 한 번쯤 당신이 단죄하는 그런 일을 저질러 법의 신세를 지게 될지 누가 알아요."[38] 펌피의 포주 짓을 경고만 하고 방면한 에스큘러스였다. "아주 죽여 없애는 것보다 칼끝으로 살짝 도려내는 게" 약발이 낫다며.[39]

안젤로의 답은 "선고하는 내가 만약 그 죄를 '범하게offend' 되면, 그

때는 나 자신의 재판으로 가차 없이 사형을 선고하도록 해주오."[40]라며 자신만만하다. 그러나 결국 안젤로는 죄를 범한다. 이사벨라로 가장한 전 약혼녀 마리아나와 동침한 것이다.

공작의 복귀와 동시에 안젤로는 죄과를 치른다. 이사벨라가 안젤로를 고발한다. 수도하는 처녀의 기도를 뇌물로 바치겠다던[41] 그녀는 더 이상 자비를 구하지 않고 정의의 이름으로 복수를 외친다. "정의, 정의, 정의, 정의를!"[42] 비교적 순순히 안젤로는 자신의 유죄를 인정한다. "저의 파렴치한 죄과를 굳이 심문하실 필요도 없게 자백으로 대신하고자 합니다. 그러하오니 즉시 저에게 사형을 선고하시어 죽음으로 끝맺게 해주소서, 그것이 제가 바라는 자비입니다."[43] 공작은 얼핏 안젤로의 청원을 들어줄 것처럼 비친다. 폭력은 폭력으로 갚아야 하다는 응보의 원리를 거듭 천명한다.

> 국법의 자비가 큰 소리로 똑똑히 들을 수 있도록 이렇게 외치고 있소.
> "클라우디오는 안젤로로, 죽음에는 죽음으로 보상하라고."
> 급한 것은 급한 것으로, 한가로운 것은 한가롭게,
> 비슷한 것은 비슷한 것으로, 눈에는 눈으로 갚아야 하오.
> 안젤로, 그대 죄상이 이토록 명백하니 부인할 방법이 없을 것이오.
> 그러니 클라우디오를 처형한 단두대로 끌고 가서
> 그대를 사형에 집행할 것을 명하오.[44]

그러나 짐짓 정의의 복수를 외치던 이사벨라의 본심은 여전히 자비다. 공작 앞에 무릎을 꿇고 제2의 자비의 청원을 제출한다. 이번에는 풀이 죽은 안젤로를 위해 베푸는 그녀 자신의 자비다. 첫 번째 연설에서 보여준 감동적인 수사 대신 사실관계에 기초한 냉정한 법리를 제기한다.

> 이 사람을 처벌하시더라도 제 오라비가 살아 있다고
> 생각하시고 해주세요.
> 제 생각으로는 이분이 저를 탐하기 이전에는 진지하게
> 나라를 다스린 공적이 있으니 사형만은 면해주소서.
> 제 오라비는 지은 죄로 응당 받아야 할 벌을 받은 것뿐
> 입니다.
> 안젤로씨로 말할 것 같으면 나쁜 생각은 품었어도 행
> 동에는 미치지 못했습니다.
> 도중에 시들어버린 생각은 매장시켜버리면 그만입니다.
> 생각이란 실체가 없는 것, 하려다 그만둔 건 한갓 생각
> 에 불과한 것이지요.[45]

이 구절은 1980년의 미국 연방대법원 판결에도 등장한다. 보수사법 철학의 거두이자 세기의 천재법률가로 불리는 렌퀴스트 대법관은[46] "이사벨라의 형법강론은 '범죄의사mens rea'와 '범죄행위actus reus' 양자를 모두 요구하는 형법의 일반원칙을 천명했다."고 썼다.[47] 안젤로를 위한 이사벨라의 청원은 오빠 클라우디오를 위한 청원과는 다르다. 단지 추상적인 미덕으로서의 관용과 자비를 호소한 선례와는 달리 사실의 관점

에서 접근하여 구분되는 법리의 적용을 주장한 것이다. 「베니스의 상인」에서 포셔가 주창한 자비론과는 달리 범죄의사와 범죄행위, 형법 전문용어로 '주관적 구성요건'과 '객관적 구성요건'을 연결하는 시도를 보였다.[48]

법에 있어서 자비가 최고의 미덕이지만 결코 만병통치약은 아니다. 경우에 따라서 엄한 집행으로 본때를 보여주어야 하며 안젤로의 말대로 법을 결코 '허수아비'로 만들어서는 안 된다. 그래서 시성詩聖은 마지막 경고를 빠뜨리지 않는다. 법집행에 지극히 유연한 자세를 보여준 에스큘러스의 입을 통해 전한다. 안젤로의 엄벌만능주의 형사철학을 비판하는 판사에게 그는 상급자의 원칙론을 옹호한다. "엄격할 필요가 있지요. 자비란 자비롭게 보이면 진짜 자비가 아니지요. 사면은 또다른 재난을 불러들이지요."[49]

권력의 남용

모든 권력은 부패할 소지가 있다. 본질적으로 선한 권력이란 없다. 그래서 언제나 감시가 필요한 것이다. 안젤로는 타고난 악한도 의도적인 폭군도 아니다. 다만 그도 여느 누구나와 마찬가지로 잠시 권력의 달콤한 맛에 취했을 뿐이다. 절대권력을 손아귀에 거머쥐자 이전에는 드러나지 않았던 검은 본성이 드러난다. "그러니 두고 봐야지. 권력이 사람의 마음을 어떻게 변하게 만드는지."[50] 공작의 선견지명이다. 평범한 소녀 이사벨라조차도 권력의 속성에 대한 성찰을 갖추었다. 상식의 힘이다.

> 거인의 힘을 가진 것은 더없이 좋은 일이지요.
> 그러나 그 힘을 거인처럼 쓰면 독재가 되지요.[51]

프랭클린 루즈벨트 내각의 법무장관과 뉘른베르크 전범재판의 판사를 지낸 프랜시스 비들의 회고록, 『스쳐가는 권력』[52]은 제목을 이사벨라의 어록에서 따온 것이다.

> 교만한 인간은 일시 스쳐가는 권력을 손에 쥐면
> 유리알처럼 부서지기 십상이라는 사실도 모른 채
> 성난 원숭이처럼 하늘 앞에 별별 농간을 다 부려
> 천사를 울리곤 합니다.[53]

안젤로는 제대로 된 지도자감이 아니다. 기껏해야 권력자의 충견, 편리한 수족일 뿐이다. "언제든지 각하의 분부에 복종하는 이 몸, 불러주신 뜻을 받잡고자 대령하였나이다."[54] 유능한 정치가인 공작은 이러한 안젤로에게 성가신 일을 맡긴다. "내 권한을 전부 주겠소. 당신은 일체의 제약을 받지 않고 소신대로 행사하시오."[55] "비엔나의 도덕과 자비는 당신의 입과 가슴에 달려 있소."[56] 그러나 안젤로는 아직 자신은 준비가 되지 않았다며 주저한다. 직책을 맡고서는 주도적으로 국정을 이끄는 대신 법이라는 형식적 규범 뒤에 몸을 감춘다. 자리를 비운 공작 대신 법을 새 주인으로 모신 것이다. 이런 안젤로가 편협한 형식적 법치주의의 맹신자가 되는 것은 지극히 당연하다. 그런 그는 자신에게 주어진 권력을 남용하여 법을 어긴다. 오빠의 사형을 면제해주는 대가로 이사벨라의 정조를 요구하고, 목적을 이룬 후에도 (비록 대상은 달랐지만) 그 약속조차 지키지 않는다. 그가 저지른 최대의 악은 주관적으로는 이사벨라의 몸을 얻은 후에도 클라우디오의 사형 집행을 명령하는 비열함이다. 그는 셰익스피어의 작품을 통틀어 가장 비겁하고 부패한 법관이다. 안젤로의 지석에 대해 권력을 위딕한 공직은 "부페가 끓어 넘처 온통 곤죽이 되었다."고 최종 평가를 내린다.

성적 억압, 성희롱

노드롭 프라이Northrop Frye는 "형평의 미덕을 갖추지 못한 권력자는 억압적 법치주의에 빠지고, 이어서 성적 본능을 억압하는 경향으로 공동체를 경직일변도로 만든다."고 평했다.[57] 이 작품에서 옮긴 사통금지법의 강제 적용이 주제를 부각시킨다. 이에 더하여 안젤로와 이사벨라, 두 주요인물의 성격과 행동양식에서도 이 명제의 보강증거를 얻을 수 있다.

두 사람은 모두 냉정하고 독선적이고, 무엇보다도 도덕적 편집광이다. 루시오가 평하는 안젤로는 "피가 빙설같이 차가운 사람으로 감정의 변화나 음욕의 자극은 아예 모르고 학문과 단식으로 본능을 무디게 단련해온 사람"이다.[58] 외형적으로 그는 덕의 화신이다. 공작에게 안젤로는 "고지식한 사람이요, 꼼꼼한 성격으로 피라곤 한 방울도 흐르지 않는 사람 같아요. 음식도 탐하지 않고, 빵 보기를 돌멩이 보듯이 하는 사람"이다.[59]

이사벨라도 마찬가지다. 수녀의 길을 걷는 그녀는 일체의 섹스를 거부할 뿐 아니라 성에 대한 언급조차 비열한 언행으로 경멸한다. 안젤로 앞에서 오빠의 성행위를 빗대어 "제가 가장 싫어하는 죄악이 있지요. 가장 준엄한 처벌을 받아야 하지요. 결코 변호하고 싶지 않지만 어쩔 수 없이 변호해야 할 처지입니다." 한다.[60] 이런 그녀이기에 정조를 희생하여 자신의 목숨을 구해달라는[61] 오빠를 노골적으로 경멸한다. "그대는 너무나 냉정하오."[62] 그런 이사벨라를 루시오는 이렇게 평한다. 그러나 겉으로 본 두 성적 냉담자들의 속내와 실체는 다르다. 안젤로는 이사벨라의 육체를 너무나 탐한 나머지 일시 맡았던 국가 지도자의 지위마저 상실한다. "그대의 몸을 내게 바쳐서 오라비의 목숨을 구하라."[63] 그에게는 이사벨라와 동침하는 것만큼 중요한 일은 없다. 이사벨라도 마찬가지다. 그처럼 집착하던 수녀의 길을 버리고 궁정의 여주인으로 변신하는 데 몇 초도 걸리지 않는다. 공작의 청혼을 기다렸다는 듯 받아들인다. 이렇듯 성적으로 억압된 사람들이 권력을 쥐고 법을 해석하는 지위에 서게 되면 문제가 발생한다. 그런 의미에서 이 작품은 법률종사자들의 정신적 건전성에 대한 우려의 메시지를 담고 있다고 할 수 있다. 법의 해석은 '대중의 자연적인 성향'[64]을 감안해야만 한다. 일반 대중의 '자연적인

감옥에 갇힌 클라우디오에게 안젤로의 은밀한 제안을 털어놓는 이사벨라. 윌리엄 홀먼 헌트, 「클라우디오와 이사벨라(Claudio and Isabella)」(1850).

성향'의 대표적인 예가 안젤로와 이사벨라가 그처럼 백안시하던 성적 관심이다. 그런 안젤로가 성욕의 노예가 되어 쉽게 법을 위반한다. 포스너의 재치 있는 지적대로 극중에서나 현실에서나 사통을 추방하려는 시도는 돈키호테처럼 무모한 과욕이다.[65]

법집행의 출발점은 해석이다. 안젤로는 엄격해석주의자이다.

> 법을 허수아비로 만들 순 없소. 허수아비는 곡식을 축내는 새를 겁주려고 세우지만, 계속 세워두면 길이 들어 무서워하기보다는 앉아서 노는 홰가 되지요.[66]

> 그대 오라비를 벌하는 것은 법이지 내가 아니야.
> 내 친척, 형제, 아들 그 누구라도 가차없이 적용할거요.[67]

문언주의, 엄격해석주의는 객관성, 중립성, 연고주의의 배척, 자의의 방지 등 장점이 많다. 안젤로의 장점이라면 힘없는 사회적 약자가 아니라 '훌륭한 아비를 둔 신사, 클라우디오'[68]를 법집행의 대상자로 삼았다는 것이다.

> 온 세상에 대고 목청 높여 소리칠 거예요. 당신이 어떤 인간인가를.[69]

이사벨라의 협박에도 안젤로는 미동도 하지 않고 냉소로 받는다.

> 누가 네 말을 믿을까보냐?[70]
> 여태껏 한번도 더럽혀진 일이 없는 내 이름에 엄격한 생활, 내 공적 지위를 더하여 내가 네 주장을 반박해 증언하면 네 말쯤은 쉽게 깔아뭉개 버릴 거야.[71]

그러나 원칙에 대한 과도한 집착은 미덕이 아니라 악덕이다. 문제의 법이 14년이나 한 차례도 집행되지 않았던 일, 클라우디오와 줄리에트 사이에 혼인계약이 있었던 사실도 전혀 고려의 대상이 되지 않는다. 클라우디오가 줄리에트를 '아내'로 부른 사실에서 교회법이든 코몬로이든 혼인의 실체는 있었을 것이다. 그러나 사형이라는 극형을 내리는 마당에도 이런 정황을 감안하는 것 자체가 안젤로에게는 비리인 것이다.

사통을 엄격하게 처벌하는 것은 결코 당시 영국의 현실이 아니었다. 혼전임신은 그다지 드문 일이 아니었다. 작가 셰익스피어 자신도 9년 연상의 앤Anne Hathaway을 임신시키고 황급히 혼인의식을 치른다. 그가 가장 총애하여 대부분의 재산을 물려준 맏딸 스잔나는 결혼 7개월 만에 태어난다.

안젤로와는 대조적으로 공작과 에스큘러스는 보다 유연하다. 미국 최대의 석학 법학자인 리처드 포스너 교수는 안젤로-샤일록 대 공작-에스큘러스의 법관法觀의 차이를 15개 항목의 리스트로 정리한다. '법치 대 인치', '법 대 자비', '규칙 대 정의' 등등이다.[72] 극의 종장에 공작은 에스큘러스의 '선행'을 칭찬하고 각종 화합의 조치를 취한 후에 목민관으로 복귀한다.[73]

1604년에 초연된 이 작품은 바로 직전 해에 등극한 국왕 제임스에 대한 은근한 아첨이 주조를 이룬다는 주장이 있다. 그런가 하면 정반대로 잉글랜드 코몬로에 대한 교육과 대중의 법의식으로 표출되는 민심을 무시하지 말라는 교훈을 담고 있다는 주장도 있다. 어느 쪽으로 해석하든 한 가지 분명한 것은 법도 문학도 시대의 거울이라는 지극히 상식적인 사실이다.

1 DUKE: We have strict statutes and most biting laws,/The needful bits and curbs to headstrong weeds,/Which for this fourteen years we have let slip;/(…) so our decrees,/Dead to infliction, to themselves are dead;/And Liberty plucks Justice by the nose, (…)/Sith 'twas my fault to give the people scope,/'Twould be my tyranny to strike and gall them (…)(1.3. 19-36).

2 "strict statutes and most biting laws"(1.3. 19).

3 DUKE: And Liberty plucks Justice by the nose (…)(1.3. 29).

4 MISTRESS: Why, here's a change indeed in the commonwealth. What shall become of me(1.2. 96-97)?

5 ESCALUS: Well, heaven forgive him, and forgive us all! Some rise by sin, some by virtue fall. Some run from brakes of vice, and answer none;/And some condemned for a fault alone(2.1. 37-40).

6 ANGELO: We must not make a scarecrow of the law (…)(2.1. 1).

7 「눈에는 눈」, 1.3. 35-39.

8 A. Kernan, *Shakespeare, The King's Playwright: Theatre in the Stuart Court* (Yale University Press, 1995), p. 54.

9 「리처드 2세」, 「헨리 4세」 제1부, 제2부, 제3부 및 「헨리 5세」의 사극 5편을 통칭하는 용어.

10 DUKE: Our city's institutions and the terms/For common justice, you're as pregnant in/As art and practice hath enriched any/That we remember (…)(1.1. 10-12).

11 LUCIO: If the fantastical Duke of dark corners had been at home, he had lived(4.3. 152-153).

12 DUKE: Where I have seen corruption boil and bubble/Till it o'errun the stew; laws for all faults(5.1. 315-316).

13 ISABELLA: (…) but let your reason serve/To make the truth appear where it seems hid (…)(5.1. 65-66).

14 M. Winston, "Craft Against Vice: Morality Play Elements in Measure for Measure", *13 Shakespeare Studies* (1981), p. 242.

15 DUKE: Like those quit like, and measure still for measure(5.1. 408).

16 POMPEY: Does your worship mean to geld and spay all the youth of the city(2.1. 220-221)?

17 DUKE: Or whether the body public be/A horse whereon the governor doth ride,/ Who, newly in the seat, that it may know/He can command, lets it straight feel the spur–Whether the tyranny be in his place (…)(1.2. 147-151).

18 ANGELO: The law hath not been dead, though it hath slept(2.2. 92); I show it most of all when I show justice(2.2. 103).

19 Ian Ward, *Shakespeare and the Legal Imagination* (Butterworth, 1999), pp. 83-88.

20 Kernan, ibid., pp. 50-51.

21 ISABELLA: Yes, truly. I speak not as desiring more,/But rather wishing a more strict restraint/Upon the sisterhood, the votarists of Saint Clare(1.4. 3-5).

22 CLAUDIO: (…) she hath a prosperous art/When she will play with reason and discourse,/And well she can persuade(1.2. 172-174).

23 Erika Rackley, "Judging Isabella: Justice, Care and Relationship in Measure for Measure", in *Shakespeare in Law*, Paul Raffield and Gary Watt (eds.) (2006), pp. 65-79.

24 M. Reifer, "Instruments of Some More Mightier Member: the Constriction of Female Power in Measure for Measure", *Shakespeare Quarterly*, 35 (1984), p. 157.

25 LUCIO: Thou concludest like the sanctimonious pirate, that went to sea with the Ten Commandments, but scraped one out of the table(1.2. 7-9).

26 LUCIO: Grace is grace, despite of all controversy; (…)(1.2. 24-25).

27 CLAUDIO: Death is a fearful thing(3.1. 116).

28 CLAUDIO: The weariest and most loathed worldly life/That age, ache, penury,

and imprisonment/Can lay on nature is paradise/To what we fear of death(3.1. 129-132).

29 ISABELLA: Good good my lord, bethink you:/Who is it that hath died for this offence?/There's many have committed it(2.2. 89-91).

30 PROVOST: All sects, all ages, smack of this vice; and he/To die for't(2.2. 5-6)!

31 ISABELLA: No ceremony that to great one's longs,/Not the king's crown, nor the deputed sword,/The marshal's truncheon, nor the judge's robe,/Become them with one half so good a grace/As mercy does(2.2. 61-65).

32 「베니스의 상인」, 4.1. 181-202.

33 "judge not, lest ye be judged(남에게 비판받지 않으려면 남을 비판하지 말라)", 「마태복음」, 7:1.

34 ANGELO: I not deny the jury passing on the prisoner's life/May in the sworn twelve have a thief or two/Guiltier than him they try(2.1. 18-21).

35 DUKE: He who the sword of heaven will bear/Should be as holy as severe, (…)/More nor less to others paying./Than by self-offences weighing(3.1. 517-522).

36 ISABELLA: O just but severe law(2.2. 41).

37 ISABELLA: How would you be/If he which is the top of judgment should/But judge you as you are? O, think on that,/And mercy then will breathe within your lips,/Like man new made(2.2. 77-81).

38 ESCALUS: Whether you had not sometime in your life/Erred in this point which now you censure him,/And pulled the law upon you(2.1. 14-16).

39 ESCALUS: Let us be keen, and rather cut a little/Than fall and bruise to death(2.1. 5-7).

40 ANGELO: When I that censure him, do so offend,/Let mine own judgement pattern out my death (…)(2.1. 29-30).

41 ISABELLA: Ere sunrise, prayers from preserved souls,/From fasting maids whose minds are dedicate/To nothing temporal(해 뜨기 전에 하늘까지 닿을 기도를

이승의 누구에게도 바치지 않은 수도하는 처녀의 기도를 드리겠습니다)(2.2. 157-159).

42 ISABELLA: And give me justice, justice, justice, justice(5.1. 25).

43 ANGELO: But let my trial be mine own confession./Immediate sentence then, and sequent death,/Is all the grace I beg(5.1. 369-371).

44 DUKE: The very mercy of the law cries out/Most audible, even from his proper tongue,/'An Angelo for Claudio, **death for death**.'/Haste still pays haste, and leisure answers leisure;/Like doth quit like, and **measure still for measure**./Then, Angelo, thy fault's thus manifested,/Which, though thou wouldst deny, denies thee vantage./We do condemn thee to the very block/Where Claudio stooped to death, and with like haste. A way with him(5.1. 404-412).

45 ISABELLA: Look, if it please you, on this man condemned/As if my brother lived. I partly think/A due sincerity governed his deeds,/Till he did look on me. Since it is so,/Let him not die. My brother had but justice,/In that he did the thing for which he died./For Angelo,/His acts did not o'ertake his bad intent,/And must be buried but as an intent/That perished by the way. Thoughts are no subjects,/Intents but merely thoughts(5.1. 441-450).

46 Bob Woodward and Scott Armstrong, *The Brethren* (1979), 『지혜의 아홉 기둥』, 안경환 옮김(라이프맵, 2009); Jeffrey Toobin, *The Nine*, 『더 나인』, 강건우 옮김(라이프맵, 2010) 참조.

47 *United States v. Apfelbaum*, 445 U.S. 115, 131 n. 13 (1980).

48 John Denvir, "William Shakespeare and the Jurisprudence of Comedy", pp. 825; 834-835.

49 ESCALUS: It is but needful./Mercy is not itself that oft looks so./Pardon is still the nurse of second woe(2.1. 271-273).

50 DUKE: Hence shall we see/If power change purpose, what our seemers be(1.3. 53-54).

51 ISABELLA: O, it is excellent/To have a giant's strength, but it is tyrannous/To use it like a giant(2.2. 109-111).

52 Francis Biddle, *In Brief Authority* (Doubleday, 1962).

53 ISABELLA: (…) Dressed in **a little brief authority**,/Most ignorant of what he's most assured,/His glassy essence, like an angry ape/Plays such fantastic tricks before high heaven/As makes the angels weep (…)(2.2. 120-125).

54 ANGELO: Always obedient to your grace's will,/I come to know your pleasure(1.1. 25-26).

55 DUKE: Your scope is as my own, So no enforce or qualify the laws/As to your soul seems good(1.1. 64-66).

56 DUKE: Mortality and mercy in Vienna live in thy tongue and heart(1.1. 44-45).

57 Northrop Frye, *Northrop Fry on Shakespeare* (Yale University Press, 1988), p. 142.

58 LUCIO: (…) a man whose blood/Is very snow-broth; one who never feels/The wanton stings and motions of the sense,/But doth rebate and blunt his natural edge/With profits of the mind, study, and fast(1.4. 56-60).

59 DUKE: Lord Angelo is precise,/Stands at a guard with envy, scarce confesses,/That his blood flows, or that his appetite/Is more to bread than stone(1.3. 50-53).

60 ISABELLA: There is a vice that most I do most abhor./And most desire should meet the blow of justice,/(…) For which I must not plead, but that I am/At war 'twixt will and will not(2.2. 29-33).

61 CLAUDIO: Sweet sister, let me live(3.3. 134).

62 LUCIO: You are too cold(2.2. 45).

63 ANGELO: Redeem thy brother/By yielding up thy body to my will (…)(2.4. 163-164).

64 "the nature of our people"(1.1. 9).

65 Richard A. Posner, *Law and Literature*, revised & enlarged Ed. (Harvard University Press, 1998), p. 121.

66 ANGELO: We must not make a scarecrow of the law/Setting it up to fear the birds of prey,/And let it keep one shape, till custom make it/Their perch, and not their terror(2.1. 1-4).

67 ANGELO: It is the law, not I, condemn your brother. Were he my kinsman, brother, or my son,/It should be thus with him(2.2. 82-84).

68 ESCALUS: Alas, this gentleman whom I woul save had a most noble father(2.1. 6-7).

69 ISABELLA: (…) Or I with an outstretched throat I'll tell the world aloud/What man thou art(2.4. 153).

70 ANGELO: Who will believe thee, Isabel(2.4. 154)?

71 ANGELO: My unsoiled name, th'austereness of my life,/My vouch against you, and my place i'th' state,/Will so your accusation overweigh/That you shall stifle in your own report,/And smell of calumny(2.4. 155-159).

72 Posner, ibid., p. 120-121.

73 DUKE: Thanks, good friend Escalus, for thy much goodness(5.1. 527).

7장

나는 국법을 어기기 싫다!

「리처드 2세Richard Ⅱ」

서정적 사극

「헨리네이드」의 1부에 해당하는 사극 「리처드 2세」는 근대적 의미의 법치주의의 맹아를 보여준다. "나는 국법을 어기기 싫다!"[1] 정의의 화신이라기보다는 사심 없는 선량한 관리자, 요크 공작의 입을 통해 법치주의의 원칙이 제시된다. 이 작품은 1399년에 왕위를 잃은 역사적 인물을 극화한 것으로 연대기와 연극의 중간적 성격을 띤다. 역사적으로 리처드의 퇴위는 장미전쟁의 원인이 되었고, 왕위계승을 둘러싸고 랭커스터, 요크, 두 가문 사이에 벌어진 내전은 1486년 헨리 7세가 리처드 3세를 몰아내고 튜더 왕조를 창립할 때까지 87년 동안 이어진다. 붉은색(랭커스터)와 흰색(요크) 대신 두 색깔의 장미 잎을 합친 겹장미 문양이 새로운 튜더조의 공식 상징이 된다.

작품 「리처드 2세」는 1597년에 왕립문서국에 등록된다. 그러나 작품이 완성된 것은 적어도 이보다 2년 앞선 1595년경이라는 추정이다. 엘리자베스 치하에서 리처드 2세는 역사적 평가를 내리기에 몹시 조심스런 인물이었다. 한 예로 1600년, 법률가이자 문필가인 존 헤이워드

John Hayward가 반역죄로 런던탑에 수감된다. 바로 전해에 출간한 책이 문제된 것이다. 리처드 2세의 퇴위와 헨리 4세의 등극 과정을 그린 그의 역사드라마[2]는 발간 즉시 베스트셀러가 된다. 여왕은 그 책에 반역자로 그려진 리처드 2세가 여왕 자신을 지목한 것으로 보았던 까닭에(이듬해인 1601년에 실제로 에섹스Essex 공의 반란이 일어난다.)[3] 헤이워드는 여왕이 죽을 때까지 감옥생활을 면치 못한다. 그만큼 엘리자베스 말기에 공공연한 반란의 소문이 끊이지 않았고 후사 없이 물러날 노령의 여제의 권좌는 결코 견고하지 않았다.

많은 학자의 연구에 의하면 셰익스피어의 사극을 관통하는 역사관은 '질서와 권위order and degree'로 축약된다. 그 근저에는 하나의 도덕적 신화가 자리잡는다. 튜더 왕조의 성립은 역사적 필연인 것이다. 리처드 2세의 폐위는 명백한 범죄이고, 따라서 그의 폐위에 따른 내전은 불가피했으며, 내전의 결과 헨리 7세의 등극으로 튜더 왕조가 출범함으로써 비로소 범죄의 청산과 속죄가 이루어진 것이다. 이러한 신화의 근저에는 왕권은 직계후손에게 승계되어야 한다는 '우주적 질서'가 자리 잡았다. 그러므로 리처드 2세의 폐위와 같은 상황은 왕권의 직계상속에 어긋나는 것으로 우주적 질서를 위반한 범죄일 것이다. 셰익스피어의 사극 전반을 통해 나타난 통치관은 철저한 세습왕조사관이다. 즉 자신이 국왕의 세습권의 최우선 순위자임을 입증하는 사람이 국왕이 되어야 하며, 그렇지 못한 경쟁자는 찬탈자에 불과한 것이다.[4]

셰익스피어는 리처드 2세를 정통성은 갖추었지만 실패한 군왕으로 그린다. 뿐만 아니라 패자에 대한 연민의 눈길도 인색하다. 역사에서 실패한 군왕을 그린 사극이 예술적으로 성공하기는 쉽지 않다. 공적 실패를 보상하고도 남을만한 특수한 내면적 요소를 부각시키지 않고서는 찬란한 '패자의 관敗者의 冠'[5]을 씌울 수가 없다. 이 점에서 「리처드 2세」는 「리처드 3세」와 확연한 대조를 이룬다. 후자의 경우 셰익스피어는 신체불구지이지 성격파탄자인 주인공을 통해 권력의지의 이면에 담긴 인간의 사악함을 부각시킴으로써 불멸의 캐릭터를 창조해낸 것이다. 「리처드 2세」는 작품의 기법에 주목하여 '서정적lyrical' 사극으로 불리기도 하는데, 비극 「로미오와 줄리엣」, 희극 「한여름 밤의 꿈」과 함께 '3대 서정극'에 꼽히기도 한다.[6] 다른 두 작품과는 달리 「리처드 2세」는 결코 대중적 인기를 누리지 못했다. 다만 주인공은 현실정치에서는 무능한 왕이었지만 작품에서는 은유(메타포)의 대가로 평가된다. 니체의 표현을 따르면 은유는 다르고 싶은 욕망, 다른 곳에 있고 싶은 욕망의 표현이다. "확신은 거짓말보다 더 위험한 진리의 적이다."라고 한 니체이고 보면 확신이 결여된 나약한 군주에게서 더욱 인간적 매력이 짙게 풍긴다.

왕비와의 이별장면에서 보여준 군주의 언행에는 애틋한 서정과 늠연한 품위가 함께 서려 있다.

> 왕비: 우리는 기어이 이별해야 하나요? 갈라져야 하나요?
> 리처드: 그렇소. 손은 손에서, 마음은 마음에서 떨어져야 하오.
> 왕비: 폐하가 가시는 곳으로 저도 함께 보내 주세요.
> 리처드: 그렇게 되면 둘이 함께 울게 되니 슬픔은 하나가 되겠지요. 그러나 그대는 프랑스에서 나를

> 위해 울어주고 나는 여기서 울지. 어차피 함께 할 수 없을 바에야 가까이 있는 것보다 차라리 멀리 떨어져 있는 편이 낫소. 그대 가는 길 한 숨으로 재고, 내 가는 길 신음으로 세지.[7]

작가는 결코 범상스럽지 않은 비운의 별리를 그리면서도 관객의 연민을 기대하지는 않는다. 이 점은 「로미오와 줄리엣」의 경우와 확연하게 대조된다. 관객은 리처드의 말을 충분히 이해한다. 그러나 마음을 내주며 동조하지 않는다. 그렇게 함으로써 주인공을 '다른 곳'으로 유배시키는 것, 그것이 작가의 의도였을까?

앞서 리처드가 아일랜드 출병에 나설 때도 일시 이별의 슬픔을 '반환청구권reversion'이라는 법률용어로 정의했던 왕비다.

> 그 어느 것도 나의 무엇(슬픔)을 다스리지 못하고
> 그 무엇이 내가 슬퍼하는 그 어느 것을 또한 다스리지 못하리.
> 내 몸에 지닌 것은 주인에게 반환해야 할 것reversion,
> 그러나 그게 무엇인지, 아직은 알 수가 없어.
> 정체 모를 슬픔이 나를 괴롭히네.[8]

반환청구권이란 양도자가 증서를 통해 양수인에게 토지를 양도하면서 자신에게 유보해둔 권리를 지칭한다. 이 권리는 기대권인 동시에 현재의 권리이다. 양수인의 권리가 소멸하면 즉시 제3자에게 양도할 수 있다. 여기에서 왕비가 유보한 권리의 내용이 무엇인가? 왕비는 말한다. "드러나지 않은 슬픔, 운명의 자궁 속에 서식하며 다가와 내 영혼 속에 두려움 없이 자리 잡은 무거운 공허감"이라고.[9]

측근 정신이 왕비에게 간한다. 먼 길 떠나는 님을 보내면서 즐거운 표정을 지니라고. 왕에게 약속한 터이니 무거운 마음의 짐은 내려놓아야 한다고 당부한다. 왕비는 자신의 슬픔의 정체가 무엇인지 잘 모르지만 주체할 수 없노라고 답한다. 그 불안은 후일 따를 영원한 별리와 죽음의 예견이었을까?

자객에 의해 살해되기 직전에 리처드가 남긴 독백은 햄릿에 의해 완성되기 전까지 셰익스피어의 다른 어느 독백보다도 강렬하고 철학적이다.

> 내가 갇힌 이 감옥을 어떻게 세상과 비교할 수 있을까? …… 내 두뇌가 어미라면 영혼은 아비. 둘 사이에 끊임없이 생성 발전하는 사상의 혈족이 생겨나고, 그 사상이 이 작은 세계에 살게 된다. …… 이 몸 죽어서 무엇이 되든, 나 자신도 아니고, 다른 누구도 아닌, 그저 인간인 이상 무로 돌아가서 영면하기 전에는 아무것에도 만족할 수 없다. …… 이제는 음악 소리가 듣기 싫다. …… 그러나 그 음악을 내게 들려주는 자는 축복받을 지어다. 그것은 사랑의 징표이니까. 모두가 이 리처드를 싫어하는 세상에 사랑은 드문 노리개이니.[10]

리처드는 결코 위엄 있게 죽지는 못하지만 품위 있는 말을 남긴다. 위선의 냄새가 물씬거리는 승자, 볼링브룩의 종결사와 대비해보면 리처드의 인품과 서정성이 더욱 선명하게 드러난다.

> 제공, 나 자신의 영달을 위해 피를 흘렸다고 생각하니 내 영혼은 수심에 잠기게 되오. 자, 과인이 애도하는 그 분을 추도하고 곧 몽상蒙喪하도록 하시오. 과인은 이 피묻은 손을 씻기 위해 성지순례에 나서겠소. 엄숙하게 장송하시오. 뜻하지 않은 이 장례에 호곡하여 존경을 표해주시오.[11]

승자에게는 역사가 남고, 패자에게는 신화와 전설, 그리고 인간의 품위가 남는 것.

대질신문권

막이 열리면서 두 사람의 정신이 서로를 반역자로 몰면서 논쟁을 벌인다. 한 사람은 왕의 사촌인 볼링브룩이다. 재판을 맡은 왕은 두 사람이 결투를 통해 진위를 가리라고 명한다. 그러나 돌연 결투를 중지시키고 두 사람 모두 국외로 추방한다. 볼링브룩이 프랑스에 망명하는 동안 잉글랜드의 정황은 급격하게 나빠진다. 왕은 아첨꾼에 둘러싸여 국정은 난맥상이다. 과도한 재정지출로 국고는 고갈되고 백성의 삶은 피폐해진다. 리처드는 아일랜드를 상대로 전쟁을 일으키고, 전비를 조달하려고 죽은 볼링브룩의 아버지의 재산을 몰수한다.[12] 소식을 들은 볼링브룩은 프랑스 땅에서 군사를 일으켜 잉글랜드를 침공한다. 리처드가 아일랜드 원정을 떠나는 순간을 기다렸다가 허를 찌르는 것이다. 반란군은 리처드의 양위를 강요하고 유약한 리처드는 이에 굴복한다. 볼링브룩은 부당하게 잃은 재산을 되찾는 것을 넘어 왕위를 잇고 헨리 4세로 등극한다. 신왕의 측근이 폐위된 리처드를 살해하여 후환을 없앤다. 그러고는 피의 성지순례를 떠난다. 이렇게 줄거리가 요약되는 작품에 몇 가지 중요한 당시의 법리가 제시되어 있다. 이를테면 개막과 동시에 대질심문권의 법리가 제기된다.

재판은 다투는 사실에 대해 '진실'을 결정한 후에, 진실로 발견된 사실에 대해 법적 평가를 내리는 작업이다. 서로 상반되는 주장을 펴는 당사자를 직접 대면시켜 교대로 질문하면 진실의 발견이 용이하다는 것이 상식이다. 리처드 왕도 상식의 법리를 따른다. "두 사람을 불러내라. 대면시켜 얼굴을 맞대고, 찌푸린 이마를 마주보게 하고 원고와 피고가 자유롭게 진술하도록 하라. 우리는 경청할 터이니."[13] 리처드는 양 당사자에게 대립당사자주의[14]의 원칙을 확인해주면서 스스로 판사와 배심을 겸한다. 재판제도가 발달함에 따라 이 원칙은 많은 변용을 겪었다. 그러나 상식에 기초한 법원칙은 연면하게 전승된다. 1998년 미국 연방대법원 판결에서 「리처드 2세」의 상식법이 인용된다.[15] 법원이 성폭행 피해자 아동의 증언을 청취하면서 피해자와 피고인(가해자) 사이에 차단 스크린을 설치한 것이 피고인의 대질권을 침해하는지 여부가 쟁점이었다. 침해를 인정한 안토닌 스칼리아 대법관의 다수의견은 리처드 2세의 말대로 '얼굴과 이마를 맞대는' 것이 대질심문의 본질이라고 판단한다.

그러나 블랙먼의 소수의견은 다수의견이 셰익스피어를 인용한 것은 시대착오라고 주장한다. 즉 「리처드 2세」에 제시된 셰익스피어 당시에 통용되던 증거법은 미국헌법의 권리장전[16]이 제정되면서 반대심문[17]의 법리 속에 통합되었다는 것이다.[18] 4백여 년 전 한 시인이 쓴 문학작품의 구절이 후세 사법권력의 첨예한 논쟁의 대상이 된다는 사실 자체에서 '법과 문학'의 뿌리는 길고, 전도도 양양하다는 생각이 든다.

중립적인 재판관

재판에 대한 신뢰를 확보하는 핵심적인 요건이 판사의 공정성이다. 판사의 중립성은 공정성의 기본이다. 재판의 결과에 판사 자신의 이해관계가 걸려 있다면 중립의 요건을 해친 것이다. 이 사건에서 리처드는 중립적인 재판관이 아니다. 볼링브룩이 자신의 사촌인 것은 국왕이 재판관이 되는 데 제척사유가 아닐지 모른다. 그러나 다른 장애요인이 숨어 있다. 볼링브룩은 모브레이가 글로스터 공작을 살해함으로써 반역을 도모했다고 주장한다. 그런데 사실 모브레이는 국왕의 명령에 따라 글로스터를 죽인 것이다. 그러기에 리처드 법원은 표방하던 "중립적인 눈과 귀"[19]를 갖추지 못했다.

「눈에는 눈」에서 피고인의 여동생 이사벨라와 성상납을 흥정한 클라우디오를 재판한 안젤로도 중립성을 잃었다. 공작은 안젤로의 행각이 드러난 후에 "나는 이 사건에 중립을 지킬거야. 그대 스스로 그대 사건의 재판관이 되구려."라며 은근슬쩍 안젤로의 반응을 떠본다.[20] 「베니스의 상인」의 포셔, 「겨울이야기」의 레온테스도 이해관계가 있는 재판관이다. 「십이야」에도 원고가 판사가 되는 것은 원칙적으로는 이치에 맞지 않는다는 주장이 함축되어 있다.[21]

영국사에서 가장 유명한 재판 중의 하나가 1533년 토머스 모어의 재판이다. 그의 생애는 영화, 「사계절의 사나이」[22]에 비교적 잘 요약되어 있다. 모어는 진제군주 헨리 8세의 챈슬러Lord Chancellor[23]를 역임하면서도 신과 법, 그리고 양심에 따라 원칙을 고수한다. 끝내 정치재판의 제물이 되었지만 후세인에 의해 법률가의 성인으로 추서되었다(토머스 모어는 고 김대중 대통령의 영세명이기도 하다.). 1533년 모어는 왕의 눈에 나서 기소된다. 재직중에 뇌물을 받은 혐의였다. 당시에도 판사의 수뢰는 치명적인 독직이었다. 형평법원에 소송이 계류중인 당사자가 사람을 시켜 재판장인 모어에게 은제 술잔을 선물로 보냈다. 모어는 무안을 주지 않으면서도 완곡하게 뇌물을 물리치는 지혜를 터득했다. "어디 법원장 술 한 잔 마셔 볼 테요? 그 잔을 들고 지하실에 내려가게나. 최고로 좋은 술을 골라 채워서 주인에게 갖다 드리게. 그리고 주인께 전하게. 술맛은 내가 판단하지 않는다고."[24] 모어는 이 사건으로 왕좌재판소King's Council에 소환되어 재판을 받았으나 성공적인 변론 끝에 무죄평결을 얻어낸다. 이 재판은 셰익스피어가 태어나기 전의 일이지만 너무나 유명한 역사적 사건이었기에 그도 익히 알고 있었으리라고 추정할 수 있다.

셰익스피어와 동시대 인물인 프랜시스 베이컨도 독직죄로 기소된다. 그러나 모어와는 달리 유죄판결을 받는다. '코몬로의 왕자' 에드워드 코크와의 라이벌 관계가 재판에 영향을 미쳤을 것이라는 주장도 있다. 그러나 기록으로 보아 변명은 궁색하다. 1621년 베이컨이 영국 최고의 관직인 로드 챈슬러에 오른 바로 그 해에 의회는 그를 상대로

28개 항목의 탄핵을 제기했다. 뇌물수수다. 베이컨의 옹색한 변명은 관행custom이었다는 것이다.[25]

이 재판은 셰익스피어 사후의 일이기에 작품의 소재가 될 수 없다. 그러나 당대 제일의 석학, 베이컨의 『수상록Essays』(1597)을 셰익스피어가 읽지 않았을 리 없다. 「사법론Of Judicature」의 한 구절이다. "법원은 신성하기 짝이 없는 장소다. 그러므로 판사뿐 아니라 서기, 집행관, 정리, 등 그 누구를 막론하고 부패와 추문으로부터 자유로워야 한다. …… 무엇보다도 청렴이야말로 판사가 갖추어야 할 필수덕목이다."[26] 의회에서 베이컨의 소추를 담당한 코크는 "부패한 판사야말로 모든 악 중의 최악이다."[27] 했다. 20세기 후반 영국법조의 최대 거목이었던 알프레드 데닝Lord Denning은 베이컨을 일러 천재의 머리에 악마의 영혼을 담은 역사상 가장 표리부동한 인물로 규정한다.[28]

법치주의

아일랜드 원정에 나서면서 왕은 숙부 요크 공을 대리인으로 지명한다. 리처드가 비운 틈을 타고 프랑스에 추방중이던 볼링브룩이 반란을 일으켜 쳐들어온다. 그도 요크의 조카다. 역모를 함께 도모하자는 조카의 제언에 심정적으로는 동의하나 요크는 기본적으로 체제순응주의자다.

"같이 가도 좋지만 그만 두겠네. 나는 국법을 어기고 싶지 않아."[29] 그래서 그는 반란자를 "친구도 원수도 아닌"[30] 현실의 지도자로 받아들인다. "이미 쏟아진 물은 도로 담을 수 없어."[31]

작품 「리처드 2세」가 주는 교훈은 '하늘의 점지를 받아 성유를 바른

anointed' 국왕도 법의 구속을 받는다는 법치주의의 메시지다. 예를 들면 왕권은 신으로부터 부여받은 것이라는 왕권신수설을 냉소하는 대사가 여러 차례 등장한다. 반면 리처드는 되풀이하여 이러한 신수의 왕권을 주장한다. 이에 덧붙여서 왕은 "귀족들에 의해 선출된 대리인"[32]이므로 신하들이 반란을 일으키면 "우리에 대한 맹세뿐 아니라 신에 대한 맹세도 배반하는" 것이라고 리처드는 주장한다.[33]

작품 중 유일한 '정의로운 사람'으로 평가되는 카알라일Carlisle 주교는 같은 법리에 근거하여 리처드의 폐위를 반대한다.

> 이 자리에 고귀한 리처드 왕 폐하를 재판할 사람이 한 분이라도 있으면 …… 어떻게 신하가 왕을 재판할 수가 있습니까? 신의 권세의 상징이고 집사이며 대리인이며 성유를 이마에 바르시고 왕관을 쓰고 다년간 옥좌에 앉았던 분을 미천한 신분의 아랫것들이 재판할 수가 있습니까?[34]

그러나 그의 열변은 이미 새로운 세력에 의한 정치질서가 자리 잡은 후에는 무의미하다. 새 집권세력은 그를 반역죄로 체포한다.

이 작품은 현대 헌법의 기본원리에도 중요한 지침을 제공한다. 헌정질서의 핵심은 특정조문의 해석 문제를 넘어, 정부의 형태와 성격 그 자체의 문제로 귀착된다. 국정의 최고책임자가 무능하거나 나약할 경우에 국가적 위기가 초래된다. 공식적이고도 합법적인 권력에 공백이 발생하면 어딘가에 권력을 참칭하는 세력이 출현하기 마련이다. 볼링브룩처럼 백마를 탄 새 권력자가 출현하여 새로운 권력을 창출한다. 신의 점지를 받은 절대권력도, 느닷없이 출현한 새로운 영웅도 나라의 일상적 정의를 담보하기 어렵다. 두 극단적 대척점 사이 어딘가에 균형점을 찾아야만 한다. 바로 이것이 영국식 입헌군주제의 사상적 토대다.

한 극중 인물은 정치를 정원 가꾸기에 비유한다. “너무 빨리 자라는 풀은 대가리를 잘라야지요. 공동체에서는 너무 높아지면 안 되지요. 우리 정부에서는 모두가 평등한 겁니다.”[35] 리처드의 실정은 민주적 정치 원리를 경시한 데 기인한다. 피치자의 의사를 백안시하고 밀어붙인 경제정책은 실패한다. “백성들로부터는 과도한 세금을 수탈하여 민심을 잃었고, 귀족들은 해묵은 반항을 핑계 삼아 벌금을 징수하여 그들의 신망도 잃었다.”[36] 리처드는 양위에 앞서 자술서에 서명할 것을 강요당한다. 그렇지 않으면 “평민들이 만족하지 않을 것이기 때문이다.”[37]

1595년에 쓰인 이 작품은 적어도 국민의 대표기관인 의회와 국왕 사이에 벌어진 과세권에 관한 당시의 갈등의 단면을 조명한다. 작품의 시대적 배경인 14세기 말에는 아직 이 문제가 중요한 정치적 의제로 부상하지 않았다. 그러나 17세기 전반에 들어와서 표면화된다. “대표 없는 과세 없다.”[38] 이 구호는 18세기 후반, 아메리카 식민지들이 영국에 대해 독립을 선언하기까지 내세운 가장 중요한 정치적 슬로건이었다.

국왕의 사면권

정규의 사법절차에 의해 확정된 죄를 사면해주는 특권은 국왕대권의 핵심적 내용이다. 통상의 국법질서를 초월하여 통치의 목적을 달성하기 위한 고도의 정치적 행위다. 극의 마지막에 체포된 반란자는 신왕 볼링브룩의 자비로운 사면을 간청한다. 다른 신하가 강력하게 말린다. "만약 용서를 빈다고 은사를 베푸시면 죄 짓는 놈이 감당 못하게 늘어날 것입니다."[39] 그러나 죄인의 어머니가 간곡히게 청원하자 왕은 받아들인다.

"만약 제가 폐하의 유모로 말을 가르친다면 '용서'라는 말을 맨 먼저 가르쳐 드릴 것입니다. 제 평생 이 순간처럼 이 말을 간절하게 듣고 싶은 적이 없었습니다. 동정하신다면 '용서한다'고 말씀해주소서. 짧지만 자비로운 말입니다. '용서'처럼 군왕에 어울리는 말이 또 없습니다."[40]

모성의 애소를 받아들여 왕은 반란자를 용서한다. 민심의 수습에 도움이 되었을 것이다. "신이 과인을 용서하듯이 과인도 그를 용서하겠소."[41] 「실수연발」에서도 민심의 동향을 유념하는 권력자의 언행이 보인다. "나는 법을 어길 정도로 편파적이지 않소. 그대를 사면하지 않아야 민심을 얻을 수 있소."[42]

사면은 정치적 행위이다. 현대 민주헌법도 국가원수의 권한의 하나로 사면권을 규정한다. 미국에서도 1974년과 1992년 두 차례의 사면이 나라 전체의 정치적 논란거리로 번진 적이 있다. 1972년 대통령선거 과정에서 현직 대통령, 리처드 닉슨이 상대인 민주당 후보의 선거사무실을 불법도청한 일에 관여한 것이 뒤늦게 밝혀졌다. 일단 재선에 성공하여 대통령직을 수행하던 닉슨은 일련의 재판 끝에 탄핵의 위기에 직면하자 대통령직을 사임한다. 부통령으로서 대통령직을 승계한 제럴드 포드는 취임과 동시에 전직 대통령을 사면한다. 이 '워터게이트 사건'은 지구상에 복제할 수 없는 민주국가임을 자부하는 미국의 국민에게 지울 수 없는 상처를 안겨준 '세기의 추문'으로 기억된다. 그만큼 닉슨의 사면에 대한 국민의 지지도는 매우 낮았다.[43] 그러나 역사는 되풀이된다. 1992년 재선에 실패한 조지 부시George Bush 대통령은 후임자, 빌 클린턴이 취임하기 직전, 미국 정부의 해외첩보작전(소위 '이란-콘트라 스캔들')에 관련되어 유죄판결을 받은 전직 국방장관 개스퍼 와인버거 등 고위 관료들을 사면한다. 이 조치도 국민의 강한 비판을 피할 수 없었다. 이러한 사면조치가 정치적 패거리에 대한 면죄부로 남용된다는 사실을 국민이 모를 리 없다. 「리처드 2세」에서 요크의 말대로 정부는 국법을 어기는 것을 금기시해야 할 것인데도 말이다.

워터게이트 사건과 이란-콘트라 스캔들 모두 대통령의 불법적인 행위가 논쟁의 초점이었다. 닉슨의 행위는 사법절차의 과정에서 소상하게 밝혀지지만 부시의 경우는 진실 자체가 비밀 속에 묻혀 버린 것이다. 셰익스피어가 오래전에 평가를 내린 바 있다. "이건 죄악으로 사들인 사면이야. 범인 자신이 사면관이 되었으니."[44]

우리나라도 사면을 자주 실시하는 편이다. 대체로 범죄의 유형 등 일반적인 기준에 따라 대상을 결정하지만 특정인을 지목하여 사면하는 경우도 있다. 이 경우는 그만큼 정치적 부담이 크다. 1997년, 김영삼 대통령은 1980년 광주 사건과 뇌물수수 사건으로 중형을 받고 복역중이던 전두환, 노태우 두 전직 대통령에 대해 사면조치를 내렸다. 과거 청산과 시대의 화합이라는 두 과제를 동시에 겨냥한 고육지책이었지만 대체로 긍정적인 호응을 얻었다. 2009년 12월 말, 이명박 대통령은 이건희 삼성그룹 회장 한 사람만 사면했다. 국제올림픽위원회IOC 위원의 지위를 십분 활용하여 2018년 동계올림픽의 유치에 진력해달라는 부탁의 뜻이 담겼다고 한다. 후일 평창이 개최지로 확정되어 기업가 출신 대통령의 정치적 부담은 줄어든 것 같다.

결투재판

결투재판trial by combat은 1066년 노르만의 정복과 함께 영국 땅에 수입되었다는 것이 정설이다. 시대의 흐름에 따라 세부적인 원칙에 변화가 가미되었다. 일정한 부류의 형사사건에서는 고소자와 피고소자가 실제로 결투를 통해 유 · 무죄를 결정했다. 결투는 당사자 일방이 죽을 때까지 계속하고 피고소인이 결투에서 패했으나 즉시 사망하지 않은 경우에는 준비된 교수대에 목을 매달았다. 민사사건에서는 당사자 대신 '대리인champion'이 결투를 수행했다. 사실심 변호사trial attorney의 기원일까? 이론적으로 대리인은 자신을 고용한 당사자의 증인이기 때문이다. 민사사건에서는 원고 측이 주장하는 사실에 대한 입증책임을 부담했다. 낮에 시작한 결투가 '별이 뜰 때까지' 승부가 나지 않는 경우에는 원고 패소로 간주되었다. 예나 지금이나 대리인의 비용이 만만치 않았기에 민사사건의 결투재판은 사실상 재력을 갖춘 귀족들의 전유물이 되다시피 했다.

훼손될 명예를 결투로 방어하는 것은 신사다운 행동으로 인식되었다. 이러한 '영국 신사의 전통'은 식민지에도 전승되었고 미국 건국 초기에도 유습으로 남아 있었다. 1804년, 연방주의자 알렉산더 해밀턴Alexander Hamilton이 정적 아론 버Aaron Burr의 권총에 죽는다. 뉴욕 맨해튼의 사건 현장은 역사에 관심을 가진 관광객이 즐겨 찾는 명소가 되었다. 영국에서 결투가 법에 의해 정식으로 폐지된 것은 1819년의 일이다.

리처드 2세도 결투재판의 전통을 이어받았다. 그는 플랜태저넷 가문, 즉 정복왕 윌리엄의 직계후손이다. 이 작품에서 결투재판이 세 차례나 언급된다. 작가는 극의 개시와 동시에 결투재판을 선보인다. 극의 후반에는 영국으로 쳐들어온 볼링브룩을 맞아 리처드가 결투의 의지를 다진다. "오만한 볼링브룩이여, 그대와 사생결단 맞싸우러 나가리라."[45] 물론 국왕의 신분으로 정식으로 결투재판의 당사자가 될 수 있을 것 같지는 않다. 리처드가 죽은 뒤 오머릴을 비롯한 볼링브룩의 측근들끼리 벌이는 논공행상 과정에서 세 번째 결투가 거론된다.

작가는 실제의 결투재판 절차를 작품에 상세히 재현하는 친절을 베푼다. 원고는 국왕의 면전에서 사유를 명시하여 결투재판을 신청한다. 국왕은 중재를 위해 최대한의 노력을 하는데도 중재가 불가능하다고 판단한 경우에만 결투를 명한다. 국왕이나 대리인이 심판이 된다. 많은 경우 상류층 남자의 자존심과 명예가 걸린 다툼이다.

볼링브룩이 고발자의 변을 개진한다.

> 소신이 어전에 고발자로서 무장을 하고 출두한 이유는 오로지 폐하의 옥체에 안녕을 염려하는 충정에서이지 결코 외람된 사원私怨 때문이 아닙니다. 토머스 모브레이, 내 말을 잘 들어라. 내가 말하는 바를 이승에서 몸으로 입증할 것이며, 불연이면 저승에서 내 영혼이 답할 것이다. 그대는 반역자요 악한이다.[46]

도전의 제스처로 자신의 장갑을 벗어던진다. 결투신청을 "장갑을 던진다."[47]라는 관용구로 표현한다. 상대방이 응하면 이를 줍는다.

> 만약 죄 때문에 두려움에 떠는 네게도 나의 이 장갑을 받을 용기가 있으면 허리를 굽히고 집어라. 이것으로, 그리고 모든 기사도의 범절로 내가 말하는 바를, 그리고 앞으로도 네가 꾸며낼 어떤 흉한 일이라도 모두 입증하고 말리라.[48]

모브레이도 즉시 응수한다. 반역자라는 고발에 대해 "소신은 그 자를 경멸하고 침이라도 뱉고 싶습니다. 남을 중상하고 비겁한 악한으로 부를 것입니다."[49] 하고는

> 기꺼이 받겠노라. 그리고 내 어깨에 영광스런 기사의 작위를 얹은 이 칼에 대고 맹세하여, 어떤 정당한 수단으로든 기사도에 합당한 방식으로 너와 대적하겠다. 그리고 일단 내가 만약 말에 올라 역적질을 하거나 부정하게 싸우게 되면, 살아서 말에서 내리지 않을 것이다.[50]

물론 상대방은 결투신청을 받아들이지 않을 수도 있다. 그러나 '비겁자'라는 사회적 낙인을 지고 살아야 한다. 반역자라는 고발은 왕국의 신민에게 최대의 모욕이다.

국왕도 모브레이를 달래보지만 의지가 견고하다. "저의 명예는 이

독을 뿜어낸 저자의 심장의 피밖에는 고칠 약이 없습니다."[51] 이어서 이아고의 "명예연설good name"[52]을 방불케 하는 일장연설을 토해낸다.

> 인간이 가질 수 있는 가장 소중한 보배는 티끌 없는 이름입니다. 이름이 더럽혀진 사람은 한낱 거죽만 금으로 치장한 흙에 불과하고 색칠한 진흙에 불과합니다. …… 소신의 명예는 소신의 생명이오며, 이 둘은 뗄 수 없는 한몸이옵니다. 명예를 빼앗기면 생명을 잃는 것이옵니다.[53]

화해의 중재가 불가능하다고 판단한 국왕은 결투재판을 결정하고 구체적인 일정을 고지한다.

> 성 램버트 축제일(9월 17일)에 코벤트리에 출두하라. 어기는 날이면 목숨을 담보하라. 그 자리에서 칼과 창으로 두 사람 사이에 쌓이고 쌓인 숙원宿怨에 결판을 내릴 것이다. 과인이 두 사람을 화해시키지 못했으니 정의에 따라 승부가 가려지는 것을 참관할 것이다.[54]

실제의 결투장이다. 재판관으로 임석한 왕이 결투재판의 개정을 선언하고 진행을 명한다.

> 의전관, 저기 저 무장한 기사에게 전하라. 이름을 밝히

고 무슨 연유로 전투태세로 이 자리에 왔는지 물어라. 그리고 정식으로 법적 절차에 따라 서약하고 주장을 진술하도록 하라.[55]

의선관이 절차를 개시한다. 인정신문과 모두진술을 명한다.

그대의 성명이 무엇이오?
무슨 연유로 여기 리처드 폐하의 어전에 출석했으며
누가 대적자이며, 다투는 내용이 무엇인고?
하늘의 가호를 받도록 기사답게 진의를 말씀하시오.[56]

신청인, 볼링브룩의 모두진술이다.

신의 가호와 소생의 무용으로써 여기 모브레이가 신과 리처드 왕 폐하에 대한 흉포하고 가공할 역적이라는 것을 입증하기 위해서입니다. 정의를 위해 싸우느니만큼 천우신조가 있을 것입니다.[57]

아버지 곤트 경도 아들을 격려한다. "하늘이 너의 정의를 도와주실 것이다."[58] 모브레이도 지지 않고 응수한다. "소신은 원수와 결투에 임함에 향연을 즐기듯이 흔쾌히 나서겠나이다."[59] 왕은 결투의 개시명령을 내린다. "집행관, 재판을 개시하라."[60]

두 사람이 무기를 들고 맞선다. 이때 왕은 돌연 결투를 중단시키고 대안적 처벌을 내린다. 두 사람 모두에게 해외추방 명령을 내리는 것이다. 당사자 사이의 공평을 유지하는 외형을 갖추면서 잠정적 정적을 제거하는 일거양득의 효과를 거둔 것이다. 적어도 단기적인 차원에서는.

유언과 유산

작품 「리처드 2세」의 주제와 플롯을 요약하는 대사가 있다면 리처드가 "유언집행인을 정하고 유언에 대해 이야기하자."[61]고 하는 구절일 것이다. 두말할 필요도 없이 권력과 재산의 상속 문제가 이 극의 핵심주제다. 리처드 자신이 왕권의 정당한 상속자이다. 리처드는 노환을 앓고 있는 숙부 곤트가 빨리 죽기를 바란다. 전비를 조달하려면 그의 재산이 필요하다. "신이시여, 아무쪼록 의사로 하여금 그를 즉시 황천길에 보내도록 도와주소서. 그의 금고로 아일랜드에 출병하는 병사를 보살필 수 있게 하소서."[62]

죽음을 앞둔 곤트는 심중에 남은 말이 쌓여 있을 것이다.

> 아, 그렇지만 죽어가는 사람의 말은 장엄한 음악같이 경청하지 않을 수 없다는데, 말수는 적어도 고통을 참고 하는 말이라 진실이 담겨 있다지. 죽음을 앞두고 하는 말은 젊고 건강한 자가 아첨으로 하는 말보다 경청해야 하거든.[63]

곤트의 말대로 '임종시의 진술dying declaration'은 영국 코몬로상 특별한 지위를 가진다. 미국의 증거법에도 전승되어 있다. 모모에게서 이런 이야기를 '들었습니다'. 그 모모를 법정에 세워 반대신문을 할 수 없는 진술, 이른바 '전문증거hearsay evidence'는 법적으로 효력이 없다. 드문 예외의 하나가 임종시의 진술이다. 세상을 하직한 사람을 소환할 수 있는 법원은 없다. 그리고 사람이 이승을 하직하고 신의 품에 안기는 순간에는 거짓말을 하지 않는다는 것이 고전적 믿음이다. 임종시의 진술에는 전문용어로 '신용성의 정황적 보장'이 담겨 있다는 것이다.

왕의 기도가 주효했는지 곤트는 이내 죽고 왕은 즉시 그의 재산을 몰수한다. 왕의 숙부 요크는 "곤트는 상속자도 없나? 멀쩡한 아들이 있잖아?"[64]라며 불만을 제기한다. 이어서 그는 리처드의 무리수를 은근히 비난한다. "세월의 경과와 연속 없이 어찌 국왕의 지위를 보위할 수 있겠나이까?"[65] 그러고는 이 위법한 처사가 초래할 장래의 위험에 대해 경고한다. "만약 폐하께서 그릇되게 해리포드의 권리를 몰수하신다면 …… 그야말로 폐하께서는 수습할 수 없는 재앙을 불러들이게 될 겁니다."[66] "무슨 일이 일어날지 누구도 장담할 수 없습니다."[67] 그의 경고는 이내 현실이 되어 나타난다.

이 작품의 시대적 배경은 14세기 말 봉건사회다. 상속제도의 핵심은 봉건사회의 신분적 안정에 있다. 신분은 토지보유권tenure과 결합되어 있었다. 상속을 통해 신분과 재산이 세습되었다. 「리처드 2세」는 이렇듯 견고한 중세 봉건세습제도에 대한 도전을 표상하는 헨리 메인의 명구를 연상시킨다. 즉 진보하는 사회의 특성을 '신분에서 계약으로'라고 요약할 수 있다는 명저 『고대법』의 구절은[68] 리처드와 볼링브룩의 왕위 다툼에도 투영된다. 볼링브룩이 리처드를 공격하는 핵심도 왕권은 신의 점지나 혈연 세습만 능사가 아니라는 것이다. 국왕으로서 별도의 능력과 자격을 갖추어야 한다는 것이다. 이 작품이 저술된 시기는 르네상스의 기운이 영국을 풍미한 16세기 말, 17세기 초이다. 개인의 능력이 세습 받은 신분보다 더욱 중요한 요소라는 '인간'의 발견이 새 시대의 풍조였다.

이 작품에서 당시 민사소송 절차의 단면도 엿볼 수 있다. 법정대리인인 변호사의 조력 없이 소송에 임하는 당사자의 입장이 볼링브룩의 입을 통해 개진된다. "저는 신하이니 국법에 따라 권리를 주장하는 것입니다. 그런데 저는 법정대리권도 거부당했습니다. 그러므로 제 스스로 명예로운 유산상속권을 주장하는 것입니다."[69]

셰익스피어는 재판관과 배심의 감정에 호소하는 변론기술에 대해서도 강론한다.

> 진심으로 말하는 것이 아닙니다. 저자의 얼굴을 보세요.[70] …… 그의 말은 입에서 나오지만 소인들의 말은 가슴에서 울려 나옵나이다. 저자의 청원은 거절당해도 무방하다는 듯 성의가 없지만 소인들의 청원은 마음도 영혼도 다 바쳐 드리는 것입니다.[71] …… 저자의 청원은 허위와 위선으로 가득 차 있지만 소인들의 청원은 열정과 진실에 뿌리박고 있나이다.[72]

어떤 법정에서든 흔히 볼 수 있는 장면이다. 법절차에 있어서도 자백의 중요성을 강조한다. 리처드는 왕관을 박탈당하기 전에 국왕으로서 범한 죄를 자백할 것을 강요받는다.

> 이제 한 가지만 남았습니다. 폐하께서 몸소 신하들과 함께 이 나라의 복지와 질서에 대해 범하신 죄목과 그에 대한 탄핵문을 읽어보시고, 그에 대해 자백하시고 폐하께서 퇴위하시는 것이 합당하다는 것을 사람들이 수긍하도록 해주시는 겁니다.[73]

노썸브랜드는 두 차례나 '평민원'이 왕위박탈의 소추권이 있음을 주장한 바 있다.[74] 패자의 비굴한 자백은 승자의 정당한 관용에 빛을 더해주는 그림자이다. "영화와 왕위를 버리고, 장원과 지대와 세입도 포기하며, 모든 법령과 칙령과 율령을 취소한다."[75]

허무하다. 그 허무는 예정된 운명이었다. 욱일승천 리처드가 권세를 뽐낼 때 병상의 곤트가 군주의 지위가 어떤 것인가, 수사적인 경고를 내던진 바 있었다. "폐하께서는 영국의 국왕이 아니시고 한낱 지주에 불과합니다. 폐하의 왕권은 증서에 얽매인 노예에 불과하지요."[76] 이제 그 증서의 효력이 실효되었다. 노예 신세를 벗어났다. 버리고 비우면 몸도 마음도 가뿐해지는 것일까? 역사의 패자로 마감한 얼마나 많은 훌륭한 인간이 기꺼이 야속한 운명을 받아들였을까?

1 YORK: I am loath to break our country's laws(2.3. 168).

2 The First Part of the Life and Raigne of King Henry IV.

3 John Nichols, *The Progresses and the Public Processions of Queen Elizabeth*, Vol. 3 (John Nichols and Son, 1783; reprint. 1823), p. 552.

4 George W. Keeton, *Shakespeare's Legal and Political Background* (Barns and Noble, 1968), pp. 242; 249.

5 이병주의 단편 소설(1971) 제목이기도 하다.

6 Harold Bloom, *Shakespeare: Invention of the Human* (Riverhead Books, 1998), p. 250.

7 QUEEN: And must we divided? Must we part?"
RICHARD: Ay, hand from hand, my love, and heart from heart (…).
QUEEN: Then whither he goes, thither let me go.
RICHARD: So two together weeping make one woe./Weep thou for me in France, I for thee here./Better far off than, near, be ne'er the nea'er./Go count thy way with sighs, I mine with groans(5.1. 81-89).

8 QUEEN: For nothing hath begot my something grief—/Or something hath the nothing that I grieve—/'Tis in **reversion** that I do possess—/But what it is that is not yet known what,/I cannot name; 'tis nameless woe, I wot(2.2. 36-40).

9 "Some unborn sorrow, ripe in fortune's womb,/Is coming towards me; and my inward soul/At nothing trembles(2.2. 10-12)." Bradin Cormac, "Shakespeare Possessed: Legal Effect and the Time of Holding", in Raffield and Watt (ed.), *Shakespeare and the Law* (Hart Publishing, 2008).

10 RICHARD: I have been studying how I may compare/This prison where I live unto the world; (…) My brain I'll prove the female to my soul,/My soul the father, and these two beget/A generation of still-breeding thoughts/And these same thoughts people this little world. (…)/With nothing shall be pleased, til he be eased/With being nothing. (…) This music mads me. Let it sound no

more, (…)/For 'tis a sign of love, and love to Richard/Is strange brooch in this all-hating world(5.5. 1-66).

11 KING HENRY: Lords, I protest my soul is full of woe/That blood should sprinkle me to make me grow./Come mourn with me for what I do lament,/And put on sullen black incontinent. I'll make a voyage to the Holy Land./To wash this blood off from my guilty hand./March sadly after. Grace my mournings here/In weeping after this untimely bier(5.6. 45-52).

12 KING RICHARD: (…) we seize into our hands,/His plate, his goods, his money and his lands(2.1. 209-210).

13 KING RICHARD: Then call them to our presence. Face to face/And frowning brow to brow, ourselves will hear/The accuser and the accused, freely speak(1.1. 15-17).

14 "adversary system".

15 *Coy v. Iowa*, 487 U.S. 1012, 1016 (1998).

16 "Bill of Rights".

17 "cross examination".

18 487 U.S. 1029, n.3 (Blackmun, J., dissenting).

19 KING RICHARD: Mowbray impartial are eyes and ears(1.1. 115).

20 DUKE: In this I'll be impartial; be you judge/Of your own cause(「눈에는 눈」, 5.1. 165-166).

21 OLIVIA: But when we know the grounds and authors of it/Thou shalt be both the plaintiff and the judge/Of thine own cause(「십이야」, 5.1. 350-352).

22 *A Man for All Seasons* (1966). 안경환, 『법, 영화를 캐스팅하다』(효형출판, 2007), pp. 29-36에서 재인용.

23 챈슬러(Lord Chancellor)는 최근에 폐지된 영국의 특수한 관직이다. 당초 국왕의 국새를 보관하는 직책으로 출발하여 형평법원(Chancery Court)장의 업무도 겸했다. 후일 내각의 구성원으로 상원의장직을 수행하기도 했다.

24 Richard Marius, *Thomas More* (Vintage Book, 1985), p. 453.

25 Catherine Drinker Bowen, *Francis Bacon: The Temper of A Man* (Little Brown & Company, 1963), p. 189; Alfred Dodd, *Francis Bacon's Personal Life-Story* (Rider & Company, 1949; 1986).

26 Charles W. Eliot (ed.), *Essays: Civil and Moral and the New Atlantis by Francis Bacon* (The Harvard Classics 3) (P. F. Collier & Son, 1907; 1969), p. 222.

27 Bowen, ibid., p. 189.

28 안경환, 『법이라는 이름의 전차』(교육과학사, 1992), pp. 30-37.

29 YORK: It may be I will go with you–but yet I'll pause,/For I am loath to break our country's laws(2.3. 167-168).

30 YORK: Nor friends nor foes, to me welcome you are(2.3. 169).

31 YORK: Thing past redress now with me past care(2.3. 170).

32 KING RICHARD: The deputy elected by the Lords(3.2. 53).

33 KING RICHARD: They break their faith to God as well as us(3.2. 97).

34 CARLISLE: Would God that any in this noble presence/Were enough noble to be upright judge/Of noble Richard. (…)/What subject can give sentence on his king? (…)/And shall the figure of God's majesty,/His captain, steward, deputy elect,/Anointed, crowned, planted many years,/Be judged by subject and inferior breach (…)(4.1. 108-120).

35 GARDENER: Cut off the heads of too fast-growing sprays/That look to lofty in our commonwealth./All must be even in our government(3.5. 35-37).

36 ROSS: The commons hath he pilled with grievous taxes,/And quite lost their hearts. The nobles hath he fined/For ancient quarrels, and quite lost their hearts(2.1. 247-249).

37 NORTHUMBERLAND: The Commons will not then be satisfied(4.1. 262).

38 "no taxation without representation".

39 YORK: If thou pardon, whosoever pray,/More sins for this forgiveness prosper

may(5.3. 81-82).

40 DUCHESS OF YORK: An if I were thy nurse, thy tongue to teach,/'Pardon' should be the first word of thy speech,/I never longed to hear a word till now. Say 'Pardon', King. Let pity teach thee how. The word is short, but not so short as sweet;/No word like 'Pardon' for kings' mouths so meet(5.3. 111-116).

41 KING HENRY: I pardon him as God shall pardon me(5.3. 129).

42 DUKE: I am not partial to infringe our laws. (…)? For we may pity though not pardon thee(「실수연발」, 1.1. 4; 97).

43 Bob Woodward, *The Final Days* (Simon & Schuster, 1976).

44 DUKE: This is his pardon, purchased by such sin/For which the pardoner himself is in(「눈에는 눈」, 4.2. 110-111).

45 KING RICHARD: Proud Bolingbroke, I come/To change blows with thee for our day of doom(3.2. 184-185).

46 BOLINGBROKE: First—heaven be the record to my speech—/In the devotion of a subject's love,/Tend'ring the precious safety of my Prince,/And free from other misbegotten hate,/Come I appellant to this princely presence. Now, Thomas Mowbray, do I turn thee;/And mark my greeting well, for what I speak/My body shall make good upon this earth,/Or my divine soul answer it in heaven. Thou art a traitor and a miscreant(1.1. 35-39).

47 "throw down the gauntlet".

48 BOLINGBROKE: If guilty dread have left thee so much strength/As to take up mine honour's pawn, then stoop./By that, and all the rites of knighthood else,/ Will I make good against thee, arm to arm,/What I have spoke or thou canst worse devise(1.1. 73-77).

49 MOWBRAY: I do defy him, and I spit at him,/Call him a slanderous coward and a villain(1.1. 60-61).

50 MOWBRAY: I take it up, and by that sword I swear/Which gently laid my

knighthood on my shoulder/I'll answer thee in any fair degree/Or chivalrous design of knightly trial;/And when I mount, alive may I not light/If I be traitor or unjustly fight(1.1. 78-83)!

51 MOWBRAY: (…) my fair name, (…) can cure but his heart blood/Which breathed this poison(1.1. 167-173).

52 제10장 참조.

53 MOWBRAY: The purest treasure mortal times afford/Is spotless reputation;—that away,/Men are but gilded loam, or painted clay (…)/Mine honour is my life. Both grow in one. Take honour from me, and my life is done(1.1. 177-183).

54 KING RICHARD: Be ready, as your lives shall answer it,/At Coventry upon Saint Lambert's day(September 17)/There shall your swords and lances arbitrate/The swelling difference of your settled hate./Since we cannot atone you, we shall we see/Justice design the victor's chivalry(1.1. 198-203).

55 KING RICHARD: Marshal, ask yonder knight in arms/Both who he is and why he cometh hither/Thus plated in habiliments of war;/And formally, according to our law,/Depose him in the justice of his cause(1.3. 7; 1.3. 26-30).

56 LORD MARSHAL: What is thy name? And wherefore com'st thou hither/Before king Richard in his royal lists?/Against whom comest thou; and what's thy quarrel?/Speak like a true knight, so defend thee heaven(1.3. 31-34)!

57 BOLINGBROKE: (…) ready here stand in arms/To prove by God's grace and my body's valour (…)/That he is a traitor foul and dangerous/To God of heaven, King Richard, and to me./And as I truly fight, defend me heaven(1.3. 36-41)!

58 JOHN OF GAUNT: God, in thy good cause make thee prosperous(4.3. 78).

59 MOWBRAY: More than my dancing soul doth celebrate/This feast battle with mine adversary(1.3. 91-92).

60 KING RICHARD: Order the trial, Marshal, and begin(1.3. 99)!

61 KING RICHARD: Let's choose executors and talk of wills—(3.2. 144).

62 KING RICHARD: To help him (John of Gaunt) to his grave immediately./ To lining of his coffers shall make coats/To deck out soldiers for these Irish wars(1.4. 58-61).

63 JOHN OF GAUNT: O, but they say the tongues of dying men/Enforce attention like deep harmony. Where words are scarce they are seldom spent in vain,/For they breathe truth that breath their words in pain./He that no more must say is listened more/Than they whom youth and ease have taught to glose./More are men's ends marked than their lives before(2.1. 5-12).

64 YORK: Did not the one deserve to have an heir? Is not his heir a well-deserving son(2.1. 194-195)?

65 YORK: (…) for how art thou a king/But by fair sequence and succession(2.1. 199-200)?

66 YORK: If you wrongfully seize (…) You pluck a thousand dangers on your head,/ You lose a thousand well-deposed hearts (…)(2.1. 202-207).

67 YORK: What will ensure hereof there's none can tell(2.1. 213).

68 "from status to contract", Henry Maine, *Ancient Law* (1861).

69 BOLINGBROKE: What would you have me do? I am a subject,/And I challenge the law; attorneys are denied me; (…) personally I lay my claim/To my inheritance of free descent(2.3. 132-135).

70 YORK: Pleads he in earnest? Look upon his face(5.3. 98).

71 DUCHESS OF YORK: His words come from mouth; ours from our breast./He prays but faintly, and would be denied;/We pray with heart and soul, and all beside(5.3. 100-102).

72 DUCHESS OF YORK: His prayers are full of false hypocrisy; Ours of zeal and deep integrity(5.3. 105-106).

73 NORTHUMBERLAND: No more, but that you read/These accusations and these grievous crimes/Committed by your person and your followers/Against

the state and profit of this land,/That by confessing them, the souls of men/ May deem that you are worthily deposed(4.1. 212-217).

74 NORTHUMBERLAND: My lord of Westminster, be it your charge/To keep him safely till his day of trial./May it please you, lords, to grant commons' suit? (…) The commons will not then, be satisfied(4.1. 154; 272).

75 RICHARD: All pomp and majesty I do forswear. My manors, rents, revenues, I forgo. My acts, decrees, and statues I deny(4.1. 201-203).

76 JOHN OF GAUNT: Landlord of England are thou now, not king./Thy state of law is bondslave to the law (…)(2.1. 113-114).

8장

활기찬 젊은이에게 넘겨주고

「리어 왕King Lear」

연극의 본령

"만약 신이 셰익스피어의 작품을 전부 버리고 하나만 남기라면 어떻게 할 것인가? 대다수의 사람은 주저하지 않고 「리어 왕」을 선택할 것이다." 한 세기 앞선 셰익스피어 연구가 브래들리의 평가다.[1] 어쨌든 「햄릿」과 더불어 「리어 왕」은 서구문화에서 세속경전 내지는 신화의 지위에 올랐다. 언제나 상업적 성공도 보장된다. 인간의 본성과 운명이라는 주제를 이 작품만큼 치열하게 그리고 효과적으로 파고든 작품도 드물다.

1606년 12월 26일, 제임스 1세는 궁정 크리스마스 기념 축제행사로 새 연극을 감상했다. 재위 3년, 이제 군주의 지위는 안정되었고 국왕의 신임을 얻은 작가의 전도도 탄탄하다. 기독교 세계에서 '가장 현명한 바보'라는 평판을 얻은 제임스다. 그가 숭배하여 마지않는 명반관, '시혜의 왕' 솔로몬의 행적도 궁정작가의 머릿속에 담겨 있어야만 한다. 솔로몬의 「지혜서」 구절과[2] 리어의 대사[3]를 비교해보면 쉽게 증거를 찾을 수 있다.[4] 한마디로 생명의 유한성에 대한 강박관념이다. 솔로몬의 사후에 왕국이 쪼개진 역사적 사실도 작품에 투영된다. 영국전사를 통해 최대의 석학으로 추앙받는 새뮤얼 존슨Samuel Johnson은 '사랑'이야말로 바보의 지혜와 현인의 아둔함이 빚어낸 인간드라마라고 평했다. 「리어 왕」도 사랑의 지혜와 우매가 자아낸 인간드라마이자 '웃지 못할' 비극이다. 「햄릿」과 마찬가지로 「리어 왕」에서도 등장인물의 대부분이 부자연스런 죽음을 맞고 단지 세 사람(알바니, 에드가, 켄트)만 마지막까지 살아남는다.

대저 연극의 본령이 무엇인가? 위대한 연극, 「햄릿」에서 셰익스피어는 최소한 세 가지 답을 제시한다.[5] 국왕을 위한 특별공연을 기획한 햄릿이다. 물론 기획자의 특별한 숨은 의도도 있다. 첫 번째 정의는 경륜을 갖춘 정치가의 입을 통해 나온다. 햄릿에게 배우들을 소개하면서 폴로니우스는 이들의 경륜과 연기력을 자랑한다. "세네카는 너무 무거울 수 없고 플라우터스는 너무 가벼울 수 없지요."[6] 그래서 영국법을 공연하기에 적격자라고 덧붙인다. "영장writ과 자유liberty의 법에는 천하제일인자들이지요."[7] 코몬로 법원의 재판은 형평법원으로부터 소송개시 영장writ을 발부받아 시작한다. 공인된 연극의 임무는 미적 성취에 있는 것이 아니라 사회의 법적, 정치적 담론의 형성 과정에 참여하는 데 있다. 예술의 사회적 역할을 강조한 것이다. 두 번째 정의는 왕자 햄릿의 입에서 나온다. "배우는 세상의 축도요, 시대의 연대기야. 죽어서 묘비명이야 어떻게 적히든 살아서는 저 친구들의 변설을 듣지 않는 게 좋아."[8] 예술의 역사적 책임을 강조한 것이다. 세 번째 정의는 가장 빈번하게 인용되는 구절이다. 연극의 목적은 "자연에다 거울을 비추는 일, 선은 선대로 악은 악대로 있는 그대로 비춰내어 시대의 모습을 고스란히 드러내는 데 있지."[9] 무대감독 햄릿의 예술철학이다. 이에 덧붙여 관객의 자격에 대해서도 소신을 밝힌다. "지나칠 경우에는 (다수의) 무식꾼은 웃길 수 있지만 (소수의) 지성인 관객은 실망한다."[10] 소수의 수준 높은 관객이 누구이겠는가? 당연히 궁정과 법학원의 관료와 예비 사법관들이 포함될 것이다.

「리어 왕」에도 햄릿의 연극론이 반영되어 있다. 제임스 앞에서 공연한 사절판Quatro 대사에 잘 나타난다. 부패한 판사를 맹렬하게 비난하며 "누가 판사며, 누가 도둑인가?"[11] "망토와 모피 가운 아래 만악萬惡을 감추고, 금으로 죄악을 도배하고, 법이라는 방패로 자신을 방어하지."[12] "위대한 권위의 이미지는 다름 아닌 상관의 발바닥을 핥는 개새끼."[13]라는, 시대의 법적 정의를 선도할 자들이 오히려 이를 유린한다는 통탄이다. 법과 정의의 시스템에 관한 다른 풍자도 있다. 두 딸을 피고로 하는 가상적 재판에서 리어는 코몬로 법원장에 '거지 톰'으로 가장한 에드가를, 그리고 형평법원장에 광대를 앉힌다. 국왕이 소추자가 되어 후계자를 고발하는 재판은 국사재판으로, 엘리자베스가 주도한 메리 여왕(스튜어트)의 재판을 연상시킨다(이 장면은 사절판에만 있고 1623년 이절판Folio에는 소략하게 정리되어 있다. 이유가 무엇일까, 구구한 논쟁이 이어지고 있다.).

공연예술은 시대정서에 민감하게 반응한다. 더없이 선량한 코델리아의 억울한 죽음을 도저히 용납할 수 없었던 대중정서 때문에 영국에서 「리어 왕」은 한동안 개작되어 공연되다가 19세기 이후에야 비로소 원래의 대본대로 복귀시켰다. 다른 셰익스피어 비극의 주인공들과 달리 리어는 연극 벽두부터 자신의 성격적 결함에서 오는 과오를 드러낸다. 그 과오의 대가로 고난을 겪으면서 여러 단계 자기 각성을 경험한다. 종장에 들어 비로소 코델리아와의 재회를 통해 개안하여 죽음을 맞는다. 코델리아는 아버지를 구출하려고 조국을 침공하고 자매들끼리 골육상쟁을 벌여야 한다. 러시아의 대문호 톨스토이는 리어는 쇠락한 늙은이에 불과하고 코델리아는 고집불통의 철부지, 그리고 이 작품은 참을 수 없는 허무주의를 강요한다며 혹평했다.[14] 세속적 정의에 기대기 힘든 코델리아의 사명감의 원천은 하느님이 될 수밖에 없다. 아버지, 아버지의 뜻을 받들어 이 일에 나선 "내가 내 아버지 집에 있을 줄을 알지 못하셨나이까?"[15]

무보수 변호사의 성의 없는 변론

「리어 왕」에도 예외 없이 법이 투영되어 있다. 「베니스의 상인」이나 「겨울이야기」처럼 정식 재판장면은 등장하지 않지만, 법은 결코 멀리 떨어져 있지 않다. 군데군데 인용된 법적 용어나 비유도 극의 묘미를 돋우는 데 적잖이 기여한다.

"그렇지요. 무보수 변호사의 성의 없는 변론이지요. 당신은 한 푼도 주지 않았어요."[16] 광대의 해학 속에 진실의 무게가 감지된다. 변호사라는 직업은 '금전을 대가로' 타인의 불행을 덜어주는 전문적인 조언을 하는 직업이다. 당연히 보수가 전제된다. 그러나 때때로 무보수로 일할 때가 있다. 기꺼이 나서는 경우도 있지만 대체로 마지못해 떠맡는다. 신이 나지 않으니 변론에 성의가 담길 리 없다. 3막에서 광대는 장래에도 실현 불가능한 일에 대해 예시하면서 "모든 재판이 법대로만 된다면"[17] 이란 단서를 붙인다. 현실의 법이 반드시 정의의 편은 아니다. 같은 막이다. 바깥에는 광풍이 몰아치고, 머릿속에는 분노의 해일이 일고 있을 때, 리어는 괘씸한 두 딸을 가상의 재판정에 불러 세운다. 에드가와 광대를 함께 재판관으로 임명한다. 리어의 광대는 셰익스피어 작품 전반을 통틀어 가장 빛나는 존재다. 리어의 운명을 관객에게 알려주는 코러스이기도 하다. 리어의 그림자로 그의 양심을 일깨워주는 존재다. 또 코델리아를 대신하여 리어의 재탄생을 주도한다. 코델리아의 죽음을 본 리어는 "내 불쌍한 광대가 죽었어."[18]라면서 둘을 동일시한다.

극의 종장에서 최종 승자인 알바니가 아내에게 반역을 범했음을 인정하느냐 질문하자 거네릴은 "만약 그렇다고 치더라도 법은 내 편이지 그대 편이 아니야. 누가 나를 심문한다고 그래?"[19]라며 맞받아친다. 혈통에 의해 정당한 지위에 오른 자가 내세우는 주권자 면책sovereign immunity 이론이다. 또 연인 에드먼드가 결투에서 정체를 밝히지 않은 채 헬멧으로 얼굴을 가린 에드가에게 패하자 거네릴은 이의를 제기한다. "기사도법에 의하면 정체불명의 상대와는 결투할 필요가 없는 거예요."[20] 일리 있는 주장이다.

켄트는 못난 사내를 "비겁하고 얻어터지면서 결투는 못하고 소송이나 거는 놈"으로 비유한다.[21] 분노한 리어는 "은밀한 범죄로 정의를 유린한 자, 사람을 죽여 피 묻은 손을 감추어라. 위증한 자여, 상피 붙으면서도 정조를 가장하는 자"[22]라고 비난한다.

예언자의 입을 빌어 광대도 거든다. "이교도는 풀어주고 기생서방만 불태우면서 재판하는 사건마다 옳다고 우기고 …….."[23]

눈먼 정의의 성찰

「리어 왕」은 주인공의 정신과 심리 상태의 변화에 조응하여 법의 본질에 대한 성찰의 자료도 제공한다. 여기에도 '눈먼 법과 정의'에 대한 은유가 등장한다. 「베니스의 상인」에서 보듯 셰익스피어가 즐겨 쓰는 소재 중의 하나다. 두 눈을 안대로 가린 채, 한 손에는 저울을, 그리고 다른 한 손에는 칼을 든 여인, 바로 그게 법과 정의의 신의 모습이다.

리어는 근본적으로 착한 심성의 소유자다. 그를 좋아하는 사람들(코델리아, 광대, 알바니, 켄트, 글로우스터, 그리고 에드가)도 선량한 인간이다. 이들을 미워하고 두려워하는 자들(거네릴, 리건, 콘월, 오스월드, 그리고 에드먼드)이 악인이다. 그중에서도 에드먼드는 악인 중의 악인이다. 극중에서 선한 리어와 악의 화신인 에드먼드가 한마디도 직접 대사를 주고받지 않도록 한 작가의 천재성에 새삼 경탄한다.[24] 마음으로 보기 이전에는 눈으로만 사물을 본다. 리어의 마음속에 일어나는 결정적인 변화에 따라 관객과 독자의 가치관에도 중대한 변화가 따른다. 「리어 왕」은 왜 정의의 여신이 안대를 해야 하는지 깊이 생각하게 만든다. 리어의 내면적 성숙은 그가 '보는' 것에서 그에게 '보이는 것'으로의 전환일 것이다. 작품은 '눈eye'과 '보는 힘eyesight'의 서술로 가득 차 있다. "그자의 눈알을 뽑아 버려라!"[25] 포악한 여인 거네릴의 대사와 두 눈을 뽑힌 글로우스터의 참혹한 모습은 비극의 강도를 더해준다. 재산 분배를 앞두고 얼마나 깊이 아비를 사랑하느냐는 물음에 그녀는 "이루 말로 표현할 수 없을 만큼 사랑합니다. 저의 시력eyesight, 활동 공간, 자유보다도 더 사랑합니다."[26]라고 답한다. 충신 켄트가 코델리아를 위한 변호에 나서자 화가 난 리어는 "내 눈 앞에서 사라져!"라고 소리친다. 켄트의 답은 "리어 왕이

시여, 잘 살펴보소서. 소신을 곁에 머무르게 해주소서 …….”[27]이다. 극이 종장에 이르러 내면적 개안을 얻은 후에야 비로소 리어는 더 잘 보게see better 된다.

두 눈을 잃고 황야를 방황하는 글로우스터의 대사가 의미심장하다. 곁에서 돌봐준 노인에게 이제 자신을 혼자 내버려 두라며 사정하자 노인은 “당신은 볼 수도 없잖소?”라며 딱한 표정을 짓는다. “나는 갈 곳이 없으니 눈이 없은들 어떠리오. 눈이 있을 때는 넘어지기만 했소.”[28] 눈이 멀고서야 비로소 마음의 문이 열린 것이다. 뜬 눈으로 세상의 허깨비만 볼 바에야 차라리 눈을 닫는 편이 낫다. 리어도, 글로우스터도 극도의 시련을 겪은 후에 비로소 인생의 깊이를 통찰하는 마음의 눈이 열린다. 눈알을 잃은 글로우스터의 외형적 우둔함은 리어의 내면적 우둔함을 가시적으로 입증한다.

닫힌 눈이 신체의 다른 기관의 기능을 촉진시킨다. 작가가 「한여름 밤의 꿈」에서도 강조한 바와 같이 “한밤중에 눈이 잘 안 보이면 귀는 더 밝아지는 법이다.”[29] 리어도 장님이 된 글로우스터에게 말한다. “사람은 눈이 없으면 세상 돌아가는 일을 더 잘 알 수 있지. 귀로 보면 되니까.”[30] ‘감은 눈’의 패러독스다. 글로우스터의 말대로 사람은 “느끼지 않으려 하기 때문에 볼 수가 없는 것이다.”[31] 정의의 여신이 안대를 한 것은 겉모습으로 나타난 법이 아니라 세상의 깊은 곳, 법의 내면을 투시하기 위해서이다.

조기 상속, 불행의 초청장

아직 육체와 정신의 여력이 있을 때 일선에서 물러나 안온한 만년을 보내고 싶은 욕망은 누구에게나 있다. 홀아비 왕, 리어도 그렇다. 장성한 세 딸에게 번잡한 국사를 넘겨주고 상왕 대접을 받으면서 품위 있게 살고 싶다.

> 늙은 이 몸은 이제 모든 근심과 국사를 털어버리고,
> 활기찬 젊은이에게 넘겨주고 홀가분한 마음으로
> 여생을 편히 보낼 확고한 결심이오.[32]

부수적인 의도도 있다. 자신이 죽고 나서 벌어질지도 모를 골육상잔을 예방할 요량이다.[33] 세 딸에게 왕국을 삼분의 일씩 공평하게 분할 상속한다. 토지, 재산, 백성, 모든 면에서 균분이다. 원칙은 그렇지만 실제로 상속 절차를 개시하기에 앞서 세 딸의 충성과 효심을 확인하고 싶다. 그래서 언어의 경연대회를 연다. 각자에게 아비를 얼마나 사랑하느냐는, 노인다운 유치한 질문을 던진다. 승자에게는 자신의 몫에다 덤을 얹어주겠다고 공언한다. "애정과 공로를 합쳐서 가장 강한 의지를 보이는 사람에게 가장 큰 재산을 남겨주겠다."[34] 후보자들의 반응은 갈라진다. 맏딸 거네릴과 둘째 리건은 기대대로 감언이설로 아첨을 떤다. 그러나 정작 자신이 가장 총애하는 막내딸 코델리아는 사랑과 같은 내밀한 감정을 공개적으로, 그것도 목전의 이익을 위해 고백하는 위선적 짓거리를 거부한다. 배신감과 노기에 이성을 잃은 왕은 막내딸의 상속을 즉시 취소한다. 뿐만 아니라 그녀의 변호에 나선 원로대신, 켄트마저 국외

로 추방한다.

노인 리어의 불행은 예정된 것이다. 스스로 자신의 묘혈을 판 것이다. 믿었던 두 딸네 집에서 차례로 박대당한 후, 폭풍 몰아치는 날 거지 신세가 된다. 번지르르한 말에 신뢰를 주었던 자신의 과오를 깨달았을 때는 이미 늦었다. "은혜를 모르는 자식을 둔 것은 독사의 이빨에 물리는 것보다 더 고통스럽다."[35] 만시지탄의 울화는 그를 미치광이로 만든다. 그의 광증은 유랑의 과정에서 자아를 깨우치고 자신이 버린 딸의 사랑을 재발견한 후에야 비로소 치유된다. 그러나 그 대가는 무겁다. 사랑하는 부녀는 함께 죽음을 맞는다. 선인의 안타까운 죽음이다. 악인도 죽음을 면치 못한다. 같은 악인 사내를 두고 사련邪戀에 빠졌던 두 악녀도 죽는다. 다른 배역들도 극의 진행 과정에서 고문을 당하거나 죽음을 맞는다. 한마디로 요약하면 작품 「리어 왕」은 사람의 마음이 빚어낸 가족의 불행에 대한 이야기이다.

"권력을 위임해도 좋다. 다만 언제라도 되찾을 수 있을 때만." 힘의 세계의 철칙이다. 섣불리 남을 믿고 권력을 내주었다 영영 되찾지 못할 뿐 아니라, 오히려 '믿는 도끼에 발등을 찍혀' 자신마저 제거되기 십상이다. 노년의 최대 권력은 재물이다. 연륜에 쌓인 지식과 지혜도 재물이 동반될 때만 약간의 권위를 더할 뿐이다. 일찌감치 자식에게 재산을 넘겨주고 대신 효도를 받는 즐거움, 그것은 예나 지금이나 헛된 꿈이다. 인간의 본성은 동 · 서양이 다르지 않다. 리어의 최대 실수는 인간의 본성을 몰랐다는 것이다. 약자에 대해서는 한없이 강해지는 것이 인간이란 것, 한때 자신을 지배했던 강자에 대해서는 더욱 냉혹해지는 것, 그것이 인간의 본성이라는 것을. 과거에 베풀었던 은혜를 믿다간 노년의 정신마저 더욱 황폐해진다.

광대는 리어에게 인생의 진리를 상기시킨다. "아비가 누더기를 걸치면 자식들은 소경이 되고, 아비가 돈주머니를 쥐고 있으면 자식들은 천하 효자가 되지."[36] 뒤늦게 이치를 깨친 리어는 광인을 가장한 에드가에게 묻는다. "그래 두 딸년에게 전 재산을 다 주었다고? 그래서 요 모양 요 꼴이군 그래."[37] "딸년들이 아비를 이렇게 만들었어? 그래 아무것도 남기지 못했다고? 딸년들에게 전부 다 줘버렸다고?"[38] 리어가 자신에게 던지는 회한의 책망이다.

리어도 부모가 흔히 범하기 쉬운 실수인 자식을 차별한 대가를 치른다. 한 자식을 상속에서 제외하고 그의 몫을 나머지 둘에게 쪼개준다. 재산을 모두 차지한 자매는 여전히 코델리아를 질투한다. 한 푼도 물려받지 못한 동생을 두고 "아버지는 언제나 막내를 가장 사랑했었다."며 비꼰다.[39] 제가 받는 것은 죄다 잊어버리고 섭섭했던 것만 머릿속에 심어두는 인간의 선택적 기억이 자아내는 상대적 박탈감은 악인일수록 더한 법이다.

이 작품에는 봉건제도 정착 이전 켄트 지역의 관습법Gavelkind이 반영되었다는 연구가 있다.[40] 코몬로상의 장자상속 원칙이 정립되기 이전에는 모든 남자가 균등하게 상속했으며, 여성의 경우도 균분상속의 여지가 있었다는 주장이다. 이 작품의 플롯은 코델리아라는 주인공의 이름, 광증의 아비, 재산 분쟁 등 모든 면에서 1603년의 실제 판결을 바탕으로 했다는 연구도 있다.[41]

1992년 퓰리처상 수상작인 제인 스마일리의 「천 에이커 농장」은 현대 미국판 「리어 왕」이다. 고전의 격세각색이다. 아이오와의 농부

래리Larry는 자신의 대농장을 세 딸에게 나누어주려고 한다. 맏딸 지니Ginny와 둘째 로즈Rose는 기꺼이 환영하나 셋째 딸 캐롤라인Caroline은 반대한다. 화가 난 아비는 셋째를 빼고 나머지 둘에게 농장을 넘겨준다. 아비의 유산에 기대지 않고 독립된 삶을 추구한 캐롤라인은 변호사가 되어 쫓겨난 아비와 함께 농장을 되찾기 위해 소송을 제기한다. 그러나 부녀는 재판에서 진다. 단순한 패소에 그치지 않고 승소 가능성이 전혀 없는 '무익한' 소송을 제기했다며 판사의 견책을 받는다. "법의 입장은 너무나 명료하다. …… 법적으로 유효하게 재산을 양도한 이상, 후일 생각이 바뀌었다고 해서 주었던 재산을 되찾을 수 있는 것이 아니다." 판사는 덧붙인다. "집안 문제를 이렇게 만들기 전에 신중하게 숙고했어야 했다."[42] 리어에게 필요한 지혜였다. 후세인 독자 모두 경청해야 할 충고이기도 하다. 작품 「리어 왕」은 세습에 의해 지위와 부를 상속받은 부류와 자신의 노력으로 자수성가한 부류 사이의 갈등 문제를 은근히 비치고 있다. 자신의 노력 없이 지위를 세습 받은 리어의 두 딸은 통치자로서 부적합하다. 애정의 암투를 벌이던 두 자매, 동생 리건이 애인을 출세시켰다는 공치사를 하자 언니 거네릴은 일축한다. "그분은 네가 봐주어서 그런 게 아니라 그분 자신의 역량으로 출세한 사람이야."[43]

「리어 왕」을 현대 미국판으로 재현한 영화 「천 에이커 농장(A Thousand Acres)」(1997).

극의 종결에 갈등이 해결되자 알바니는 능력주의의 원칙을 선언한다. "모든 친구는 공로에 맞는 상을 받을 것이요, 모든 적은 죄과에 상응하는 벌을 받도록 할 것이오"[44]

서자庶子를 위한 변호

동서고금을 막론하고 서자는 문학에서 중요한 신분이다. 전형적인 서자의 이미지는 어둠 속에서 잉태된 죄악의 씨앗이다. 따라서 성장해서도 악의 화신이 된다. 법적으로는 제도 밖에 버려진, '허무인의 아들 nulius filius'이다. 영국법 아래 서자는 상속권이 없었다. 「리어 왕」의 에드먼드도 전형적인 서자상을 벗어나지 못한다. 아버지 글로우스터도 그를 "창녀의 자식whoreson"으로 부르고, 기르면서도 주위에 부끄러운 존재였음을 인정한다.[45] 그렇다고 해서 '법에 따른 아들', 적자 에드가를 더 귀여워한 것도 아니었다고 아비는 말한다. 어쨌든 에드먼드는 박해와 굴욕감 속에 자랐고 자신이 받은 굴욕에 대한 복수의 염을 키웠다.

법은 자신을 엮어 묶은 질곡이기에 법을 극복해야만 한다. 배다른 형의 지위를 가로챌 결의를 다지면서 "신이시여, 사생아를 보살피소서." 라 한다.[46] 위조한 에드가의 편지 속에 담긴 '압제에 항거하는' 구절은 에드먼드 자신의 소회일 것이다. "노인을 우대하는 이 정책으로 인하여 우리들의 세상은 온통 쓴맛이고 재산이 있으나 제대로 쓰지도 못한 채 늙어가야 한다. 그들의 압제가 횡행함은 그들이 힘이 있어서가 아니라, 우리들의 나태한 굴종에 원인이 있으니."[47] 에드먼드의 한탄은 비장하다. 마치 샤일록의 "유대인의 눈"[48] 연설을 연상시킨다.

나의 육신은 반듯하고 마음은 고상하며 용모는 준수하지 않으냐? 왜 그들이 우리에게 서자라는 낙인을 찍는가? 왜 사생아냐? 무료하고 맥빠진 침상에서, 비몽사몽 간에 만들어진 바보무리들보다 남의 이목을 피해가며 자연의 욕망을 주체하지 못해 태어난 우리들이 더 많은 생명의 요소와 더 왕성한 자질을 흡수했을 것이 아니냐.[49]

에드먼드 자신은 스스로 우월한 존재라고 주장한다. 적자는 제도의 산물인 반면, 서자는 애정의 산물이라는 요지다. 시쳇말로 '의무방어전'과 열정적 경기의 차이가 결과물의 질적 차이를 결정한다는 것이다. 그는 악조건 속에서도 자신의 정치적 역량을 키워 강력한 존재로 성장한다. 그러나 현실의 그는 엄연한 서자다. 형을 모함하는 것이 적자의 지위를 확보하는 자구책이라 정당화한다. "적자란 말 참 좋지. 그런데 적자 형님, 이 편지대로 내 계획이 성공하면 이 에드먼드가 어엿한 적자가 된단 말이오."[50]

리어도 화가 나서 가장 사악한 인간으로 폄하시켜 거네릴을 부를 때 '야비한 사생아'라고 부른다.[51] 형 에드가도 마찬가지다. "어둡고 사악한 장소에서 너를 만든 아버지는 그 벌로 두 눈을 잃으셨다."[52]

그러나 「리어 왕」에서 셰익스피어는 서자, 에드먼드를 철두철미한 악한으로 그리지는 않았다. 오히려 그는 자신의 힘으로는 어쩔 수 없는 신분이라는 불합리한 제도에 도전하는 용기 있는 청년이다. 그가 택한 수단은 경멸할 수 있을지라도 신분상승과 재물의 획득을 갈구하는 그의 욕망은 탓할 수 없다. 그에게도 고귀한 품성의 자취가 엿보인다. 마지막 순간 이복형에게서 아버지의 죽음을 전해 듣고 회개한다. 그리고 자신을 사랑했던 두 자매의 죽음을 접하며 오도된 사랑의 삼각함수의 해법을 탄한다. "그러나 에드먼드는 사랑을 받았었다. 나 때문에 언니는 동생을 독살하고, 그 자신도 자살했구나."[53] 자매의 시체를 직접 눈으로 보고서는 "내 명줄이 조금만 더 길었으면 좋으련만. 내 천성은 포악하나 선한 일을 하고 싶으니."라고 마지막 참회의 변을 남긴다.[54] 자신의 과오를 시정하려고 리어와 코델리아의 석방을 지시하나 운명은 그의 선행을 기다려 주지 않았다.

1968년, 미국 연방대법원의 판결에서 「리어 왕」의 장면이 상연되었다. 혼인 외 출생자의 상속을 제한한 주법을 평등권의 침해로 위헌으로 선언한 판결이다.[55] 루이지애나 주법은 오랜 전통에 따라 혼인 외 출생자에게는 부모의 재산을 상속할 권리를 박탈했다. 다수의견은 이 시대착오적인 법을 위헌으로 선언했다. 더글러스 판사의 다수의견은 에드먼드의 독백을 연상시키는 일련의 수사적인 물음을 던졌다.

> 본 건은 아동과 친모 사이의 천륜과 가족적 결속에 근거한 권리의 문제이다. 만약 쟁점이 모의 상실로 인해 자식이 입은 불법행위의 문제였다면 자식이 서자라는 이유 때문에 가해자를 면책시켜주는 것이 과연 "평등보호"의 관점에 합당할 것인가? 왜 자신에게 아무런 책임이 없는 '혼인 외 출생자'라는 이유만으로 권리가

> 박탈되어야 하는가? 그도 엄연히 납세의 의무를 지고 병역법에 따라 군복무의 의무도 부담하는 등 시민으로서의 온갖 책임을 부담한다. 그런데도 어떻게 우리 헌법이 다른 모든 시민이 누리는 권리를 그에게만 부인할 수 있단 말인가?

더글러스는 결론에다 각주를 달아 에드먼드의 탄식을 옮겼다.[56] 반대의견을 쓴 '정통 보수주의자' 할란 또한 각주로 맞받았다. "성인이라면 '사랑하지 않는 부모'의 죽음에 대해 불법사망wrongful death의 소송을 할 수 있을 것이다."라고 제한적 대안을 제시한 후에 "그는 셰익스피어의 에드먼드처럼 평생 온갖 말썽으로 집안 속을 썩였을지 모른다."고 덧붙였다.[57] 여기에 그치지 않고 "서자의 법리에 대한 시성詩聖의 입장을 알고 싶으면 에드먼드의 성격을 보면 된다. 언동에 나타난 바대로 그가 소중하게 여기는 것은 오로지 자신뿐이지 않은가?"[58]라고 본다.

오늘날 문명국가에서는 적, 서의 구분이 사라져간다. "모든 인간은 출생신분에 의한 차별을 받지 아니한다." 세계인권선언과 모든 나라의 헌법이 표방하는 대원칙이다. 머지않아 지구상에서 '서자'라는 케케묵은 법과 문학의 소재는 사라지고 옛 문헌에서나 스칠 수 있는 구시대의 유물이 될 것이다. 그러나 위대한 작가의 위대한 비극, 「리어 왕」에는 오랜 장래에도 독자와 관객의 마음을 사로잡을 대사가 있다. 작품에 담긴 무수한 경구 중에서도 가장 아프고도 무거운 대사는 패륜아 자식에 대한 아비의 저주가 아닐까 싶다.

> 만약 이년의 몸에서 자식을 낳게 할 뜻이라면 그 의도를 중지하시고 이년의 자궁 속에다 불임의 저주를 불어넣어 주시옵소서. 저년의 자궁을 말려버리고 타락한 육체에서 명예가 될 아이를 낳지 못하게 해주옵소서. 만약 불가피하게 아이를 낳는다면 미움의 씨로 만들어 저년이 평생토록 패륜의 고통을 맛보게 하소서.[59]

속내야 어떠하건 세상에 어떤 아비가 자식에게 이런 저주를 내놓고 퍼부을까? 하늘이 여성에게 내린 가장 큰 축복이 어머니가 될 기회를 준 것이라는데, 그 축복을 거부하라고 부탁하다니. 그것도 모자라서 행여 실수로 아이를 주게 되면 그 자식 때문에 평생 고통 받도록 해달라니. 리어의 저주가 이 세상 많은 부모의 숨은 마음을 절절하게 대변했을까? 그래서 이 작품이 세세연년 불후의 명작으로 추앙받는 것일까? 젊어서는 절대 모르지. 살아봐야 비로소 아는 것이 인생이니까.

1 A. C. Bradley, *Shakespearean Tragedies* (1904; reprint. Penguin, 1991), p. 225.

2 "I myself am also mortal and a man like all other, and am come of him that was first make of the earth. And in my mother's womb was I facioned to be flesh in ten months. I was brought together into blood of the sede of man, and by the pleasure that comes with slepe. And when I was borne, I received the comune aire, and fell upon the earth, which is of like nature, crying and weeping at the first as all others do. I was nourished in sweathering clothes, and with cares. For there is no King that had anine other beginning of birth. All men then have one entrance unto life, and a like going out." *Geneva Bible,* 7:1-6.

3 LEAR: If thou wilt weep my fortunes, take my eyes./I know thee well enough; thy name is Gloucester. Thou must be patient. We came crying hither. Thou know'st the first time that we smell the air/We wawl and cry. I will preach to thee. Mark.

GLOUCESTER: Alack, alack the day!

LEAR: When we are born, we cry that we are come/To this great stage of fools(4.5. 172-179).

4 Harold Bloom, *Shakespeare: The Invention of the Human* (Riverhead Books, 1998), pp. 476-515.

5 Giuseppina Restivo, "Inheritance in the Legal and Ideological Debate of Shakespeare's King Lear", in Paul Raffield and Gary Watt (ed.), *Shakespeare and the Law* (Hart Publishing, 2008), p. 159.

6 "Seneca cannot be too heavy, nor Plautus too light."(「햄릿」, 2.2. 401-402). 풀어쓰면 "세네카 비극을 공연해도 지나치게 심각에 빠지지 않고, 플라우터스 희극을 올려도 경박에 흐르지 않지요."라는 의미가 될 것이다.

7 POLONIUS: For the law of writ and the liberty, these are the only men(2.2. 396-398). 법률용어를 무시하는 입장에서는 이 구절을 '삼일치'에 맞춘 작법(writ)과 이를 지키지 않는 작품(liberty)으로 대비하여 "각본대로든 즉흥

연기든 척척 해내지요."라고 번역한다.

8 HAMLET: (…) they are the abstracts and brief chronicles of the time. After your death you were better have a bad epitaph than their ill report while you live(「햄릿」, 2.2. 527-529).

9 HAMLET: (…) hold as 'twere the mirror up to nature, to show virtue her own feature, scorn her own image, and the very age and body of the time his form and pressure(「햄릿」, 3.2. 22-24).

10 HAMLET: Now this overdone, or come tardy off, though it make the unskilful laugh, cannot but make the judicious grieve, the censor of the which in your allowance o'erweigh a whole theatre of others(「햄릿」, 3.2. 24-28).

11 LEAR: (…) which is the justice, and which is the thief(4.5. 149-150)?

12 LEAR: Robes and furred gowns hide all. Plate sin with gold,/And the strong lance of justice hurtless breaks; (…)(4.5. 161-162).

13 "great image of authority. A dog's obeyed in office"(4.6. 159-160).

14 L. Tolstoy, "Shakespeare and the Drama", in Ernest Crosby, *Shakespeare and the Working Classes* (1903; reprint Nabu Press, 2010), p. 35에서 재인용.

15 "O father. It is thy business that I go about."(「누가복음」, 2:49).

16 FOOL: Then 'tis like **the breadth of an unfee'd lawyer**: you gave nothing for't(1.4. 128-130).

17 FOOL: When every case in law is right; (…)(3.2. 87).

18 LEAR: My poor fool is hanged(5.3. 281).

19 GONERIL: Say if I do, the laws are mine, not thine./Who can arraign for't(5.3. 147-148)?

20 GONERIL: By th' law of arms thou wast not bound to answer/An unknown opposite(5.3. 144-145).

21 "**action-taking knave**"(2.2. 15).

22 LEAR: And that hast within thee undivulged crimes/**Unwhipped of justice**; dide

thee, thou bloody hand,/Thou perjured, and thou simular of virtue/That art incestuous; (…)(3.2. 52-55).

23 FOOL: When every case in law is right;/No squire in debt nor no poor knight;/When slanders do not live in tongues,/Nor cutpurses come not to throngs;/When usurers tell their gold i'th' field,/And bawds and whores do churches build,/Then comes the time, who lives to see't,/That going shall be used with feet(3.2. 87-94).

24 Bloom, ibid., p. 479.

25 GONERIL: Pluck out his eyes(3.7. 3).

26 GONERIL: I love you more than words can wield the matter; Dearer than my eyesight, space, and liberty; (…)(1.1. 55-56).

27 KENT: See better, Lear, and let me still remain/The true blank of thine eye(1.1. 157).

28 GLOUCESTER: I have no way, and therefore want no eyes./I stumbled when I saw(4.1. 18-19).

29 HERMIA: Dark night, that from the eye his function takes,/The ear more quick of apprehension makes(「한여름 밤의 꿈」, 3.2. 178-179).

30 LEAR: A man may see how this world goes with no eyes; look with thine ears(4.5. 146-147).

31 GLOUCESTER: (…) that will not see/Because he does not feel (…)(4.1. 62-63).

32 LEAR: (…) intent/To shake all cares and business from our age,/Conferring them on younger strengths while we/Unburdened crawl toward death(1.1. 38-41).

33 LEAR: (…) that future strife/May be prevented now(1.1. 44-45).

34 LEAR: Which of you shall we say doth love us most,/That we our largest bounty may extend/Where nature doth with merit challenge(1.1. 50-52)?

35 LEAR: How sharper than a serpent's tooth it is/To have a thankless child(1.4. 268-269).

36 FOOL: Fathers that wear rags/Do make their children blind,/But fathers that bear bags/Shall see their children kind(2.2. 223-226).

37 LEAR: Didst thou give all to thy two daughters,/And art thou come to this(3.4. 46-47)?

38 LEAR: Has his daughters brought him to this pass? Couldst thou save nothing? Wouldst thou give 'em all(3.4. 59-60)?

39 GONERIL: He always loved our sister most (…)(1.1. 289-290).

40 Restivo, ibid., pp. 159-172 .

41 Ibid., p. 165.

42 Jane Smiley, *A Thousand Acres* (Random House, 1992), p. 326.

43 GONERIL: In his own grace he doth exalt himself/More than in your addition (5.3. 60-61).

44 ALBANY: All friends shall taste/The wages of their virtue, and all foes/The cup of their deservings(5.3. 279-280).

45 GLOUCESTER: I have so often blushed to acknowledge him (…)(1.1. 8-9).

46 EDMOND: Now gods, stand up for bastards(1.2. 22)!

47 GLOUCESTER: (read) 'This policy and reverence of age makes the world bitter to the best of our times, keeps our fortunes from us till our oldness cannot relish them. I begin to find an idle and fond bondage in the oppression of aged tyranny, who sways not as it hath power but as it suffered'(1.2. 47-52).

48 「베니스의 상인」, 3.1. 61-68.

49 EDMOND: Why 'bastard'? Wherefore 'base',/When my dimensions are as well compact,/My mind as generous, and my shape as true/As honest madam's issue? Why brand they us/With 'base', with 'baseness', bastardy–base, base (…)(1.2. 6-10).

50 EDMOND: As to th' legitimate. (…) Well, my legitimate, if this letter speed/And my invention thrive, Edmond the base/Shall to th' legitimate(1.2. 18-21).

51 LEAR: Degenerate bastard (…)(1.4. 232).

52 EDGAR: The dark and vicious place where thee he got/Cost him his eyes(5.3. 163).

53 EDMOND: Yet Edmond was beloved./The one the other poisoned for my sake,/ And after slew herself(5.3. 215-217).

54 EDMOND: I pant for life. Some good I mean to do,/Despite of mine own nature (5.3. 218-219).

55 *Levy v. Louisiana*, 391. U.S. 68, 71 (1968).

56 Id., at 72. n. 6.

57 Id., at 78. n. 3.

58 Id.

59 LEAR: Hear, nature; hear, dear goddess, hear:/Suspend thy purpose if thou didst intend/To make this creature fruitful. Into her womb convey sterility./Dry up in her the organs of increase,/And from her derogate body never spring/A babe to honour her. If she must teem,/Create her child of spleen, that it may live/And be a thwart disnatured torment to her(1.4. 254-262).

9장

오명汚名에 잃은 삶

「헛소동Much Ado about Nothing」

사랑도 명예도 지식도 헛된 것

셰익스피어의 사극은 정부, 정치, 전쟁 등 공적인 문제를 다룬다. 반면 희극은 사랑과 연애, 부모와 자식, 주인과 종복 간의 관계가 주된 관심사이다. 16세기 한 수사학자의 표현을 빌리면 "희극은 궁정의 문제에 간섭하지 않는다."[1] 희극은 예외 없이 결혼이라는 제도에 초점이 맞추어져 있다. 결혼하는 자녀들을 통해 두 가문의 결속이 강화되고 평화가 유지된다.

아라곤의 영주 돈 페드로는 이복동생 돈 존을 상대로 전쟁을 치러 패퇴시킨다. 둘은 화해를 하고 메시나의 성주 레오나토의 귀빈으로 초청받는다. 돈 페드로의 군대에 참전한 젊은 백작 클라우디오는 레오나토의 딸 히로를 보는 순간 사랑에 빠진다. 돈 페드로는 레오나토를 대리하여 히로에게 구애한다. 돈 존은 이 결혼을 방해하는 흉계를 꾸민다. 오해와 곡절 끝에 음모는 실패하고 정당한 결혼은 성공한다. 오해와 혼란에 빠져 있던 모든 사람이 정상을 되찾는다. 이 과정에서 히로의 사촌언니 베아트리스가 결정적인 역할을 한다.

셰익스피어의 희극, 「헛소동Much Ado about Nothing」은 제목에서부터 허무의 냄새가 물씬거린다. 르네상스 서양에서 좀체 접하기 어려운 단어다. '해체비평'의 대가, 해럴드 블룸도 그렇게 보았다. "이 제목은 니체를 연상시킨다. 이 이상의 허무주의 작품은 없다." 제목은 작품이 주제와 내용을 압축한다. 작품은 이 세상에는 언제나 옳은 지식이란 존재하지 않는다는 메시지를 전한다. 그리하여 각자는 자신이 믿는 바를 진실이라고 주장한다.[2]

또 전문가들은 'nothing'이라는 단어는 'noting(보다,느끼다)'의 말장난pun이라고 주장한다.[3] 셰익스피어 시대에는 두 단어가 동음이어同音異語였다고 한다. 극의 대사에도 이 단어가 반복적으로 등장한다.

> 클라우디오: 베네디크, 시뇨르 레오나토의 따님을 주의 깊게 보았소note?
>
> 베네디크: 특히 주목하지는 않았지만note not 보긴 보았지요.
>
> 클라우디오: 내 눈엔 평생 처음 보는 미인이지요.
>
> 베네디크: 난 아직 안경 없이도 볼 수 있소. 그런데 내 눈에는 그 정도의 미인은 보이지 않는데요.[4]

또한 이 단어를 음악적 가락 내지는 악보를 가리키는 어휘로 사용하여 말재간을 주고받으며 관객의 복합적인 흥미를 돋운다.

> 돈 페드로: 자, 어서 해보게. 더 길게 말하려거든 가락note

으로 해보게.

발사자: 가락note을 하기 전에 이걸 분명히 해둡시다.
내 가락note은 주목할만한 게 못 된다는 것을.

돈 페드로: 오, 이 친구 말재간 부리는데. 가락note을 가
리려니 아무것도 없나.[5]

사랑의 줄다리기

이 극에는 여러 인물이 등장한다. 히로와 클라우디오의 혼인을 둘러싼 오해와 원만한 해결이 주된 플롯이지만 플롯의 개시, 전개와 결말을 주도하는 것은 베아트리스이다. 부수적 플롯은 그녀와 베네디크 사이에 벌어지는 사랑의 줄다리기이다. 둘 사이의 자존심 싸움은 제인 오스틴의 『오만과 편견』(1812)에서 엘리자베스와 다아시 사이의 우호적 긴장 관계를 연상시킨다.

1993년 영화에서는 베아트리스 역을 맡은 엠마 톰슨의 연기가 압권

케네스 브래나와 엠마 톰슨이 베네디크와 베아트리스를 재현한다.

이다. 원작에서처럼 그녀가 사실상 극을 이끌어 간다. 그 과정에서 온갖 오해와 혼란이 해소된다.

베네디크는 참전용사이지만 클라우디오와는 달리 여자에게 관심이 없다. 그는 당당하게 독신주의를 표방한다. 돈 페드로가 놀리듯이 권한다. "내 죽기 전에 자네가 사랑 때문에 창백해지는 것을 보아야겠어."[6] 그의 대답인즉 "영주님, 울화나 병이나 기아 때문이라면 모를까, 사랑 때문에 창백해질 리 없습니다. 제가 사랑 때문에 피를 잃는 것이 증명된다면 음유시인의 펜으로 이 눈을 파내고 눈먼 큐피드의 간판 대신 저를 창녀집 문간에 매다십시오."[7] 밖으로는 이렇게 되풀이하여 결혼의 가능성을 부인하지만 내면은 자신도 모르는 사이에 결혼을 향해 다가가고 있다. 여자의 유도와 주도에 끌려든 것이다.

영주는 두 건의 혼인에 중매쟁이로 나선다. 첫눈에 사랑에 빠진 클라우디오를 대신하여 히로에게 구애한다. 그로 인해 일시적으로 클라우디오의 오해를 사기도 한다. "우정이란 다른 일에는 충실하지만 사랑의 알선에는 그렇지가 않아. 그래서 사랑을 하는 자는 모두 제 입에 단 말만 하는 거야."[8]

영주 자신도 독신의 몸이다. 웬만큼 수준에 오른 여자가 아니면 거들떠보지도 않는다. 어린 히로는 처음부터 안중에 없다. 모처럼 큰 맘 먹고 베아트리스에게 청혼하나 일언지하에 거절당한다.[9] "일상용 남편을 또 하나 얻는다면 몰라도 제가 상시 사용하기에는 영주님은 너무나 고급이라서."[10] 영리한 그녀는 왕가의 결혼의 본질을 꿰뚫고 있다. 결혼과 동시에 주군의 신하가 된다는 사실을. 결혼생활중에 남편을 주도하려면 신분이 너무 높아도 곤란하다. 절대권력자의 아내의 지위는 불안하기 짝이 없다.

비록 자신은 거절당하지만 친구를 위해 중매인 노릇을 할 정도로 돈 페드로는 포용력과 덕성을 갖춘 지도자이다. 하급자를 친구로 대할 줄도 알고 여성을 존중할 줄도 안다. 베네디크는 말 많고 똑똑한 여성이 버겁다. "제가 싫어하는 음식입니다. 저는 저 수다쟁이 여성은 참을 수가 없습니다." "아담이 죄를 짓기 전에 가졌던 모든 것을 가지고 온다 해도 저는 그 여자와는 결혼하지 않을 것입니다."[11] 거절하는 핑계도 가지가지다.

"이것 봐요 아가씨는 시뇨르 베네디크의 마음을 잃어버렸군."[12] 중매쟁이의 객쩍은 평이다. "그러하옵니다, 전하. 사실은 그분이 잠시 제게 빌려주었던 것을 제가 도로 맡겨둔 것입니다. 하나였던 심장을 둘로 만들어서요. 하긴 전에 주사위를 협잡하여 제 마음을 가져간 적이 있으니 잃었다고 할만하지요."[13] 돈 페드로는 베네디크와 베아트리스 사이의 사랑놀음에 낀 들러리에 불과하다. "사랑하는 고통요? 말씀 잘 하셨어요. 정말이지 고통이지요. 마음에 없는 사랑이니까요."[14] 마지막 순간까지 자존심 싸움이다.

권력의 행사가 아닌 애정의 게임은 여성이 이길 수밖에 없다. 청혼은 남자의 영역이고 수락은 여자의 권한이다. "그분이 이번 전쟁에서 몇이나 죽여 잡아먹었을까? 그분이 죽이는 족족 내가 다 잡아먹겠다고 약속했으니."[15] 둘 사이의 애정의 싸움에서 영민한 여성 베아트리스가 최종 승자가 되는 것은 처음부터 예정된 일이다.

여명의 도래

이 극은 시작도 마감도 무도회로 장식한다. 특히 시작에는 주요 캐릭터가 모두 등장하여 '적어도 한 달간은' 축제를 즐긴다. 1993년, 케네스 브래나Kenneth Branagh 감독의 영화는 목가적 정경을 극대화한다. 대표적인 사교극이다. 축제 참가자는 모두 가면을 쓴다. 외모와 정체에 대한 온갖 착오와 오해는 권장사항이다. 마음과 성격에 대한 오해도 마찬가지다. 이 모든 혼란이 정리되었을 때 비로소 자연풍광에 대한 언급이 나온다.[16]

흡사 「한여름 밤의 꿈」의 동트는 새벽 장면을 연상시킨다. 두 작품 모두 새벽의 도래는 이 시점까지 극이 엮어낸 각종 혼돈이 해결되는 것을 알리는 신호다. 「한여름 밤의 꿈」에서 희미한 숲속의 조도照度에다 퍽의 눈에 넣은 사랑의 묘약으로 인해 가중된 연인들의 혼란과 착오가 밝은 태양이 돋으면서 해소되는 것처럼.

히로가 모욕당하고, 베아트리스가 베네디크에게 클라우디오를 죽일 것을 주문하면서 결혼과 우정에 중대한 위기가 닥치고 긴장이 고조된다. 다행히 하수인 보라치오와 콤레이드의 체포로 오해가 풀리면서 일련의 화해조치가 따른다. 죽은 것으로 되어 있던 히로가 환생한다. 이 극은 화해의 극이다. 그래서 악한의 최후 몰락을 확인하지 않고 내버려 둔다. 사건을 꾸민 장본인 돈 존이 체포되어 와서 처분을 요구해도, 복수로 축제 분위기를 망치기 싫다는 베네디크의 결심이다.[17]

성장, 이성에 눈뜸

완전한 성인이 되기 전에 젊은이는 동성끼리 진한 우정을 나눈다. 그러다가 자연스럽게 이성에 대한 관심으로 전이된다. 결혼을 계기로 성적 성숙과 사회적 독립을 이룩한다. 여성의 경우도 마찬가지다. 부모나 후견인에 의존하던 어린 여성은 결혼을 계기로 남편에게 의탁한다. 카트리나와 페투르키오(「말괄량이 길들이기」), 줄리엣과 로미오, 제시카와 로렌조(「베니스의 상인」)와 마찬가지로 이 작품에서 베어트리스와 히로가 각각 베네디크와 클라우디오에게 일생을 의탁한다.

전공을 세운 젊은 군인, 클라우디오는 첫 번째 보는 여인에 빠져 구애자로 변신한다. 함께 참전한 베네디크는 독신주의를 표방하다 기지 넘치는 베아트리스에 빠져 결혼전선에 뛰어든다. 마가렛의 말대로 "결혼은 거지가 해도 신성한 것."[18]

베네디크의 최초의 독백은 군인에서 연인으로 표변한 클라우디오의 변신을 의아해 하면서도 자신도 변할지 모른다는 여운을 남긴다.

> 기가 막히는군! 남이 사랑 때문에 별의별 바보짓을 하는 걸 보고 천박하고 어리석다고 비웃던 사나이가 스스로 사랑에 빠져 조롱거리가 되다니 …… 나도 변해서 그런 식으로 사물을 보게 될까? 그럴 리 없지. 사랑이 나를 굴로 만들 리 없다고 단언할 수야 없겠지만.[19]

베아트리스도 베네디크의 내심을 확인하고 난 후에 독신생활을 마감하는 선언을 한다.

> 경멸도 하직이고 처녀의 자존심도 이별이다.
> 그런 것에서 기쁨이 나올 수 없으니
> 그리고 베네디크, 사랑해주세요, 내 보답하겠어요.
> 내 거친 마음을 그대의 사랑스런 손으로 길들여주세요.[20]

여인의 고백에 사내는 파고드는 언어로 화답한다. "그대의 심장 속에 살다가, 무릎에 안겨 죽어서, 두 눈동자 속에 묻히고 싶소."[21] 일찍이 "세상에는 사람이 살아야 해."[22]라며 공동생활의 원칙을 선언했던 베네디크다. 이제 자신도 결혼을 통해 세상 속에 살게 되는 것이다. 만족과 기대를 실어 공작에게도 결혼하라고 권한다.[23]

명예와 정조와 죽음

법률가들이 이 작품을 주목하는 이유는 달리 있다. 명예훼손defamation, slander의 법리라는 관점에서 좋은 소재이기 때문이다. 억울한 누명을 쓰고 죽은 정순한 여인의 비극만큼 통속적이면서도 감동적인 소재가 따로 없다.

> 그대가 비방 받는 것이 그대의 잘못이 아닐저.
> 미인에게는 언제나 중상이 따르기 마련이니
> 모략당하는 것은 오히려 미인의 자랑이라.[24]

미인은 얻기 힘들다. 갖고자 하는 사람은 많으나 줄 몸은 단 하나뿐, 지극히 경쟁률이 높을 수밖에 없다. 그래서 "용기 있는 자만이 미인을 얻는다."는 서양격언도 있다. 일단 얻는다고 해도 지키는 일 또한 만만치 않다. 뭇사람의 시샘과 견제를 각오해야만 한다. 조그마한 틈새만 있으면 누군가가 파고든다. 또 미인은 속성상 현처가 되기 쉽지 않다. 항상 자신의 미모를 의식하고 살기에 큰 권력과 재물의 유혹에 흔들리기 쉽다. 시쳇말로 미인과 별장은 웬만한 사람이 갖는 것이 아니다. 유지하기에 일반 관리비가 너무 비싸다. 그저 범인은 먼발치에서 바라다보고 입맛이나 다시는 것으로 만족해야 한다.

"사촌이 미인을 얻으면 배가 아프다." 무슨 이유에서이든 미인을 거느린 사내에게 불행한 일이 생겼으면 하고 바라는 뒤틀린 심보를 가진 사내가 한둘이 아니다. 셰익스피어 소네트 70번 구절은 적어도 셰익스피어 작품의 두 여자 주인공의 상황을 대변한다. 「오셀로」의 데스데모나와 「헛소동」의 히로는 미모 때문에 치명적 피해를 입은 여인이다.

형에 대한 열등감을 주체 못하는 영주의 이복동생 돈 존은 형이 주선하는 결혼이 성사되지 못하도록 방해한다(셰익스피어 작품에서 서자는 악의 전형이다.). "형의 덕에 장미가 돼? 차라리 울타리 밑의 찔레가 되지."[25] 그는 클라우디오에 대해서도 묵은 열등감을 주체하지 못한다. 선승의 공은 클라우디오에게 돌아가고 자신은 패상의 비애를 감수해야만 한다. 클라우디오의 승전 축하연은 자신의 패전을 조롱하는 행사이기도 하다.

게다가 그는 자신이 생래적으로 반사회적인 인물임을 자랑으로 여긴다. "나는 타고난 악한이야. 내 본성을 감출 수 없으니 행여나 고치려 들지 말게."[26] "억지로 누구의 환심을 사느니 차라리 만인의 미움을 사는 편이 성미에 맞아." 비틀어진 자조의식은 타인의 불행을 자신의 기쁨으로 받아들인다. "이건 내 울화통에 좋은 양식이 되겠는걸."[27] 한밤중에 결혼을 앞둔 신부의 규방에 다른 사내가 들락거린다는 소문을 퍼뜨리자는 하인 보라치오의 모의를 제의받고 환호작약한다. 돈 존은 영주와 신부의 아비에게 이 거짓사실을 고한다. 설마하며 믿지 않는 두 사람에게 신부의 방을 염탐할 것을 제안한다. 사전에 짠 각본대로 보라치오가 히로와 얼굴이 닮은 하녀, 마가렛과 사랑의 밀어를 주고받는 모습을 멀리서 보게 한다. 흉계에 넘어가 격노한 클라우디오는 결혼식장에서 신부를 공개적으로 모욕한다. 혼배성사를 집전한 프랜시스 신부가 예식에 따라 의례적인 질문을 건넨다.

> 두 사람 중 누구라도 이 혼인에 장애될 남모를 의혹이
> 있으면 지금 이 순간에 말하시기 바랍니다.[28]

주례의 말이 끝나기가 무섭게 클라우디오는 신부의 아버지에게 퍼붓는다.

> 이 썩은 오렌지를 친구에게 안기다니.[29]

이어서 신부를 가리키며 좌중을 향해 소리친다.

> 보시다시피 외양은 더없이 조신한 처녀지요.
> 그러나 진실은 그렇지 않습니다.
> 저 여자는 음욕의 잠자리를 경험했습니다.
> 붉은 얼굴빛은 수줍음이 아니라 죄악의 표시입니다.[30]

클라우디오는 "내 영혼을 이런 헤픈 탕녀에게 주지 않겠다."[31]고 선언한다. 영문을 모르는 히로에게 그의 독설은 계속된다.

> 너 …… 겉모습은 못다 핀 꽃봉오리처럼 정결해 보이지만 비너스는커녕 야만의 정욕에 날뛰는 짐승보다 더 진한 방탕의 피가 끓고 있다.[32]

이때까지 아무 말 없이 지켜보던 영주도 가세하여 히로를 창부common stale라고 내뱉고, 돈 존도 추문이 사실임을 확인한다.[33] 약혼자의 파혼 선언에 이어 가문의 수치를 감당 못하는 아버지도 딸과 의절한다.

> 왜냐고? 세상 사람들이 저 애의 수치스런 일을 외고 다니지 않나?[34] 이렇게 더렵혀지고 오명을 안긴 아이는 내 자식이 아니다.[35] 내 자식이 먹물 구덩이 속에 빠져들다니, 망망대해의 벽수碧水를 모두 부어도 이 오명을 씻어내지 못하리라.[36]

청천벽력의 모욕적인 언사를 접하고 히로는 실신한다. 깨어나서도 치욕 속에 사느니 차라리 아예 명줄을 자르기를 희망한다. "그게 차라리 낫지. 조롱거리가 되어 눌려서 죽는 것보다야 낫지 않을까."[37] 그러나 히로의 결백을 믿고 "모욕을 참회로"[38] 승화하라는 로렌스 신부의 제언에 따라 가족은 그녀의 죽음을 가장한다.

히로와 침식을 함께하며 자란 사촌언니 베아트리스는 동생의 무고함을 믿고 클라우디오를 공격한다. "당신은 악당이오, 내 친척을 중상하고, 비방하고, 모욕하였소." 베아트리스의 표현에 의하면 '부당하게 모욕당해 죽은 것'이다.[39] 뿐만 아니라 베아트리스는 자신에게 구애하는 베네디크에게 클라우디오를 죽이라고까지 주문한다.[40]

'명예훼손으로 인한 죽음'은 이 극의 중요한 주제의 하나다. 셰익스피어는 히로의 억울함을 죽음에 비유한다. 로렌스 신부는 충격에 휩싸인 히로의 심리적 상태를 이렇게 전한다. "고발된 사실에 충격을 받고 …… 그의 말 때문에 죽었다."[41] 다른 등장인물도 "악한의 중상 때문에 죽었다."[42]고 덧붙인다.

불심검문에 걸린 보라치오가 양심의 가책을 느껴 범행을 자백한다. "그녀는 나와 내 주인이 죽였습니다. 허위사실로 중상하여."[43] '명예훼손에 따른 죽음'이라는 주제는 계속 전개된다. 뒤늦게 진실을 알게 된 클라우디오는 가족묘지에 세운 히로의 '무덤'에서 비명碑銘을 읽는다.

> 간악한 참언에 희생된 히로, 여기에 잠들다.
> 오명에 잃은 삶, 불멸의 명성으로 영생하다.[44]

레오나토는 클라우디오를 향해 퍼붓는다. "너의 참언이 그 애의 가슴을 뚫고 뚫어 지금 그 애는 조상의 무덤에 묻혀 있다."[45] "죽음이 치욕을 덮을 관뚜껑이다."[46]

그는 노쇠한 나이에도 불구하고 청년 장군을 상대로 결투를 신청한다. "이렇게 발뺌을 할 셈이냐? 넌 내 자식을 죽였다. 나를 죽여야 비로소 사내 하나는 죽인 셈이 된다." "너는 무고한 내 자식과 나에게 오명을 씌웠다. 그래서 체면불구하고 백발과 오랜 세월 동안 멍든 상처를 무릅쓰고 사나이답게 결투를 신청하는 것이다."[47]

코몬로상 일정한 사건에서 소송당사자는 결투로 자신을 보호할 권리가 있었다. 셰익스피어의 다른 작품 「리처드 2세」에서도 결투재판이 등장한다. 결투자들은 공개 장소에서 무기를 들고 싸운다. 결투는 당사자 중 한 사람이 죽거나 도주할 때까지 계속한다. 만약 결투의 요청을 받은 상대방이 정해진 결투 시점 이전에 자연사하는 경우에는 사망자의 적자가 대신 결투를 수행할 수 있다. 그러나 사망의 원인이 자살, 부주의 등 사망자의 귀책사유에 기한 경우에는 사망자의 패배로 의제되어 응분의 책임을 진다. 민사사건에서는 결투를 대행하는 대리인을 지정할 수 있다.

이제 진실을 알게 되고 명예를 회복한 아비는 뉘우친다. "영주님, 내 딸은 참언이 살아 있는 동안 죽어있었지요."[48] 되살아난 히로도 '환생'의 변을 이렇게 정리한다. "히로는 수모 끝에 죽었습니다. 그러나 이렇게 정결한 몸으로 살아 있습니다."[49]

정결한 여성의 무고함이 밝혀질 때까지 히로가 겪어야 했던 정신적 고통은 이루 말할 수 없다. 만약 그녀가 법원에 대고 명예훼손 소송을 제기한다면 어떤 구제를 받을 수 있었을까? 여성의 정조에 관한 평판에 법이 관심을 둔 역사는 길다. 그러나 법리가 정립되기까지는 장구한 세월이 소요되었다.

16세기에 들어와서 명예훼손 사건에 관한 교회법원의 주도권에 대해 코몬로 법원의 도전이 개시된다. 교회와 불편한 관계에 있던 헨리 8세는 코몬로 법원에 힘을 실어주었고, 이러한 정치적 배경 아래 두 법원 간에 한동안 치열한 밥그릇 싸움이 전개되었다. 코몬로상의 소송에는 '영적 손해spiritual damage'에 대비되는 '세속적 손해temporal damage'를 입증해야만 했다. 코몬로는 세 유형의 사건에서 세속적 손해가 발생한 것으로 간주했다. 즉 허위로 범죄행위를 저질렀다고 소문을 퍼뜨리거나, 직업적 평판을 깎아내리거나, 성병이나 문둥병과 같은 악질惡疾, loathsome disease에 걸렸다고 선전하는 행위다. 이상 세 유형의 사건에서는 피고가 주장한 사실이 허위임이 입증되면 원고에게 손해가 발생한 것으로 추정한다. 경험칙으로 보아 이런 유형의 불법행위에는 대체로 금전적 손해가 수반되나 실제로 손해액을 입증하는 일은 매우 어려웠다.[50]

셰익스피어 시대에는 여성의 정조가 "영적 문제"로 교회법원의 관장 사항이었다. '혼인의 파탄'과 같은 세속적 손해가 발생하지 않는 한 코몬로 법원의 구제대상이 아니었다.[51] 1593년, 1599년, 1614년의 판결이 이러한 입장을 견지했다.[52] 당시는 셰익스피어의 창작 전성기로, 「헛소동」을 썼던 1598, 9년에 셰익스피어는 당시의 법리를 잘 알았을 것이다. 이 작품의 소재를 실제 사건에서 구했을지도 모른다. 1593년의 한 판결과 사실관계가 너무나 유사하다. 이 판결은 오늘날에도 해당 분야의 전문서에 단골로 등장하는 중요한 선판례다.[53] 피고는 약혼한 여자에게 사생아가 있다는 허위사실을 유포했고 그 결과로 혼인은 취소된다. 이 사건은 원고가 사과 대신 금전적 배상을 요구한 최초의 판결이다. 법원은 명예를 훼손하는 '언어'만으로는 코몬로상의 구제요건을 갖추지 못한다고 선언하면서도, 원고가 혼인의 취소로 인해 입은 '특별한 손해 special damage'의 배상을 받을 수 있다고 판결한다. 이 판결은 교회법원에 대한 코몬로 법원의 승리로 평가된다.

이 작품이 탄생한 지 14년 후, 그리고 「겨울이야기」가 세상의 빛을 본 지 3년 후인 1613년, 셰익스피어의 딸 스잔나가 명예훼손의 소송을 제기하여 승소한다. 히로나 허미오네가 속수무책으로 겪어야 했던 수모는 이제 우려하지 않아도 된다. 1891년, 마침내 명예훼손에 관한 제4의 유형이 영국법으로 정착된다. 여성명예보호법Slander of Women Act은 허위의 사실을 적시하여 여성의 정조에 관한 명예를 훼손한 경우는 구체적인 손해가 발생하지 않더라도 침해가 인정된다고 선언했다.[54]

법의 걸음걸이는 더디다. 법은 앞장서서 사회 변화를 주도하지 않는다. 대체로 이미 현실로 정착된 현상에 제도라는 공적 검인을 찍어 줄 뿐이다. 빅토리아 시대에 여성의 정조 문제를 명예훼손법의 별도 유형으로 창설한 것은 아마도 시대정서를 대변했기 때문이었을 것이다. 국민 다수가 여성의 부정은 나라의 도덕적 초석을 무너뜨리고 나아가서는 무정부 상태를 초래할지 모른다는 우려에 사로잡혀 있었다. 다른 모든 것과 마찬가지로 여성의 정조도 시대가 만들어낸 관념이고 재화다. 새삼 그 시절 런던의 진짜 삶이 궁금하다.

이제 최초의 물음으로 되돌아가자. 도대체 이 작품의 제목이 무슨 의미를 지니는가? 무엇이 '헛소동'이란 말인가? 혹자는 사랑이라고 한다. 베네디크와 베아트리스, 두 사람을 결합시켜준 것은 사랑의 허무함에 대한 인식의 공유라는 말이다. 혹자는 명예, 혹자는 지식이라고 한다. 이들은 택일사항이 아닐 것이다. 정답은 이 모든 것, 즉 우리들의 삶의 총체적 허무가 아닐까?

1 George Puttenham, "Comedie Meddles with no Prince's Matters", in John Wilders, *Introduction to MAN, BBC TV Shakespeare Much Ado about Nothing* (1986), p. 10.

2 Harold Bloom, *Shakespeare: The Invention of the Human* (Riverhead Books, 1988), p. 193.

3 Puttenham, ibid., p. 12.

4 CLAUDIO: Benedick, didst thou **note** the daughter of Signor Leonato?

BENEDICK: I **noted** her not, but I **looked** on her (…).

CLAUDIO: In mine eye she is the sweetest lady that ever I **looked** on.

BENEDICK: I can **see** no yet without spectacles, and I **see** so such matter(1.1. 154-180).

5 DON PEDRO: Nay pray thee, come; Or if thou wilt hold longer argument,/Do it in **notes**.

BALTHASAR: Note this before my **notes**: There's not a **note** of mine that's worth the **noting**.

DON PEDRO: Why, these are very crotchets that he speaks—**Note notes**, forsooth, and **nothing**(2.3. 52-56)!

6 DON PEDRO: I shall see thee ere I die look pale with love(1.1. 231).

7 BENEDICK: With anger, with sickness, or with hunger, my lord; not with love. Prove that ever I lose more blood with love than I will get with drinking, pick out my eyes with a ballard-maker's pen and hang me up at the door of a brothel house for the sign of blind Cupid(1.1. 232-237).

8 CLAUDIO: Friendship is constant in all other things/Save in the office and affairs of love. Therefore all hearts in love use their own tongues(2.1. 165-167).

9 DON PEDRO: Will you have me lady(2.1. 306)?

10 BEATRICE: No, my lord, unless I might have another for working days. Your Grace is too costly to wear everyday(2.1. 306-308).

11 BENEDICK: I would not marry her though she were endowed with all that Adam had left him before he transgressed(2.1, 234-236).

12 DON PEDRO: Come lady, come you have lost the heart of Signor Benedick(2.1. 25-259).

13 BEATRICE: Indeed, my lord, he lent it me a while, and I gave him use for it, a double heart for his single one. Marry, once before he won it of me, with false dice. Therefore your grace may well say I have lost it(2.1. 261-264).

14 BENEDICK: Suffer love–a good epithet! I do suffer love indeed, for I love thee against my will(5.2. 60-61).

15 BEATRICE: I pray you, how many hath he killed and eaten in these wars? But how many hath he killed? For indeed I promised to eat all of his killing(1.1. 40-43).

16 DON PEDRO: Good morrow, masters, put your torches out. The wolves have preyed, and look, the gentle day/Before the wheels of Phoebus round about/ Dapples the drowsy east with spots of grey(5.3. 24-27).

17 BENEDICK: Think not on him till tomorrow, I'll devise thee brave punishments for him. Strike up, pipers(5.4. 126-127).

18 MARGARET: Is not marriage honourable in a beggar(3.4. 27-28)?

19 BENEDICK: I do much wonder that one man, seeing how much another man is a fool when he dedicates his behaviours to love, will, after he hath laughed at such shallow follies in others, become the argument of his own scorn by falling in love. (…) May I be so converted, and see with these eyes? I cannot tell, I think not. I will not be sworn but love may transform me to an oyster, (…)(2.3. 7-24).

20 BEATRICE: Contempt, farewell; and maiden pride, adieu./No glory lives behind the back of such. And Benedick, love on. I will requite thee,/Taming my wild heart to thy loving hand(3.1. 109-112).

21 BENEDICK: I will live in thy heart, die in thy lap, and be buried in thy eyes(5.2.

92-93).

22 BENEDICK: The world must be peopled(2.3. 229-230).

23 BENEDICK: Prince, thou art sad; get thee a wife, get thee a wife(5.4. 121).

24 That thou are blamed shall not be thy defect,/For slander's mark was ever yet the fair. (…) So thou be good slander doth but approve/Thy worth the greater, (…) (소네트, 70).

25 DON JOHN: I had rather be a canker in a hedge than a rose in his grace, (…)(1.3. 25-26).

26 DON JOHN: I am a plain-dealing villain. (…) seek not to alter me(1.3. 129-134).

27 DON JOHN: This is my prove food to my displeasure(1.3. 60-61).

28 FRIAR: If either of you know any inward impediment why you should/not be conjoined, I charge you on your souls to utter it(4.1. 12-13).

29 CLAUDIO: Give not this rotten orange to your friend(4.1. 32).

30 CLAUDIO: All you that see her, that she were a maid,/By these exterior shows? But she is none./She knows the heat of a luxurious bed. Her blush is guiltiness, not modesty(4.1. 39-42).

31 CLAUDIO: Not to knit my soul to an approved wanton(4.1. 44).

32 CLAUDIO: You seem (…)/As chaste as is the bud ere it be blown. But you are more intemperate in your blood/Than Venus or those pampered animals/That rage in savage sensuality(4.1. 57-61).

33 DON JOHN: (…) these things are true(4.1. 67).

34 LEONATO: Why, doth not every earthly thing/Cry shame upon her(4.1. 121-122)?

35 LEONATO: Who smirched thus and mired in infamy, I might have said 'No part on mine (…)'(4.1. 134-135).

36 LEONATO: She is fallen/Into a pit of ink, that the wide sea/Hath drops too few to wash her clean again (…)(4.1. 140-142).

37 HERO: If I should speak/She would mock me into air, O, she would laugh me/

Out of myself, press me to death with wit(3.1. 74-76).

38 FRIAR: (…) change slander to remorse(4.1. 213).

39 BEATRICE: (…) she is wronged, slandered, and undone(4.1. 312-313).

40 BEATRICE: (…) Kill Claudio(4.1. 290).

41 FRIAR: She–dying, (…) Upon the instant that she was accused (…) she died upon his words, (…)(4.1. 216-225).

42 ANTONIO: And she is dead slandered to death by villains(5.1. 88).

43 BORACHIO: The lady is dead upon mine and my master's false accusations (…) (5.1. 233-235).

44 CLAUDIO: Done to death by slanderous tongues/Was the Hero that here lies (…)/ So the life that died with shame/Lives in death with glorious fame(5.3. 3-8).

45 LEONATO: Thy slander hath gone through and through her heart (…)(5.1. 68).

46 LEONATO: Death is the fairest cover for her shame (…)(4.1. 116).

47 LEONATO: (…) Thou hast so wronged mine innocent child and me/That I am forced to lay my reverence by,/And, with grey hairs and bruise of many days/ Do challenge thee to trial of a man(5.1. 63-66).

48 LEONATO: She died, but whiles her slander lived(5.4. 66).

49 HERO: One Hero died defiled, but I do live,/And surely as I live, I am a maid(5.4. 63-64).

50 *Restatement of the Law, Second, Torts,* sec. 576 Comment b.

51 W. L. Prosser & W. P. Keeton etc., *Prosser and Keeton On Torts*, 5th Ed. (West Publishing Co., 1984), p. 788.

52 *Davies v, Gardiner*, Popham 36, 79 Eng. Rep. 1155 (1593); *Oxford v. Cross*, 4. Co. Rep. 18, 76 Eng. Rep. 902 (1599); *Matthew v. Crass*, Cro. Jac. 323, 79 Eng. Rep. 276 (1614).

53 Prosser & Keeton, ibid., p. 793.

54 "slander per se".

10장

명예, 명예, 내 명예!

「오셀로Othello」

제임스 궁정의 연극

「헛소동」이 허무한 사랑의 소동이라면 「오셀로」는 사랑의 집착이 낳은 광기의 소동이다. 분명 사랑이었다. 인종과 국경을 초월한 사랑이었다. 견고한 인습과 편견을 극복한 사랑의 승리였다. 서로가 서로를 잘 몰랐기에 순간에 전부를 걸고 그것을 운명이라 불렀다. 몰래 비축해둔 한 줌 애정의 여분도 없었다. 그 숭고한 사랑이 불같은 질투와 증오에 휘감겨 파탄으로 마감한다. 「오셀로」가 젊은이의 사랑을 받는 사회는 꿈과 낭만이 충만한, 그리고 무엇보다도 '열린'사회다. 구소련 시절에 미국에서 출판된 '혁명적 셰익스피어' 교본도 봉건제의 질곡을 타파하는 두 선봉장, 오셀로와 데스데모나의 '전위성'을 높게 평가한다.[1]

1604년 11월 할로윈 데이다. 어전회의실인 화이트홀에서 왕실 전속 극단은 'Shaxberd' 원작 「베니스의 무어The Moor of Venice」로 표제를 단 연극을 선보인다. 터키의 역사에 관심이 깊던 국왕 제임스의 취향이 가미되었다. 지리적 무대를 베니스로, 광기의 사내 주인공을 무어인으로 설정한 것은 이방인을 불신하는 섬나라 영국 관객에게 야만사회의 몽매를 연상시키는 효과를 노렸다. 당시 이태리는 유럽문명의 상징이었고, 그중에서도 베니스의 지위는 각별했다. 항시 터키의 침공에 유의해야 하는 유럽인에게 이러한 지리적, 인물적 설정은 대중의 흥미를 흡입하기에 충분했다.

「오셀로」는 셰익스피어의 4대 비극의 하나로 분류되지만 다른 세 편(「햄릿」, 「맥베스」, 「리어 왕」)과는 달리 마지막에 비극을 총체적으로 수습하는 의식이 없다. 극의 플롯도 지극히 단순하다. 군대의 고참인 한 기수가 공석인 부관 자리로 승진할 것을 기대했으나 경쟁자에게 밀려난다. 격분한 그는 인사권자인 장군에게 복수하고 경쟁자를 제거할 결심을 한다. 일련의 교묘한 수단을 써서 장군으로 하여금 아내가 부관과 간통하고 있다고 믿게 만든다. 책략이 성공하여 부관은 파면되고 격노한 장군은 아내를 죽이고 자신도 자살한다. 그러나 기수의 음모는 탄로나 법의 심판을 받게 된다.

부수적인 줄거리도 없고 긴장 완화나 분위기의 전환을 위한 '희극적 숨고르기comic relief'도 없이 단숨에 종말로 치닫는다. 주인공 오셀로에 대한 음모가 개시되는 순간부터 관객의 마음은 체포, 억압당하고 질투의 악령에 사로잡힌 한 인물의 극단적인 연민, 공포, 혐오와 동정, 실낱같은 희망과 무거운 절망이 교차하면서 극 속으로 빨려 들어가게 된다. 극의 진행 속도도 이례적으로 빠르다. 오셀로, 카시오, 그리고 데스데모나와 이아고, 각각 다른 배편으로 베니스를 떠난 이들이 사이프러스에서 다시 만나는 2막 1장부터 5막 2장이 끝날 때까지 불과 며칠도 걸리지 않는다. 이렇듯 단순한 플롯의 신속한 진행은 강렬한 극적 긴장을 배가시킨다.

자유 결혼의 축복과 위험

부모의 동의 없이 자녀가 자신의 자유의사에 따라 배우자를 선택할 수 있는가? 상대가 배경이 특이한 타인종, 외국인인 경우도 마찬가지일까? 베니스의 법은 그렇다고 답한다. 이 국제도시의 법은 공정하고도 예측 가능하다. 「눈에는 눈」의 비엔나나 「한여름 밤의 꿈」의 아테네와는 다르다. 그러나 혼인의 효력은 어디까지나 성인 남녀의 자유로운 합의가 전제되어야 한다는 것이 기본원칙이자 상식이다. 이른바 법률용어로 '사술詐術'로 얻은 동의는 법적으로 무효다.

> 딸이 속았습니다. 딸을 도둑맞았습니다. 돌팔이 의사가 파는 마약과 요술에 농락당하고 말았습니다. 그렇게 지각 있고 반반하고 똑똑한 아이가 요술에 걸리지 않았으면 이럴 수가 없습니다.[2]

아버지는 딸의 비상식적인 애정행각을 도저히 믿을 수가 없다. 분명 교활한 이방인의 사술에 넘어갔으리라는 확신이다. 공작은 나라의 법과 도덕 질서를 바로잡을 권한과 의무가 있다. 특히 상류사회의 혼인 문제인만큼 법을 일탈한 경우에 뒤따를 사회적 파장도 유념해야만 한다.

그놈이 어떤 놈이든 간에 이런 몹쓸 짓을 해서
그대의 딸을 빼앗고 정조까지 유린한 악당은
그대 자신이 국법에 따라 엄하게 다스리시오.
설령 그자가 내 자식이라고 해도 용서할 수 없소.[3]

'아비는 되풀이하여 '약물' 타령이다. 당사자에게는 사랑의 묘약妙藥일지 몰라도 딸을 앗기는 아비의 입장에서는 건전한 정신을 혼미하게 만든 마약일 것이다.

규중 처녀는 수줍은 법입니다. 평소에 그렇게 단정하고 조용하고 행여 마음의 동요라도 있을까 얼굴을 붉히던 딸이 …… 거듭 말씀드리건대 혈관을 뒤집는 약물이나, 그런 효과를 내는 물질을 써서 제 딸을 미혹시킨 것이 분명합니다.[4]

그러나 중립적인 법의 집행자는 당사자와는 달라야 한다. 객관적인 증거에 바탕을 두지 않은 재판은 설득력을 잃는다.

그것만으로 증거가 될 수 없소.
지금 말처럼 추상적인 추측이 아니고
좀 더 확실한 증거가 없을까?[5]

속였다, 아니다. 무엇을 근거로 판정할 것인가? 당사자의 직접 증언보다 더 신빙성 있는 증거가 어디 또 있을까?

> 그럴 것 없습니다.
> 새지터리로 사람을 보내 그녀를 데리고 와서
> 아버지의 면전에서 물어보시지요.
> 만약 그녀가 저를 악한이라고 말하면
> 제 지위는 물론 목숨까지도 내놓겠습니다.[6]

사술을 의심받는 오셀로의 정직하고도 당당한 요구다. 거리낌 없이 법정에 출두한 딸의 당사자 증언은 아비의 가슴에 치유될 수 없는 깊은 상처를 남긴다.

> 저한테는 두 가지 의무가 있습니다. 저를 낳아주신 은혜, 길러주신 은혜, 아버지는 제 의무의 주인입니다. 그러니까 첫째로 아버지를 존경합니다. 그것은 자식의 도리이지요. 하지만 지금 제게는 남편이 있습니다. 어머니가 외조부님보다 아버님을 더욱 소중하게 여기신 것과 같이 이 딸자식도 이 무어님을 주인으로 섬기고자 합니다.[7]

실로 가혹한 진실이다. 이제 아비는 고작 해묵은 빚을 가진 채권자에 불과하다니. 로데리고의 입을 통해 이미 둘이 결혼한 사실을 들은 바 있었지만 이렇게 부녀관계가 허망하게 결말날 줄은 진정 몰랐었다. 그러나 도리 없는 일이다. 딸의 의사를 확인한 순간 아비는 체념한다. 그리고 사위에 대해 최소한의 의전만 갖춘다. "네 맘대로 잘 살아라. …… 무어 장군, 이왕 이렇게 된 이상 내 딸을 주겠소. 아직 수중에 넣지 않았더라면 줄 생각이 없었네만 ……."[8]

성장한 여자가 스스로 부모의 품을 떠나는 일은 일단 축복 받을 일이다. 그러나 보내는 부모의 마음속에는 진한 아쉬움과 안타까운 여한이 남는 법이다. 이제 네 스스로 자신의 후견인이 되어야 한다. 남편에게 종속된 삶을 살아야 할 터인데 순항할 수 있을까? 부부 사이의 애정은 부모자식처럼 무조건적인 사랑이 아니다. 천륜이 아니라 법과 제도에 기대야 하는 조건적인 사랑이다. 결혼을 이끄는 사랑은 병적인 낭만인의 사랑이 아니라 건전한 생활인의 사랑이다. 무수한 미사여구에도 불구하고 결혼생활을 이끄는 본질은 절반의 관성과 절반의 체념이다. 극적으로 맺어진 신혼부부에게 체념은 논외다. 관성이 생기려면 세월에 부대껴야만 한다.

실망과 분노, 우려와 절망감, 뻔히 예견되는 장래의 비극을 아비는 애써 감춘다. 복잡한 심경을 덮어주고 고작 내뱉은 말은 실로 아비답지 않은 경고다. "조심하게나. 아비를 속인 년인데 남편인들 속이지 않을까 보냐?"[9]

질투는 사랑의 본질

극의 핵심 주제는 질투다. 대사 중 '질투jealous, jealousy'라는 단어가 15차례나 등장하고 '녹색 눈의 괴물'이라는 구체적인 풀이도 내린다.[10] 질투의 감정이 발동하면 사랑과 미움이 교차한다. 남녀관계에서 질투는 수치감과 굴욕감을 동반한다. 그래서 대체로 질투의 감정을 숨기기 십상이다. 이 은밀한 감정이 밖으로 노출되면 동정과 경멸의 표적이 된다. 오셀로를 사로잡은 질투는 그의 내면에 잠재한 인간의 야수성을 표출시킨다. '황금같이 순수한' 정열이 내면 깊숙이 웅크리고 있던 알몸의 야수로 변신한다. '피에 굶주린' 수성이 '위대한 가슴'을 지닌 인간을 유린하는 것을 목격하는 것은 관객의 고통이 아닐 수 없다. 데스데모나를 창녀로 부르면서 울부짖는 오셀로를 보는 것은 그가 데스데모나를 목 졸라 죽일 때보다 더욱 고통스럽다. 그만큼 비극의 효과를 더해주는 것이다.

극중 인물이 차지하는 비중 면에서 작품의 주인공은 누구인가? 단연코 이아고다. 이아고는 리처드 3세와 함께 셰익스피어가 만들어낸 인물 중 가장 사악한 인물이다. 영국 낭만주의 시인 코울리지S. Coleridge, 1772-1834는 이아고의 질투를 일러 '동기 없는 사악'이라고 평했다. 그는 이유 없이 남을 미워하고, 자신은 사랑하지도 못하면서 성적 질투를 느낀다. 모든 여자를 못된 짐승으로 여기고 순결한 데스데모나까지 호색의 여인으로 상상하며 즐거움을 느낀다. 그의 질투는 타고난 천성이다.

그러나 따지고 보면 이아고의 질투가 전혀 이유 없는 것이 아니다. 계급이 생명에 버금가는 명예인 군대가 아닌가? 부당하게 승진에서 탈락한 아쉬움과 분노만으로도 질투가 일 법하다. 게다가 그는 인종적 편견에 차 있다. 여자도 밝힌다. 저잣거리의 여자를 지분거리기도 했고 데스데모나에 대해서도 은근한 음심을 품었을 것이다. "나도 그 여자에게 맘이 쏠리거든. …… 음탕한 무어 녀석, 암만해도 내 마누라에게 손을 댄 모양이야. …… 하긴 계집을 서로 바꾼다고 큰일날 것도 없지."[11]

로데리고도 질투의 희생물이 된다. 감히 넘볼 수 없는 상대인 데스데모나를 짝사랑하던 그는 자신이 애지중지하던 그 보석을 '입술 두꺼운' 무어놈이 나꿔채 버리자 물에 빠져서라도 죽고 싶은 심경이다.[12] 이런 로데리고를 이아고가 충동질한다. 여자를 되찾아 주겠으니 돈을 달라고. "데스데모나가 언제까지나 그 무어놈을 좋아할 줄 아슈? 돈이나 준비하시오. 그 녀석도 데스데모나를 끝까지 사랑하지는 않을거요. 허겁지겁 걸신들린 것처럼 붙어먹은 것들이니까 떨어지는 것도 식은 죽 먹기일거요. 그러니 돈이나 마련해두시오."[13]

이아고는 자신도 오셀로를 증오한다며 공범의식을 다진다.

> 골백번이나 이야기했지만 난 무어놈이 밉단 말이야. 당신이나 나나 그럴만한 이유가 있지 않소? 그러니까 손잡고 원수를 갚잔 말이요. 당신은 무어놈의 여편네만 후려내면 재미를 볼 것이고 나도 앙갚음을 할거요. 시간의 뱃속에는 여러 사건이 들어 있어 달이 차면 나오고야 말걸.[14]

이미 로데리고의 돈을 착복한 그다.[15] 사이프러스에 따라와서도 데스데모나의 환심을 산다면서 로데리고로부터 보석과 돈을 챙긴다. 빈털터리가 된 로데리고가 돈을 돌려달라며 성가시게 굴자 카시오와 싸움을 벌이게 하고 혼란중에 그를 칼로 찔러 죽인다.

'질투하는 남편'이라는 지극히 통속적인 주제는 관객의 감정이입

emphathy을 유치하기에 유리하다. 그러나 오셀로의 사랑은 사내에게서는 드문 영과 육이 결합된 진정한 사랑이다. 그는 아내로부터 육체적 즐거움뿐 아니라 그것과는 비교할 수도 없는 정신적 충만감을 얻는다. 그에게는 결혼은 영적 천국과 낙원의 총체다. 결혼생활중에도 그런 상황이 지속적으로 유지되지 못하면 차라리 살아 있지 말아야 한다. 그는 아내와의 대화를 통해 아내 속에 살고 있는 자신의 분신을 확인한다. 불과 일주일 남짓 헤어졌다 사이프러스에서 데스데모나를 재회한 심경을 이렇게 토로한다. "올림포스 산같이 충천하는 파도에 싸여 솟아올랐다가 다시 하늘에서 지옥에 떨어져도 좋으니 …… 지금 죽는다면 더없이 행복하겠소. 이보다 큰 기쁨을 운명이 가져다주리라 생각되지 않소."[16] 이러한 황홀감의 원천은 사랑보다는 신앙에 가깝다. "내 영혼의 종말이오. 그대를 사랑하오. 만약 내가 그대를 사랑하지 않으면 다시 혼돈이 찾아올거요."[17]

그러나 사랑이 고귀하면 할수록 동반되는 위험도 비례하여 크다. 오셀로는 사랑의 정열을 이기지 못하고 그 정열에 운명을 꺾는다. 데스데모나를 사랑하므로 그녀가 더 이상 죄를 짓지 못하게 죽인다. 그는 스스로 심판관이 되어 흐트러진 도덕적 질서를 회복하고 사랑과 믿음을 되찾으려고 아내를 죽이는 것이다. 물론 이러한 광적인 사랑은 폐쇄된 군대 사회의 지휘관이라는 오셀로의 특수한 지위와도 연관되었을 것이다. 부하의 신변에 대해 절대적 통제권을 누리는 그이기에 자신이 보유한 성적독점권에 대한 일말의 침해라도 용납할 수가 없다.

데스데모나, 성녀인가?

한편 데스데모나의 사랑도 특별하다. 전통적인 풀이에 따르면 그녀의 사랑은 절대적이고 지고하다. 신혼의 흥분과 기대에 빠진 그녀는 성적 부정이 이 세상에 존재한다는 사실조차도 모르고 남편이 자신을 의심한다는 사실을 꿈에도 상상할 수 없다. 오직 아낌없이 사랑을 주고, 그 사랑의 대가로 괴로움을 당하지만 묵묵히 인내한다. 오셀로의 낭만적 무용담과 모험담에 매료되어 주변의 반대를 무릅쓰고 결혼함으로써 스스로 중세 로망의 주인공이 된 그녀는 남편의 손에 죽으면서도 그 일로 남편에게 누가 미칠 것을 우려한다. 숭고한 희생적 사랑의 본보기다. 그녀의 사랑도 오셀로의 사랑과 마찬가지로 추상적 관념에 머무른다. 오셀로가 이방인이며 흑인이라는 이질성에 대한 본질적인 이해도 없이 일곱 살 이래 전쟁과 모험으로 점철한 낭만적 생애가 그려낸 영웅을 사랑한 것이다. 그녀에게 세계인은 모두 한겨레요, 모든 인종은 단일한 혈통이다. 세상 물정에 어둡고 식견이 좁은 그녀에게 이런 거창한 철학이야 있을 리 없지만 워낙 "성자 같은 이상주의와 용기"에 불타고 "천사 같은 순결한 마음으로 빛나는" 영혼이기에 "이 세상에서 가장 고귀한 영웅"을 만나자 앞뒤를 가리지 않고 사랑에 빠지고 그 사랑으로 목숨을 잃는다.[18]

그러나 이와 같은 전통적 견해에 강한 의문을 제기하는 새로운 해석도 있다. 데스데모나는 단순히 온상의 화초가 아니다. 타고난 미모가 발산하는 성적 매력은 극중의 모든 사내를 매료시킨다. 정신적으로도 그녀는 독립된 주체였다. 일찌감치 사회통념과 인습을 무시하고 능동적인 구애자가 되었고, 자유의사로 배우자를 택했다고 법정에서 당당하게 밝히며, 전체 원로원 앞에서 남편의 임지에 동행하도록 허가해달라고 청원한다. 이와 같이 독자적이고 당당한 정신적 자산을 갖추었기에 자신에게 가해지는 모욕을 참아내고 분노하는 오셀로에 대해 자신을 변호한다. 그녀는 군인의 아내일 뿐 아니라 스스로도 군인이다. 오셀로가 "오, 나의 여전사여!"[19]라고 부르는 것은 단순한 수사가 아니다. 오셀로는 물론, 이아고, 카시오, 이 작품의 중요한 남자 배역 셋 모두 군인이다. 군인은 전쟁시는 물론 평화시에도 통치자이다. 데스데모나도 적극적으로 군인적 미덕을 배양하려 애쓴다.[20]

한걸음 더 나아가 데스데모나는 자신의 성적 욕망의 희생자라는 주장도 있다. 물론 그녀 스스로 부정을 저지르지는 않았지만 시종일관 은근히 에로틱한 분위기를 조성한다. 오셀로뿐 아니라 이아고, 로데리고, 카시오, 그녀 주변의 모든 사내가 그녀를 성적 욕망의 대상으로 삼도록 유도한 것이다. 그녀의 성적 매력과 에로티시즘이 오셀로를 사로잡고 동시에 상실에 대한 공포감을 조성한다. 자신 속에 내재한 창부의 근성을 감추지 않음으로써 오셀로로 하여금 아내가 자신을 배신했다고 믿는 원인을 제공한 것이다.[21]

일찍이 딸의 성향을 간파한 아비 브라바티노가 오셀로에게 경고한다. 이아고도 결정적인 순간에 이 사실을 환기시킨다. "장군님과 결혼하려고 아버지를 속인 분이 아닙니까? 장군님의 얼굴이 무서워서 떠는 것처럼 보였을 때는 사실은 이만저만 장군님을 좋아하지 않으셨을걸요."[22]

무모한 사랑은 오셀로의 경우도 마찬가지다. 미개한 환경과 전장에서 잔뼈가 굵은 무골인 그는 이아고와 같은 인간이 생산되는 문명사회의 치부를 꿰뚫어 보지 못한다. 그런 오셀로인지라 명문가 구중심처에서 세상 물정 모르고 자란 데스데모나와 사랑에 빠지는 것은 자연스럽다. 둘의 사랑은 풍진 세상에 노출되지 않은 미숙한 남녀의 맹목적인 믿음이다. 그 믿음이 흔들리면 사랑은 곧바로 깨어지고 만다. 둘의 결혼에 성적 매력이 중요한 동기인가? "결혼의 본질은 명예요 품위이지, 어리석은 욕정이 아니다." 몽테뉴의 『수상록』 구절이다.[23] 신랑, 오셀로도 완강하게 부정한다. 자신이 데스데모나를 갈구하는 것은 결코 "내 입맛을 다스리거나 열기를 안으려" 하는 것이 아니라고.[24] 리어 왕, 프로스페로(「대폭풍」), 폴릭세네스(「겨울이야기」)처럼 자식이 성적 욕망에 이끌려 부적절하고 불행한, 그리고 무엇보다도 궁핍한 결혼으로 낙착될지 몰라 걱정하는 것은 셰익스피어 극에 등장하는 아버지의 공통된 생각이다.

당시 이탈리아에는 외국의 용병을 쓰는 것이 관례였고 용병 출신 지휘관도 적지 않았다. 브라바티노도 처음에는 오셀로를 탁월한 군인으로 평가하고 영예로운 손님으로 대접했다. 그러나 인종 문제에 대한 베니스인의 관용도 일단 결혼 문제로 번지게 되면 숨은 감정이 적나라하게 드러난다.

무어인 오셀로가 아랍계인가 아니면 아프리카 흑인인가도 논쟁의 대상이다. "검은 오셀로",[25] "두꺼운 입술",[26] "털가슴",[27] "바바리산 말"[28] 등등의 구체적 표현을 두고 해석이 분분하다.[29] 어쨌든 흑백의 대조는 비단 신체적 특성이 주는 시각적 효과뿐 아니라 베니스(영국) 사회의 심층에 내재한 심리적, 도덕적, 종교적 갈등을 반영하는 극적 효과를 거둔다. 아버지는 딸이 주술에 걸리지 않았으면 흑인을 택할 리 없었다고 확신하지만 뒤늦게 진실을 알고는 절망하여 죽는다.[30]

명예훼손

아내 데스데모나를 죽인 오셀로는 스스로 "명예로운 살인자"[31]로 칭하다. 가정불화로 인한 살인 내지 자살은 오늘날에도 가장 보편적인 뉴스거리다.

> 그것 때문이야, 진정 그것 때문이야,
> 그러나 그 이름을 말하지 않으리.
> 순결한 별들아
> 바로 그것 때문이야.[32]

행위자 자신은 자신이 범하려는 행위가 명예로운 일인 동시에 고귀한 정신의 명령이라고 믿는다. 오셀로의 마지막 연설은 스스로를 "미친 인디언"[33]으로 낮추어 부르는 한 인간의 겸손하고도 진실한 고백이자, 자신의 비극적 사랑을 생생한 실례로 삼아 이 세상의 수많은 철부지 연인에게 주는 경구다. "아내를 너무 사랑한 나머지 분별을 잃었다."[34]

명예를 잃으면 생명을 잃는다! 아내를 의심한 끝에 살해하여 군인과 가장으로서의 명예를 잃은 오셀로가 스스로 목숨을 마감하는 것은 너무나 당연한 일이다. 등급과 무게는 다르지만 카시오에게도 명예는 다른 어떤 가치보다도 소중하다. 그러나 악인, 이아고는 다르다. 남들이 생명처럼 소중하게 여기는 이른바 명예란 자신에게는 현실적 효용을 재는 수많은 척도 중의 하나일 뿐이다. 교활한 그는 상대방의 가치관 속에 명예가 어떤 지위를 점하는지 간파한 후에 그것에 맞추어 발언의 수위를 조절한다.

명예지상주의자 오셀로에게 이렇게 말한다.

> 명예란 남녀불문하고 영혼에 버금가는 보배지요.
> 제 지갑을 훔치는 놈은 쓰레기를 훔치는 거죠.
> 가져도 없는 거나 마찬가지지요.
> 제 것이었던 것이 지금은 그자의 것.
> 그전에도 수천 명의 손이 거쳐 갔지요.
> 그렇지만 저한테서 명예를 뺏으면
> 뺏은 놈은 쓰지도 못하면서
> 나만 빈털터리로 만들거든요.[35]

문명사회에서 닳고 닳아빠진 이아고에게 오셀로는 속말로 밥이다.

> 무어놈은 성질이 화통하고 정직한 작자니까 겉으로 충실한 체해도 꼬박 속아 넘어갈 위인이고 보면 당나귀 끌고 다니듯 조종할 수 있을 거고.[36]
> 부인을 잘 보세요. 부인하고 카시오의 사이를 주의해서 보세요.
> 눈치채지 않도록 감시를 하세요. 마음이 넓고 점잖고 너그러운 것을 미끼로 속이려는 자가 있는 게 얼마나 가증스럽습니까?
> 베니스에서는 자기 남편에게는 보일 수 없는 장난도 하늘이 내려다보게 합니다. 그자들의 가장 크다는 양

심은 그 짓을 못하도록 하는 게 아니고 알려지지 않도록 애쓰는 겁니다.[37]

자신의 계략이 먹혀들어가자 이아고는 회심의 미소를 짓는다.

제대로 되는군. 내 약발이 듣는군. 이런 어수룩한 녀석 하나쯤 엮어 넣는 것은 식은 죽 먹기지. 덕택에 수많은 정숙한 여자가 화를 당하는 거지.[38]

같은 베니스의 동료들에게는 내놓고 이방인 오셀로를 비방한다.

헌데 그 작자는 제 고집대로 나가지 않아요.
건방지게 군대용어나 입에 담아 큰소리 빵빵 치고
내 생각은 깔아뭉개기만 하지요.[39]

카시오에게도 명예는 생명에 버금하는 자산이자 미덕이다. 카시오는 자신의 몰락을 꾸민 이아고에게 대고 자신의 신세를 탓한다. "오 명예, 명예, 나는 명예를 잃어버렸어. 내 몸에 가장 소중한 것을 잃고 남은 것은 개돼지한테도 있는 것뿐이야. 이아고, 명예, 내 명예."[40]

이아고의 거짓 위로는 지극히 실용적이다. 자신의 생활철학일지도 모른다.

나는 고지식한 놈이 돼서 정말 다치신 줄 알았죠. 명예

> 보다 몸의 상처가 더 저릴 게 아닙니까. 명예란 허무한 군더더기요, 때로는 공이 없어도 수중에 들어오고 잘못이 없어도 사라지기도 하지요. 명예란 생각하기에 달렸지요. 정말 재기불능이 아니면 잃은 것이 없어요.[41]

오셀로의 한탄을 들어보자. "내 직업occupation이 날아가 버렸다."[42]라는 의미는 군인 경력뿐 아니라, 데스데모나에 대한 성적 지배권도 상실해버렸다는 이중적 상실을 상징한다. "풋내기에게 칼을 뺏기다니 …… 인간으로서 명예를 잃은 지금 군인의 평판 따위가 무슨 소용이 있으리오?"[43] 오셀로에게 명예의 손상은 신체적 고문보다 더욱 가혹한 벌이다. "네놈이 만약 데스데모나를 모독하고 나를 고문한다면 ……"[44] 이 한 마디에 오셀로의 가치관이 압축되어 있다. 모름지기 명예에 살고 명예에 죽어야 한다.

사내의 사랑, 여자의 정조

남편 손에 살해되는 그날 저녁 데스데모나는 이아고의 아내 에밀리아와 함께 앉아 잡담하다 질문을 던진다. 만약 이 세상을 준다면 남편 이외의 사내와 잠자리를 할 것인가? 에밀리아의 대답인즉 "세상은 넓은 것, 작은 악에 비해 너무나 거대한 값이라"고. 이어서 그녀는 "벌건 대낮에야 못하지요. 그러나 어둠 속에서야 어때요. …… 세상이 얼마나 넓은데요? 손톱만한 일을 하고 그렇게 큰 대가를 받는다면야 …… 왜 안 해요? 무슨 흔적이라도 남나요? 하고 나서 시치미 딱 떼면 될 게 아녜요?

…… 물론 쌍가락지 한 개라든가 명주 서너 자, 저고리, 모자 정도로는 바꿀 수 없지만 온 세상을 준다면 누군들 안 하겠어요? 그래서 내 남편을 출세시킬 수 있다면야 내사 기꺼이 연옥이라도 가겠어요."[45] 한다.

에밀리아는 만약 아내가 외도를 하면 그 책임은 남편에게 있다고 주장한다. 행여 남편이 바람을 피면 아내도 맞바람으로 맞서야 한다는 것이다.

우리로 하여금 사내를 들이게 한 것은 한두 해가 아니
지요.
그들은 위장이고 우리는 음식에 불과하잖아요.
그들은 우리를 허겁지겁 먹어치우고는
배가 차면 토해내지요.[46]
대체 사내들이 하는 짓이 무엇일까?
여자를 갈아타는 짓, 그게 놀이일까? 그렇다.
그렇다면 애정 때문에 그러는 것일까? 그렇다.
그렇다면 유혹에 넘어가는 것이 잘못일까?
그 또한 그렇다.
그렇다면 우리라고 사내처럼 애정이 없을까?
놀고 싶은 욕망이 없고 유혹에 흔들리지 않을까?
사내들이 우리를 제대로 대우하게 해,
그렇지 않으면 본때를 보여줘야 해.
우리가 놀아나더라도 그건 자기들이 가르쳐준 거니까.[47]

에밀리아는 여성의 순결은 어떤 경우에도 흠이 나서는 안 되는 절대적인 가치라는 관념을 부정하고, 데스데모나가 제시하는 조건을 차분하게 검토한다. 즉 객관적인 비교형량을 통해 과도하게 계상된 정조가치를 현실화한다. 정조의 윤리적 가치보다는 사회적 효용을 직시한다. 그녀는 정조라는 특정한, 그러나 추상적인 가치에 대한 과도한 집착에 경종을 울린다. 성에 대한 유연한 자세를 가진 그녀는 남편 이아고와는 달리 기본적으로 선량한 인물이다. 흔히 성적으로 헤픈 여자가 악녀라는 전형적인 도식을 벗어나 남녀 생활의 본질에 통달한 성숙한 인간으로 비친다.

남편의 흉계를 알지 못한 채 마지막까지 데스데모나의 정절을 섬기고 오셀로의 의심을 풀려 애쓴다. 데스데모나의 죽음을 목격하고 남편에게 노골적으로 "당신이 그따위 말을 해서 마님을 죽인거야."[48] 하고 대든다. 이어서 소상하게 전말을 밝히고 남편의 칼에 맞아 죽는다.

행여 작품에 작가의 체험이 반영되어 있는가? 고급 매춘부, 은밀한 화류계의 삶과 셰익스피어의 사생활은 어떤 연관이 있을까? 오래전에 고향을 떠나 런던에서 독신자 생활을 한 그의 성생활은? 미들 템플의 젊은 법학도 존 매닝햄의 일기가 간접적인 자료이다. 1602년 3월 13일자 일기를 옮겨보자. 「리처드 3세」의 공연이 끝난 직후에 한 여인이 주인공 역을 맡았던 배우 버비지[Burbidge]에게 다가가서는 그날 밤 자기 집에 오라고 유혹한다. 문지기에게 리처드 3세라고 자신의 정체를 밝히라면서. 이 은밀한 제안을 엿들은 작가 셰익스피어가 한발 먼저 그녀와 한바탕 즐겼다. 한발 늦게 도착한 '리처드 3세'에게 승자 셰익스피어가 남긴 짓궂은 농담은 '윌리엄 정복왕'이 먼저 깃발을 꽂았노라.

매닝햄이 소개하는 일화에 의하면 셰익스피어와 버비지가 속했던 배우와 관객의 세계는 여성이 전리품이 되는 사내들의 경쟁세계였다. 매닝햄의 일화에 등장하는 여인은 혼외정사에 대해 빠끔하게 아는 여인이다. 이를테면 「오셀로」에 등장하는 에밀리아의 원형일지 모른다는 흥미로운 추상이 있다.[49]

여성의 정조에 관한 사건은 교회법원의 관장사항이었다. 교회법원은 속칭 '음란법원Bawdy Court'으로 불렸다. 음란법원은 대체로 여자가 퍼뜨린 추문 사건을 다루었고 여성의 성적 명예의 심판장이었다.[50] 그런데 셰익스피어의 작품에서는 주로 사내들이 성적 추문을 퍼뜨린다. 「오셀로」에서는 치사한 사내, 이아고가 그 역할을 한다. 이아고뿐 아니다. 「눈에는 눈」의 클라우디오, 「헛소동」에서는 돈 존과 그 일당, 「끝만 좋으면」에서는 버트램, 「심벨린」의 포스트휴머스, 「트롤리어스와 크레시다」에서 크레시다를 모욕하는 그리스 군 장군들 등 사내들이 그야말로 비열하기 짝이 없는 추문 폭로자가 된다.

이아고의 연설

1990년 한 판결에서 미국 연방대법원은 이아고를 초청한다. 이 사건은 연방헌법 수정1조의 보호를 받는 '언론speech의 자유'의 예외인 명예훼손을 판정함에 있어 '사실fact'과 '의견opinion'을 어떻게 구분할 것인가가 쟁점이었다. 다수의견을 쓴 렌퀴스트는 미국 사회에서 전통적으로 명예가 중요한 가치를 보유했었다면서 이아고의 "명예연설" 전문을 인용했다.[51]

이아고의 연설은 세인의 주목을 받은 1984년, 뉴욕 주법원의 판결에도 등장한다. 케네디 대통령의 미망인, 재클린 케네디 오나시스는 크리스찬디오르 사를 상대로 소송을 제기한다. 자사 제품을 선전하면서 재클린으로 착각할 정도로 빼닮은 여인을 모델로 캐스팅했던 것이다. 원고승소 판결을 내리면서 판사는 "셰익스피어는 매스컴을 동원한 대량판매, 또는 모델의 고용 등 상품의 선전기법을 잘 몰랐을지 모른다. 그러나 그가 이아고의 입을 통해 토해낸 말은 이 사건의 정곡을 찌른다."면서 이아고를 인용했다.[52] 캘리포니아, 하와이, 펜실베이니아 등 미국 전역을 통해 재클린처럼 유명한 당사자가 아닌 판결에도 이아고는 "영혼의 보석"[53]을 제공한 불멸의 스타가 되었다.

이아고의 연설은 실로 불후의 명언이 된다. 1991년 10월 12일, 미국 연방상원 법사위원회는 대법관 후보자의 인준 청문회를 열었다. 은퇴한 사상 최초의 흑인 대법관 더굿 마셜Thurgood Marshall의 후임으로 지명받은 클레어런스 토머스Clarence Thomas도 흑인이었다. 그런데 토머스가 고용평등위원회EEOC의 위원장이던 시절에 부하 직원이던 아니타 힐Anita Hill이 보스에게서 성희롱을 당했노라며 소를 제기한다. 심슨 상원의원이 토머스의 변호에 나선다. 셰익스피어 애호가로 알려진 심슨은 토머스가 「오셀로」에서 위안을 받을 것이라며 이 구절을 인용한다. 그러나 잘 알다시피 이 구절은 오셀로와 데스데모나를 파멸시키려고 내뱉은 음모의 변이다. 그렇다면 심슨 의원의 의도는 이아고처럼 토머스의 분노를 자극하기 위해서였을까?

오셀로의 영상화 작업은 성공도, 실패도 아니다. 1952년, 당대의 최고 배우, 오손 웰스가 제작, 주연한 영화는 그해 칸 영화제에서 작품상을 수상한다. 피부를 짙게 분장한 오셀로가 다소 어색했지만 흑백영화의 강점과 묘미를 극대화시킨 셈이다. 첫 장면에 검은 상복을 차려입은 병사가 도열한 가운데 장엄한 장례 행렬이 느릿느릿 지나간다. 카메라는 앵글을 돌려 철장 안에 포박된 이아고의 비굴한 표정을 비친다. 높은 성벽을 향해 서서히 공중으로 오르면서 철장 사이로 잿빛 하늘이 찌푸리고 있다. 내레이션이 많다. 웰스의 깊고 낮은, 그러나 단호한 음색이 극의 무게를 더한다. 웰스 이후 여러 차례 오셀로의 리메이크가 탄생했다. 그러나 예술로나 흥행으로 크게 성공한 작품은 없다. 그만큼 「오셀로」는 영화로 만들기 어렵다. 1993년, 올리버 파커Oliver Parker 감독의 리메이크는 흑인 오셀로Laurence Fishbaune와 백인 데스데모나Irene Jacobs의 대비를 통해 총천연색 영화의 장점을 극대화했다. 카시오와 아내가 한 침대에서 성애를 나누는 장면을 상상하고 고통스러워하는 오셀로의 모습은 긴 잔상을 남긴다. 분노의 간질에서 간신히 깨어나자마자 다시 밀려드는 허무감, 큰 눈에서 뚝뚝 떨어지는 굵은 눈물, 두툼한 입

영화(1952; 1993년)에서 각기 다른 개성의 오셀로를 연기한 오손 웰스(왼쪽)와 로렌스 피시번(오른쪽).

술 속으로 감겨드는 삼킬 수 없는 슬픔 …… 그냥 슬픈 게 아니다. 우주의 종말을 알리는 허무다. 영화의 마지막 장면이다. 하얀 천으로 감아 싼 남녀의 시신이 바다 속으로 스르르 미끄러진다. 받아들이는 물은 소리가 없다.

셰익스피어와 음악도 독립된 연구 분야이다. 오페라의 대가, 베르디는 「오셀로」를 4막으로 만들어 1887년, 밀라노의 라 스칼라 좌에서 공연했다. 모차르트가 「사랑의 헛수고」를, 베토벤이 「맥베스」를, 차이코프스키가 「로미오와 줄리엣」을, 슈베르트가 「십이야」를 작곡하려 시도했으나 완성하지 못했다. 너무나 많은 인물, 방대한 내용을 축약하는 작업이 지난했을 것이다.[54] 베르디의 「오셀로」만은 예외로, 비교적 단순한 원작의 플롯이 도움이 되었을 것이다. 구노의 「로미오와 줄리엣」(1867)도 원작을 대폭 축약했기에 가능했을 것이다.

연극 「오셀로」는 불처럼 타는 시어로 지적인 관객의 가슴을 사로잡는다. "안녕, 마음의 평정이여",[55] "폰틱해(흑해)의 차가운 조수",[56] "그것이야. 진정 그것이야."[57] 이들 명대사는 영문학의 고문진보古文眞寶가 되었다.

"너무나 사랑했다, 그러나 분별없는 사랑이었다."[58] 오셀로의 최후의 연설은 세대를 건너 전승되는 명구다. 그러나 분별 있는 열정과 사랑, 그것은 청년의 미덕이 아니다. 사랑을 잃으면 응당 죽음을 생각해야 하는 법, 그 미숙한 진정 속에 인간의 아름다움이 살아 움직인다. 너무 일찍 분별이 생겨버린 애늙은이가 많은 사회보다 차라리 늦게까지 분별없는 열정에 애태우는 장년이 많은 사회, 그런 사회가 더욱 인간다운 사회, 정신적으로 풍요로운 사회일지도 모른다.

1 Mikhail Serafinovitch Bazagonev, *Shakespeare In the Red: Tales from Shakespeare by a Soviet Lamb* (ARC Books, 1965), pp. 65-77.

2 BRABANZIO: She is abused, stol'n from me, and corrupted/By spells and medicines bought of mountebanks. For nature so preposterously to err,/Being not deficient, blind, or lame of sense,/Sans witchcraft could not(1.3. 60-64).

3 DUKE: Whoe'er he be that in this foul proceeding/Hath thus beguiled your daughter of herself/And you of her, **the bloody book of law**/You shall yourself read in the **bitter letter**/After your own sense, yea, though our proper son/Stood in our action(1.3. 65-69).

4 BRABANZIO: A maiden never bold,/Of spirit so still and quiet that her motion/Blushed at herself (…) I therefore vouch again/That with some mixtures powerful o'er the blood,/Or with some dram conjured to this effect,/He wrought upon her(1.3. 94-106).

5 DUKE: To vouch this is no proof;/Without more wider and more overt test/Than these thin habits and poor likelihoods/Of modern seeming do prefer against him(1.3. 107-109).

6 OTHELLO: I do beseech you,/Send for the lady to the Sagittary,/And let her speak of me before her father. If you do find me foul in her report,/The trust, the office I do hold of you/Not only take away, but let your sentence/Even fall upon myself(1.3. 115-119).

7 DESDEMONA: My noble father,/I do perceive here a divided duty./To you I am bound for life and education./How to respect you. You are lord of duty,/I am hitherto your daughter. But here's my husband,/And so much duty as my mother showed/To you, preferring you before her father,/So much I challenge that I may profess/Due to the Moor my lord(1.3. 180-188).

8 BRABANZIO: God b'wi'you, I ha' done. (…) Come hither, Moor. I here do give thee that with all my heart/Which, but thou hast already (…)(1.3. 189-193).

9 BRABANZIO: Look to her, Moor, if thou hast eyes to see. She has deceived her father, and may thee(1.3. 292-293).

10 IAGO: O, beware, my lord, of jealousy. It is the green-eyed monster which doth mock/The meat it feeds on(3.3. 169-171).

11 IAGO: Now, I do love her too, (…) For that I do suspect the lusty Moor/Hath leaped into my seat, (…) And nothing can or shall content my soul/Till I am evened with him, wife from wife (…)(2.1. 290-298).

12 RODERIGO: I will incontinently drown myself(1.3. 305).

13 IAGO: It cannot be, that Desdemona should continue her love to the Moor–put money in thy purse–nor he his to her. It was a violent commencement in her, and thou shalt see an answerable sequestration–put but money in thy purse(1.3. 341-345).

14 IAGO: I have told thee often, and I re-tell thee again and again, I hate the Moor. My cause is hearted, thine hath no less reason. Let us be conjunctive in our revenge against him. If thou canst cuckold him, thou dost thyself a pleasure, me a sport. There are many events in the womb of time, which will be delivered(1.3. 363-369).

15 RODERIGO: (…) that thou, Iago, who hast had my purse/As if the strings were thine, shouldst know of this(1.1. 2-3).

16 OTHELLO: It gives me wonder great as my content/To see you here before me. O my soul's joy, (…)/If it were now to die,/'Twere now to be most happy, for I fear/My soul hath her content absolute/That no another comfort like to this/Succeeds in unknown fate(2.1. 184-193).

17 OTHELLO: Perdition catch my soul/But I do love thee; and when I love thee not,/Chaos is come again(3.3. 91-93).

18 A. C. Bradley, *Shakespearean Tragedy* (Macmillan, 1904; 1974), pp. 201-202.

19 OTHELLO: O My fair warrior(2.1. 182)!

20 Harold, C. Goddard, *The Meaning of Shakespeare*, Vol. 2 (University of Chicago Press, 1951), p. 80.

21 Jan Kott, *Shakespeare our Contemporary* (Mathuen & Co. Ltd., 1961), pp. 118-119.

22 IAGO: She did deceive her father marrying you,/And when she seemed to shake and fear your looks,/She loved them most(3.3. 210-212).

23 Michael Montaigne, *Essays*, Vol. 1, John Folio (trans.) (J. M Dent & Sons, 1942), pp. 212-213.

24 OTHELLO: To please the palate of my appetite,/Nor to comply with heat (…) (1.3. 262-263).

25 "Black Othello"(2.3. 28).

26 "thick-lips"(1.1. 66).

27 "sooty bosom"(1.2. 71).

28 "Barbary horse"(1.1. 113).

29 Goddard, ibid., pp. 72-73.

30 GRAZIANO: Poor Desdemon, I am glad thy father's dead. Thy match was mortal to him, and pure grief/Shore his old thread in twain(5.2. 211-213).

31 "An honorable murderer"(5.2. 300).

32 OTHELLO: It is the cause, it is the cause, my soul. Let me not name it to you, you chaste stars. It is the cause(5.2. 1-3).

33 "base Indian"(5.2. 356). 서인도제도 출신의 흑인을 낮추어 부르는 말.

34 OTHELLO: Of one that loved not wisely, but too well,/Of one not easily jealous but, being wrought,/Perplexed in the extreme; of one whose hand,/Like the base Indian, threw a pearl away/Richer than all his tribe; of one whose subdued eyes (…)(5.2. 353-357).

35 IAGO: Good name in man and woman, dear my lord,/Is the immediate jewel of their souls./Who steals my purse steals trash; 'tis something, nothing;/'Twas

mine, 'tis his, and has been slave to thousands. But he that filches from me my good name/Robs me of that which not enriches him/And makes me poor indeed(3.3. 160-166).

36 IAGO: The Moor is of a free and open nature,/That thinks men honest that but seem to be so,/And will as tenderly be led th' nose/As asses are(1.3. 391-394).

37 IAGO: Look to your wife. Observe her well with Cassio. Wear your eyes thus: not jealous, nor secure. I would not have your free and noble mature/Out of self-bounty be abused. Look to't. I know our country disposition well. In Venice they let God see the pranks/They dare not show their husbands; their best conscience/Is not leave't undone, but keep't unknown(3.3. 201-208).

38 IAGO: Work on; my medicine works. Thus credulous fools are caught,/And many worthy and chaste dames even thus,/All guiltless, meet reproach(4.1. 43-44).

39 IAGO: But he, as loving his own pride and purposes,/Evades them, with a bombast circumstance,/Horribly stuffed with epithets of war,/And, in conclusion, nonsuits /My mediation(1.1. 12-15).

40 CASSIO: Reputation, reputation, reputation–O, I ha' lost/my reputation, I ha' lost the immortal part of myself, and what remains is bestial! My reputation, Iago, my reputation(2.3. 256-259).

41 IAGO: As I am an honest man, I thought you had received/some bodily wound. There is more sense in that than in reputation. Reputation is an idle and most false/imposition, oft got without merit and lost without deserving. You have lost no reputation at all unless/you repute yourself such a loser(2.3. 260-265).

42 OTHELLO: Farewell! Othello's occupation's gone(3.3. 363).

43 OTHELLO: But every puny whisper gets my sword. But why should honour outlive honesty(5.2. 250-251)?

44 OTHELLO: If thou dost slander her and torture me (…)(3.3. 373).

45 EMILIA: Nor I neither, by this heavenly light. I might do't as well i'th' dark. (…)

The world's a huge thing. It is a great price for a small vice. (…) Marry, I would not do such a thing for a joint ring, nor for measures of lawn, nor for gowns, petticoats, nor caps, nor any petty exhibition; but for all the whole world? Ud's pity, who would not make her husband a cuckold to make him a monarch(4.3. 63-75)?

46 EMILIA: 'Tis not a year or two shows us a man. They are all but stomach, and we all but food. They eat us hungrily, and when they are full,/They belch us(3.4. 101-104).

47 EMILIA: But I do think it is their husband's faults/If wives do fall. Say that they slack their duties,/And pour our treasures into foreign laps,/Or else break out in peevish jealousies (…)(4.3. 85-88).

48 EMILIA: And your reports have set the murder on(5.2. 194).

49 Charles Nicholl, *The Lodger Shakespeare: His life on Silver Street* (Penguin Books, 2007), 『실버스트리트의 하숙인, 셰익스피어』, 안기순 옮김(고즈윈, 2009), p. 329.

50 Lisa Jardin, "Why Should He Call her "Whore?" Defamation and Desdemona", in *Reading Shakespeare Historically* (Routledge, 1996), Ch. 1.

51 *Milkovich v. Lorain Journal Co.*, 497 U.S. 1 (1990), 12.

52 *Onassis v. Christian Dior*, 122 Misc. 2d 603, 610, 472 N.Y. 2d 254, 260 (Sup. Ct. N.Y. Co. 1984).

53 "immediate jewel of their souls"(3.3. 160).

54 Phyllis Hartnoll (ed.), *Shakespeare in Music* (MacMillan, 1966), pp. 89-91.

55 OTHELLO: Farewell the tranquil mind, farewell content (…)(3.3. 353).

56 "Like to the Pontic Sea"(3.3. 456).

57 OTHELLO: It is the cause, it is the cause, my soul(5.2. 1).

58 OTHELLO: Then must you speak/Of one that loved not wisely but too well (…)(5.2. 352-353).

11장

심장을 향해 포효하리라

「한여름 밤의 꿈A Midsummer Night's Dream」

사랑, 미치광이, 시인

「한여름 밤의 꿈」은 셰익스피어의 대표적인 희극이다. 또 가장 지속적인 사랑을 받는 희극이기도 하다. 영주, 젊은 연인, 하층민, 요정 등 다양한 등장인물이 엮어내는 해프닝은 찜통더위를 날려버리는 서늘한 청량제가 된다. 경쾌한 가락과 노랫말도 폭소 연발의 축제 분위기를 돋운다.

이 작품은 네 쌍의 연인의 일시 꼬인 사랑의 매듭이 풀리는 이야기다. 아테네의 공작, 테세우스와 아마존의 여왕, 히폴리타의 결혼과 축하연이 기본 줄거리다. 이에 덧붙여 라이샌더와 허미아, 드미트리어스와 헬레나, 두 쌍의 젊은이의 애정쌍곡선이 얽힌다. 셋째 줄기는 직조공 보텀Bottom Weaver이 주도하는 아테네의 장인이 출연하는 어설픈 연극공연이다. 공작의 결혼식을 위해 준비한 극중극 「피라머스와 티스비Pyramus and Thisbe」의 풀어진 대사와 어설픈 연기가 웃음보따리를 부풀린다. 마지막으로 요정 부부 오베론과 타니아너의 사랑싸움이 얽힌다. 사랑의 묘약을 통해 잠시 사랑의 대상을 바꾸는 요정의 장난이 백미다.

사랑이야기이니만큼 이 작품에는 사랑의 경구가 많이 담겨 있다. "진정한 사랑의 행로는 언제나 험난한 것",[1] "사랑은 눈으로 보는 게 아니라 마음으로 보는 것",[2] 이 두 구절은 소네트와 함께 가장 많이 인용되는 사랑의 경구이다. '꿈'은 후세인 프로이트에게 연구 주제를 제공한다. 특히 무의식 세계의 리비도가 만들어 내는 비합리적인 망상에 관한 문헌적 선례를 남겨준다.

이 작품을 법의 관점에서 주목한 사람은 많지 않다. 그러나 자세히 살펴보면 여름 밤 이야기에는 법이라는 잔잔한 배경음악이 깔려 있다. 극은 시종일관 법의 지배, 불합리하고도 경직된 법, 부정의로운 법에 대처하는 방법, 그리고 법의 불안정성 등에 대한 강론이 이어진다. 덧붙여서 법의 해석과 적용에 있어 법률가의 창의적인 상상력에 격려를 보내는 메시지를 읽을 수 있다. 마지막으로 극의 하이라이트인 보텀이 잠에서 깨어나는 장면은 민주적 법제의 성장을 상징한다.

극은 첫 장면부터 법적 분쟁으로 시작한다. 아테네의 부호 이지어스는 딸 허미아를 자신이 고른 사윗감인 라이샌더와 결혼시키려 한다. 그러나 허미아에게는 스스로 선택한 신랑감 드미트리어스가 있다. 그러나 아비는 완고하다. 가장의 권위에 정면 도전하는 딸의 자유결혼이란 있을 수 없다. 사랑에 눈먼 딸이 말을 듣지 않자 아비는 법을 들이댄다. 아테네의 법에 따르면 아버지의 동의 없이 결혼하는 딸은 사형시키거나 수도원에 종신 감금한다는 것이다. 진노한 아비는 딸을 법에 따라 처벌하도록 영주의 법정에 고발한다.

존경하는 각하에게 청하오니 전래의 아테네 법의 특권

> 에 따라 소인에게 처분권이 있는 딸년에게 이 청년과 결혼하든지, 아니면 아테네의 법에 따라 죽을 것을 명해주시옵소서.[3]

셰익스피어의 작품에 이와 같은 불합리한 법이 자주 등장한다. 「실수연발」의 첫 장면에도 단지 외국인이라는 이유만으로 처벌하는 법이 등장한다. 「눈에는 눈」은 사문화되다시피 한 사통私通금지법의 적용을 둘러싸고 극이 전개된다. 「베니스의 상인」의 인육계약은 불합리한 법의 절정을 이룬다. 이들 작품에 공통된 주제는 경직된 법이다. 경직된 법이 모든 갈등의 원인이다. 이 모든 경우에 집행권자는 자신에게 법의 적용을 유보할 권한이 없다는 입장이다.

재판장인 영주 테세우스는 허미아에게 경고한다.

> 착한 허미아여, 잘 생각하고 현명하게 처신하여라.
> 너의 허영을 접고 아버지의 뜻에 따라야 한다.
> 만약 거절하면 아테네의 법에 따라 사형을 받든지
> 아니면 평생 독신으로 지내도록 감금할 수밖에
> 달리 재량이 없구나.[4]

두 연인은 잔혹하고 불합리한 아테네의 법을 피해 사랑의 도피를 꾀한다.[5] 라이샌더는 자녀 없이 혼자 사는 숙모에게 의탁할 계획이다. 자신을 친자식처럼 여기고 있는 터라 사랑의 엑소더스가 될 것이라는 바람이다.[6] 그러나 둘은 숲 속에서 체포되고 아비 이지어스는 준엄한 법을 무기로 위협한다. 영주의 권한이 가장에게 위임된 것이다. 딸을 나꿔채 간 놈을 가리키며 외친다. "법을 집행하라, 저놈의 모가지 위에 법을 걸라."[7] 이지어스의 분노는 「베니스의 상인」에서 샤일록의 절규를 연상시킨다. "만약 내 주장을 들어주지 않는다면 법은 저주 받을지어다. …… 나는 법 위에 서 있소. …… 나는 법을 원하오. …… 그래서 나는 법의 이름으로 당신을 고발하오."[8]

그러나 이지어스도 샤일록도 법이 생각만큼 일도양단이 아니라는 것을 깨친다. 이지어스의 경우는 자신이 사윗감으로 점지한 사내가 (요정의 장난으로) 변심하여 다른 여자의 꽁무니를 따라다님으로써 마음이 바뀐다. 그것도 다름 아닌 약혼자의 친구 헬레나에게 구애하다니. 샤일록도 법의 해석권을 가진 자가 법의 문언과는 전연 동떨어진 결정을 내림으로써 당혹스러워한다. 법의 경직성은 그 자체로서는 미덕이 아니라 악덕이 되기 십상이다.

『미국법의 시대』라는 한 시대의 명저를 저술한 그란트 길모어 교수는 "법이 적을수록 더 좋은 사회다."라는 진지한 수사를 유행시킨다.[9] 셰익스피어는 이런 메시지를 이 연극에 투사한다. 극의 종장에 법적 권위의 상징인 영주 테세우스는 잔치 손님과 함께 잠이 들어 요정의 장난에 무방비로 노출된다. 요정의 출현과 신통력 앞에 세속의 법적 권위가 여지없이 무너진다. 퍽의 말대로 "사람들이란 어찌 그리도 어리석은지."[10]

상상력의 위력

「한여름 밤의 꿈」에는 법해석의 원리에 관한 중요한 시사점이 담겨 있다. 법문언의 창의적이고도 능동적인 해석으로 '살아 있는 현실 규범'을 실현한다는 것이다. 이 작품은 상상력의 힘을 유감없이 보여준다. 개막에서부터 4막에 이르기까지 상상이 어떻게 등장인물의 (낭만적 삶에) 영향을 미치는지, 다양한 각도에서 보여준다. 그러고선 5막을 시작하면서 작가는 상상력이야말로 "냉정한 이성으로는 도저히 생각할 수 없는 변화의 추동력shaping fantasies이라고 선언한다."[11] 셰익스피어의 법해석론은 5막에서 두 라이벌 권력자 사이의 대화에 잘 드러난다. 극중의 극, 「피라머스와 티스비」가 상연된다. 영주의 신부 히폴리타가 치졸한 플롯과 배우들의 서투른 연기에 실망하여 "내가 본 연극 중 가장 황당하다."[12]고 비난하자 영주 테세우스는 차원 높은 훈수를 둔다. "별로 의미 없지만 상상을 약간 가미하면 좋게 볼 수도 있소."라고.[13] 그러자 히폴리타는 "그건 당신의 상상이지 저 사람들의 상상이 아니지요."[14]라며 되받는다. 이 짧은 대화 속에 법해석에 관한 중대한 철학과 이론을 읽을 수 있다. 두 단계로 분석하여 논할 수 있다. 첫째, 법문언을 해석함에 있어 상상력을 동원하라if imagination amend them, 둘째, 상상력이 필요한 것은 배우가 아니라 관객이다.

두 사람 사이의 대화의 요지인즉 관객은 최대한의 상상력을 동원하여 무대 위에서 벌어지는 행위에 실체적 의미를 부여해야 한다는 것이다. 이러한 원리는 연극에만 한정된 것이 아니다. 제5막이 열림과 동시에 "미쳤거나 사랑에 빠졌거나 시인들은 머릿속에 상상만 가득 차 있다."[15] 여기에 '법률가'를 추가해야 한다. 1970년대 미국 '법과 문학' 운동[16]에 기폭제가 된 저술인 화이트James B. White의 『법적 상상The Legal Imagination』은 이러한 주장을 담고 있다. "변호사와 판사의 직업적 활동은 상상력을 실현하는 작업이다. …… 언어의 힘을 활용하여 상상을 현실의 세계로 만드는 작업이다." 테세우스와 히폴리타의 대화는 화이트의 주장을 강화해준다. "법률가는 가슴 속으로 작가이다. 자신의 상상력을 양식으로 살아가는 일상의 작가인 것이다."[17]

권위의 이동

「한여름 밤의 꿈」은 법과 권위의 이동의 관점에서 관찰할 수 있다. 이는 로맨틱 코미디 전반에 걸쳐 적용될 수 있는 분석이기도 하다. 극의 초입에서 법은 아버지의 의지에 봉사한다. 선택의 여지는 없다. 자식은 아버지 법의 권위를 무시하거나, 아니면 그의 관용을 구할 수밖에 없다. 로맨틱 코미디의 전형적인 해결방법은 기존의 아버지 법의 권위를 누르는 새로운 권위자를 만들어내는 것이다. 오베론이 아버지 법의 대안으로 등장한다. 그는 카니발리즘의 상징이고 그의 등장으로 극의 전개에 새로운 각종 전도inversion가 일어난다. 야성녀 티타니아만으로는 불충분하여, 퍽은 숲속을 방황하는 연인과 아테네의 장인에게 '전도된' 새 가치를 부추긴다. 그리하여 성별, 연령, 신분, 심지어 종種의 구분조차 무너뜨림으로써 엘리자베스 시대의 사회상규에 정면으로 도전장을 던진다.[18]

이러한 '르네상스 악몽Renaissance nightmare'은 가부장적 아버지의 법이 정치적 권위와 불가분의 연결을 맺고 있기에 이를 문란케 하는 행위는 홉스가 말하는 '자연 상태', 즉 만인의 만인에 대한 투쟁을 유발하는 무질서의 재앙을 초래하기 때문에 발생한다.[19]

새로운 질서가 구축되는 기운이 일자, 공작은 이를 수용한다. 그리하여 아버지의 법을 위반하는 경우에는 가차 없이 처벌하겠다는 당초의 자세를 바꾸어 화해를 주도한다.

민중의 법

「한여름 밤의 꿈」의 핵심 장면은 직조공 보텀이 꿈에서 깨어나는 장면이다. 한 전문가는 셰익스피어 작품을 통틀어 가장 빛나는 장면이라고 평가한다.[20] 이 장면을 계기로 작가는 단순한 소극笑劇에 그치고 말 작품을 심오한 우화寓話로 승격시킨다. 한 비천한 사람의 상상력이 만개하면서 '인민에 의한 민주주의'라는 정치적 이상의 신봉자로 거듭나는 것이다. 그러나 19세기까지의 대표적인 해석에서 보텀은 해즐릿의 예에서 보듯이 어떤 정의와도 무관한 인물이었다.[21] 그러나 이제 새로운 인물로 거듭나는 보텀에게 정의에 합당한 평가를 해줄 시대가 도래한 것이다.

꿈에서 깨어나면서 보텀은 이렇게 말한다.

> 난 참으로 기묘한 환상을 보았어. 사람의 감각으로는 의미를 알 수 없는 그런 꿈을 꾸었어. 이 꿈을 해몽하려는 놈은 당나귀밖에 못 될거야. 아무도 그게 어떻다는 걸 설명할 사람이 없을 거야. 내 생각으로는 내가 꾼 꿈을 해석하려는 놈은 미친 놈이야. 사람의 눈은 듣지 못할 것이고 귀는 보지 못할 것이고 손은 맛보지 못

요정 퍽의 장난으로 티타니아는 당나귀 탈을 쓴 보텀에게 반하고 만다. 에드윈 랜시어, 「티타니아와 보텀(Titania and Bottom)」(1848).

> 할 것이고 혀로 생각하지 못할 것이고 마음으로 보고 하지 못할 것이다. 내가 어떤 꿈을 꾸었다는 것을 말이야. 피터 퀸스에게 시켜서 발라드를 쓰라고 해야겠다. 제목을 '보텀의 꿈'이라고 해야지. 밑바닥이 없으니까.[22]

이 여명의 연설의 연사는 누구인가? 보텀과 그 일행은 아테네의 하층계급bottom class이다. 그들은 '혀가 묶인' 하층민[23]으로 권력자인 영주의 결혼식에 노역자로 동원된 처지다. 권력자의 기쁨조에 불과한 것이다. 그는 마치 어린애처럼 관객의 주목을 갈망한다. 동료 중 한 사람은 그를 일러 "아테네에 최고가는 장인"[24]이라고 평한다. 연극에서 사자의 배역을 맡자 "모든 사람이 가슴으로 똑똑히 들을 수 있도록 포효하겠다."[25]라고 다짐한다. 잠에서 깨어난 직후 그의 머리와 가슴에서 터져 나온 연설이 바로 그 사자후이다. 요정의 장난으로 보텀은 당나귀 머리를 뒤집어쓴다. 서민의 대표자가 짐승의 머리로 장식하는 것은 당연하다. 인류사를 통틀어 언제나 상류층은 하층민을 동물로 취급했다. 이들은 하층민이 결코 인간으로서의 품격을 갖추지 못했다고 백안시했다.

18세기 중반, 영국의 군주제, 귀족정치의 압제에서 벗어나 혁명을 통해 독립을 쟁취한 미국이지만 건국 과정에는 아직 이러한 계급의식이 불식되지 않았다. 일부 "건국의 아버지들Founding Fathers", 특히 알렉산더 해밀턴과 같은 귀족적 성향의 인물들은 빈중을 일러 '위험한 야수great beast'로 부르기를 주저하지 않았다.

이에 대한 반동으로 제퍼슨을 정점으로 하는 반연방주의자는 자유와 함께 평등의 이념을 경시하지 않았다. "대중은 어깨에 안장을 지고 태어나지 않았다. 신은 장화를 신고 박차를 찬 소수자로 하여금 그들의 어깨 위에 앉도록 허용하지 않았다."[26] 그러나 '자유' 못지않게 '평등'을 신봉한 이들에게도 피부색이 검은 인간은 가축과 마찬가지로 법적 물건에 불과했다. 어쩔 수 없는 시대의 한계다.

어쨌든 보텀의 꿈은 대중민주주의의 이상을 상징한다. 보텀과 친구들은 "아테네에서 험한 일을 하는 노동자들로, 머리라고는 전혀 써보지 못한 사람들"이다.[27] 보텀의 연설이 상징하듯 그의 변신은 대중이 자신의 사적 삶은 물론 공적 정치의 영역에서도 주인이 되는 대중민주주의 시대의 도래를 예언하는 중요한 메시지였다.[28] 현대 민주주의의 원류를 형성한 고대 그리스를 무대로 한 이 장면은 인류의 내세에 대한 예지몽을 담은 청사진이었다. "내 꿈을 해몽하려는 놈은 당나귀밖에 못 될거야." 보텀의 자조적인 변은 역사적 오류로 판명된다. 그가 한여름 밤에 체험한 '기묘한 환상rare vision'은 어느 틈엔가 현실이 되었다. 공립학교, 도서관, 교육, 계몽, 문화, 이 모든 것이 모든 사람이 태어난 신분과 무관하게 열정과 노력을 통해 도약과 성취를 지원해주는 공적 수단이자

제도이다. 이 모든 것을 한데 엮는 인간의 핵심적 자산이 다름 아닌 상상력이다. 그 상상력이 가장 절실하게 요구되는 사회규범과 제도, 그것이 다름 아닌 법이다.

1 LYSANDER: The course of true love never did run smooth(1.1. 134).

2 HELENA: Love looks not with eyes, but with the mind(1.1. 234).

3 EGEUS: (…) And, my gracious duke,/Be it so she will not here before your grace/(…) I beg the ancient privilege of Athens:/As she is mine, I may dispose of her,/Which shall be either to this gentleman/Or to her death, according to our law/Immediately provided in that case(1.1. 38-45).

4 TESEUS: (…) For you, fair Hermia, look you arm yourself/To fit your fancies to your father's will;/Or else the law of Athens yields you up/Which by no means we may extenuate/To death or to a vow of single life(1.1. 117-121).

5 LYSANDER: Our intent/Was, to be gone from Athens where we might,/Without the peril of the Athenian law(4.1. 150-152).

6 LYSANDER: A good persuasion. Therefore hear me, Hermia. I have a widow aunt, a dowager/Of great revenue, and she hath no child,/From Athens is her house remote seven leagues. And she respects me as her only son. There, gentle Hermia, may I marry thee,/And to that place the sharp Athenian law/Cannot pursue us(1.1. 156-163).

7 EGEUS: I beg the law, the law upon his head(4.1. 154).

8 SHYLOCK: If you deny me, fie upon your law: (…) I stand here for law. (…) I crave the law, (…) I charge you, by the law (…)(「베니스의 상인」, 4.1. 100; 141; 203; 235).

9 "The better the society, the less law will be." Grant Gilmore, *The Ages of American Law* (Yale University Press, 1979), p. 111.

10 ROBIN: Lord, what fools these mortals be(3.2. 115)!

11 TESEUS: (…) that apprehend/More than cool reason ever comprehends(5.1. 5-6).

12 HYPPOLYTA: This is the silliest stuff that ever I heard(5.1. 209).

13 TESEUS: (…) if imagination mend them(5.1. 211).

14 HYPPOLYTA: It must be your imagination, then, and not theirs(5.1. 212-213).

15 TESEUS: The lunatic, the lover, and the poet/Are of **imagination** all compact(5.1. 7-8).

16 안경환, 「미국에서의 법과 문학운동」, 『미국 지성사의 흐름: 법』(서울대학교출판부, 1999).

17 James B. White, *The Legal Imagination: Studies in the Nature of Legal Thought and Legal Expression* (University of Chicago Press, 1973), p. 758.

18 Daniel Kornstein, *Kill All the Lawyers* (Princeton University Press, 1997), p. 111.

19 Leonard Tennenhouse, "Strategies of State and Political Plays: A Midsummer Night's Dream, Henry IV, Henry V, Henry VIII", in Jonathan Dollimore and Alan Sinfield (ed.), *Political Shakespeare: New Essays in Cultural Materialism* (Manchester University Press, 1985).

20 Harold Goddard, *The Meaning of Shakespeare*, Vol. 1 (University of Chicago Press, 1951), p. 79.

21 "a character that has not had justice done him", William Hazlitt, *Characters of Shakespeare's Plays* (1894; reprint CreateSpace, 2010), p. 244.

22 BOTTOM: I have had a most rare vision. I have had a dream past the writ of man to say what dream it was. Man is but an ass if he go about t'expound this dream. Methought I was–there is no man can tell what. Methought I was, and methought I had–but man is but a patched fool if he will offer to say what methought I had. The eye of man hath not heard, the ear of man hath not seen, man's hand is not able to taste, his tongue to conceive, nor his heart to report what my dream was. I will get Peter Quince to write a ballad of this dream. It shall be called 'Bottom's Dream', because/it hath **no bottom**, (…)(4.1. 202-213).

23 "tongue tied simplicity"(5.1. 104).

24 "the best wit of any handicraftman in Athens"(4.2. 9-10).

25 BOTTOM: I will roar that I will do any man's heart good to hear me(1.2. 66-67).

26 Saul K. Padover (ed.), *Thomas Jefferson on Democracy* (Penguin Books, 1946), p. 155.

27 EGEUS: Hard-handed men that work in Athens here,/Which never laboured in their minds till now, (…)(5.1. 72-73).

28 "Democracy becomes possible. Nothing less than is what this incident (dream) implies." Goddard, ibid., p. 80.

12장

공정하고도 공개적인 재판?

「겨울이야기The Winter's Tale」

옛날 옛날 한 옛날에

겨울은 이야기의 계절이다. 사계절이 분명한 온대문화권에서는 더욱더 그러하다. 나목과 백설이 파수 서는 긴긴 밤 한 허리를 잘라내어 이야기의 꽃을 피우고 지우는 일은 고래로부터 인간이 누려온 특권 중의 특권이다. 셰익스피어 만년의 로맨스 극, 「겨울 이야기」도 제목에 걸맞은 작품이다. 19세기 아일랜드 비평가 에드워드 다우든Edward Dowden이 명명한 이래 고정된 셰익스피어의 '로맨스 극'은 그야말로 파한破閑용 오락물이다. 서양 문자 그대로 '노변정담'에 적합한 소재다. 여럿이 난롯가에 둘러앉아, 심각한 표정일랑 접어두고 시답잖은 이야기보따리를 풀어 헤치면서 가족과 이웃의 화합을 도모하는 여흥이다. 어찌 셰익스피어의 서양만의 일이랴. 질화로 속에 밤 몇 톨, 고구마 몇 뿌리만 묻어도 온 가족이 풍요로운 겨울밤이다. "옛날 옛적에"로 시작하는, 노인이 어린아이에게 되풀이하여 들려주는 '케케묵은' 이야기가 적격이다. 논리나 현실성은 중요하지 않다. 시린 일상을 초월하는 상상력이 더욱 중요하다.

작가는 이 제목을 택한 이유를 아이의 입을 통해 암시한다. 어린 왕자 마밀리우스는 마치 연극의 제목을 가르쳐 주려고 극에 등장한 듯하다. 여왕과 시녀들 틈에서 아이는 재롱을 부린다. "겨울에는 슬픈 이야기가 좋아요. 난쟁이하고 도깨비 얘기를 아는데 …….″[1] 뱃속에 동생을 가진 어머니는 왕자를 안아 올리면서 애정을 표한다. "이리 와. 여기 앉아. 그 난쟁이 얘기가 얼마나 무서운지 말해봐, 왕자는 입담이 좋으니까."[2] 아이는 "옛날에 한 사람이 …… 예배당 근처에 살았어요. 귀뚜라미도 못 듣게 살살 이야기해야지."[3] 하며 신이 난다. 그러나 이때 아비인 왕이 들어오면서 이야기는 중단된다.

다른 단서도 있다. 모두 죽은 줄 알았던 퍼디타가 16년 후에 느닷없이 출현한 사실을 받아들이기 힘든 한 백성은 "이 소식은 옛날이야기 같아서 믿기지 않아."[4] 한다. "그래 진짜 옛날이야기야."[5]라며 이웃이 동조한다. 극의 종장에서 폴리나도 폴릭세네스에게 "그녀가 살아 있다니. 직접 목격하신 게 아니고 소문만 들었더라면 그야말로 옛날이야기라고 웃어넘겨 버리셨겠지요."[6] 한다.

이렇게 웃어넘기지 않으면 도저히 수용할 수 없는 이야기이다. 요정 이야기와 현실, 로맨스와 사실, 비극적 희극, 기독교 대 이교도, 이 모든 것이 혼재된 그야말로 일박 이일 토크쇼, 그것이 「겨울이야기」이다.[7] 희극, 비극, 로맨스, 종교, 이 모든 것을 관통하는 작가의 정치철학이 엿보인다. 그것은 현대적 용어로 표현하자면 민주주의와 귀족주의, 인간과 신의 관계를 정립하려는 시도이다.[8]

음악과 연극

이 작품은 음악이 중요한 요소로 등장하는 점에서 「한여름 밤의 꿈」과 궤를 함께 한다. 특히 오톨리커스의 등장을 통해 전통문화의 품격으로 치장한다. 서양문화에서 오톨리커스는 연조가 깊은 신비로운 존재이기도 하다. 호머는 그를 일러 가장 뛰어난 도둑으로 불렀고, 오비드는 장난꾸러기 신, 헤르메스의 아들로 입양시켰다. 셰익스피어는 이 연면한 전통을 가일층 승화시킨다. 이 작품에서 오톨리커스는 도둑이자 유랑시인, 그리고 가수다. 아름다운 시어는 그의 미성을 통해 더욱 빛난다. 셰익스피어 판 "꽃보다 남자"다. 무엇보다 그는 이 작품에서 가장 역동적인 사내다. 새뮤얼 존슨의 평대로 이 캐릭터는 "지극히 자연스럽게 수용되어 강력하게 대표된다."[9] 해럴드 블룸은 "이모우젠(「심벌린」), 칼리반(「템페스트」)과 함께 오톨리커스가 셰익스피어의 만년 작품에서 가장 강력한 캐릭터"라고 평가한다.[10] 비중은 막중하지만 정작 무대에 출연하는 시간은 길지 않아 4막 3장에 비로소 처음으로 등장한다. 물론 노래를 부르면서.

수선화가 필 때면, 에헤야, 산 너머 처녀가 피고,
방화유수의 계절, 해쓱한 겨울에 붉은 피가 돈다.
울타리에 빨래가 바래면, 에헤야, 뭇 새들의 노랫소리
이빨 끝이 가려워 못 참겠네.
한 잔 술만 생기면 나라님도 부럽지 않아.
지지배배 종달새 운다. 에헤야, 티티새, 언치새도 화답
하는구나.

> 건초 위에 뒹굴고 놀면, 새 소리는 아주머니와 나를 위한 고운 봄노래.[11]

오톨리커스는 남자 주인공 레온테스의 약점을 부각시키는 동시에 치유하는 역할을 담당한다. 레온테스는 겨울의 칩거와 창백함의 포로인 반면 오톨리커스는 '붉은 피가 겨울의 창백함을 다스리는' 활력의 상징이다. 셰익스피어 작사, 오톨리커스 노래 중 만고의 히트곡을 들어보자.

> 바람에 흩날리는 눈송이처럼 희디 흰 사紗! 까마귀보다 더 검은 비단, 다마스커스 장미보다 더 향긋한 장갑, 얼굴에 맞는 탈, 코에 거는 탈, 흑염주 팔찌, 호박 목걸이, 규중 미인을 위한 향수, 금실 머릿수건, 가슴 가리개. 가인佳人의 마음을 사로잡을 선물이요. 핀에다, 인두에다 머리끝에서 발끝까지, 새악시들 나와 보소, 없는 것이 없어라. 날래 와서 사시오, 어서 와서 사시오. 총각들이 아니 사면 색시들은 통곡하지, 어서 빨리 사시오.[12]

유랑 악사, 등짐 장수의 방물 속에 저잣거리의 법이야기가 실리는 것은 너무나 자연스런 일이다.

> 오톨리커스: 여기 슬픈 노래가 하나 있지. 고리대금업자의 마누라가 한 배에 돈주머니 스무 개를 낳고 회를 친 뱅어머리와 두꺼비 대가

리를 먹고 싶어 안달한다는 이야기야.

도커스: 제발 고리대금업자에게 시집가지 않도록 해 주소서.

오톨리커스: 다섯 명의 판사가 서명했을 뿐 아니라 증인은 부지기수라 내 상자 속에는 안 들어갈 정도지.[13]

어쨌든 오톨리커스의 연기가 첨가된 「겨울이야기」는 로맨틱 코미디다. 오톨리커스는 셰익스피어 작품에 등장하는 부랑자 중에서 가장 빛나는 존재다. 그래서 어떤 축약판 연극에서도 뺄 수 없는 고정 배역이 되었다.

의처증의 진원지

시실리의 궁정이다. 왕 레온테스는 소년 시절 친구였던 보헤미아의 왕, 폴릭세네스를 접대한다. 벌써 몇 달째다. 이젠 그만 돌아가야겠다는 옛 친구를 붙잡아두려고 왕비 허미오네를 동원한다. 그녀는 뱃속에 둘째 아이를 가진 몸이다. 아내의 권유가 주효하여 친구가 더 유하기로 했다는 소식을 듣자 왕은 갑자기 이성을 잃고 질투의 화신으로 표변한다. 그는 친구와

찰스 로버트 레슬리, 「오톨리커스(Autolycus)」(1836).

아내가 연인 사이이고 뱃속의 아이도 '그놈의 씨'라고 의심한다. 신하 카밀로를 시켜 폴릭세네스를 죽이라고 명한다. 카밀로는 폴릭세네스에게 이 사실을 알리고 그와 함께 보헤미아로 도주한다. 이 소용돌이 속에서 허미오네는 딸아이를 출산한다. 왕은 이 불륜의 산물을 야산에 내다버리라고 명령한다. 당초 왕비도 죽이려 했으나 한발짝 물러서서 감옥에 가두고 재판에 회부한다. 시종일관 폴리나는 왕을 상대로 허미오네의 변호에 나선다. 그녀의 남편 안티고너스도 왕의 분노를 사서 쫓겨나 죽는다. 내다버린 왕녀, 퍼디타는 출생의 비밀을 모른 채 목동의 손에 양육된다. 폴릭세네스의 아들, 프로리젤은 왕위를 포기하면서까지 목동의 딸 퍼디타에 구애하고, 용감한 사랑은 그녀의 고귀한 신분이 드러나면서 보상받는다. 레온테스가 이성을 되찾고 아내와 친구 사이에 화해가 이루어진다. 정의로운 인간, 폴리나와 카밀로도 결혼한다.

「오셀로」와 마찬가지로 이 작품에서도 질투가 자아낸 의처증이 주된 플롯이다. 그러나 의처증을 유발하는 상황은 오셀로의 경우와는 확연하게 대조된다. 오셀로의 경우는 신혼이다. 게다가 이아고의 치밀한 모략이 개입한다. 그래서 나름대로 변명의 여지가 있다. 반면 레온테스의 경우는 일시나마 실성하는 이유를 납득할 수 없다. 결혼한 지 한참이나 지나 아이까지 두었고, 게다가 둘째를 태중에 지녔다. 이른바 신혼의 신비감이 사라진 만큼 건전한 이성과 관성이 부부 사이에 자리 잡았을법도 하다. 누가 모략한 것도 아니다. 그렇다면 왜? 도대체 걷잡을 수 없는 분노의 진원지는 어디인가? 일찍이 존 길구드 경의 빛나는 연기가 인간의 한계를 생생하게 예증했듯이 광적인 성적 질투심의 원천은 가장 믿었던 친구에 대한 배신감이다. 김건모가 부른 「잘못된 만남」의 가사가 오버랩된다. "너를 사랑했던 것만큼 난 내 친구도 믿었기에 …… 난 예감을 했었지. 넌 나보다 내 친구에게 관심이 더 있었다는 걸."

레온테스 스스로 고백한다. "약한 마음은 가끔 어리석게도 정에 움직이기 쉬워 보다 마음이 굳은 사람들의 놀림거리가 되는가 보오."[14] 아내가 출산한 이이를 대위주이라고 했다가 외진 곳에 가져다버리라고 마음을 바꾸면서 스스로 자문한다. "나는 미풍에도 이리저리 흩날리는 새털에 불과한가?"[15] 「헛소동」에서처럼 이 작품에서도 'nothing'이란 단어가 다의적으로 활용된다. "둘이 속삭이는 것이 아무것도 아니란nothing 말인가?"[16] 아마도 「겨울이야기」는 상상imagination과 광신infatuation faith의 차이를 가르치기 위해 썼는지도 모른다. 전반부에서 레온테스는 아이처럼 주위를 본능적인 공포 속에 몰아넣는다. 폴리나가 따진다. "삼척동자, 아홉 살짜리 여자아이가 보기에도 황당무계한 의심"[17]이라고. 그러나 오래된 사내의 우정도 결코 공유할 수 없는 권력과 사랑 앞에서는 힘없이 무너진다. 사내여서 더욱 그렇다.

우정과 사랑

사춘기 소년 사이의 사랑이 성인이 되어서도 지속되려면 넘어야 할 고비가 많다. 가장 중요한 고비는 이성의 개입이다. 이성을 두고 벌이는 애정다툼은 승패가 명쾌해야만 한다. 공유, 분점이란 있을 수 없다. 철저한 승자 독식의 원리가 지배하기 때문이다. 세상에서 가장 불행한 사내는 친구의 아내를 연인으로 둔 사내다. 적어도 한 사람은 치유할 수 없는 마음의 상처를 입기 마련이다. 두 왕은 소년 시절에 한데 붙어 지낸 사이다. 해묵은 인연에 기대어 이제 그만 돌아가겠다는 객의 의지를 꺾어야만 한다. 그것을 영원한 우정으로 믿었던 주인이다. 객, 폴릭세네스는 죽마고우이자 주인인 레온테스와의 오랜 인연을 회상한다.

> 우리는 쌍둥이나 마찬가지였지요. 햇살 속에 뛰놀며 마주보고 따라 우는 어린 양처럼 말이에요. 순진한 마음만 주고받았고 그릇된 일은 알지 못했지요. 세상에 사악한 인간이 있다는 사실을 꿈에도 생각하지 못했습니다. 우리는 그 뒤로도 내내 그렇게 살았기에 고운 마음이 흔들리지 않았더라면 하늘을 우러러 한 점 부끄러움도 없는 천진한 마음을 가졌을 것입니다. 우리의 죄는 물론, 물려받은 원죄까지도 깨끗이 씻어낼 수 있었을 것입니다.[18]

작가는 늙은 양치기의 입을 빌어 사춘기의 위험을 경고한다. "열 살부터 스물세 살까지는 없었으면 좋겠어. 아니면 그동안 내내 잠이나 자든지. 그 나이엔 처녀나 건드려 애나 배게 하고, 노인에게 행패를 않으면 도둑질, 쌈질이나 하니까 …….[19] 그 흔한 말로 사춘기의 특성은 이유 없는 반항이다. 자신이 하고자 하는 바가 무엇인지 확고한 신념도 없이 현실적 상황에 대한 막연한 불만에 가득 차 있다. 그리고 틈만 있으면 일을 저지른다. 그 불만의 정체는 장래에 대한 불안이기도 하다. 문제는 사춘기란 졸업이 없다는 것이다. 나이가 들어 일단 벗어나는 듯해도 언제라도 되돌려질 수가 있다. 특히 발산할 열정이 애정 문제와 함께 엮일 경우에는.

레온테스가 무대에 등장하면서 내던지는 첫 대사는 떠나려는 친구를 붙들려는 진한 우정의 표현이다. "고맙다는 말씀은 아직 하실 때가 아니오. 떠나시는 날까지 접어두시게."[20] 남편이 행복해하는 모습을 보는 여주인도 행복하다. "정말 축복 받은 이야기지요. 훌륭한 남편을 얻고 (남편의) 옛 친구를 다시 얻었으니."[21] 사랑하는 남편의 친구라는 이유만으로 자연스럽게 농담을 건넬 정도로 친근감을 보인다. "정 그러시면 손님이 아니라 포로로 억류할까요? 그러면 떠나실 때 석방금을 내셔야 합니다."[22] "전하의 왕비와 저, 우리 둘 다 악마이지요."[23]

그러나 사내의 마음은 다르다. 소년은 성인이 되었고, 각자에게 아내라는 악마가 딸렸다. 그 악마는 함께 산다는 사실, 아니 이 세상 어디에 존재한다는 사실만으로도 농간을 부릴 수 있다.

"그를 설복했소?"[24] 남편은 아내를 졸라댄다. 그러나 막상 동의를 얻어냈다는 답을 듣는 순간 태도가 표변한다. "그거야 뭉개지고, 맛이 간 석 달이 시들자 마침내 당신이 하얀 손을 펼치고 내 사랑을 받아들였지. 그때 당신은 말했지. '저는 영원히 당신 것'이라고."[25] 혼인의 맹약을 교환하는 악수를 '뭉개진crabbed', '맛이 간soured' 같은 단어를 사용하면서 그들 자신의 결혼생활을 비하한다.

아내와 친구, 두 사람이 주객으로 자연스럽게 손잡고 대화하는 장면을 본 레온테스의 가슴에 해일과 같은 동요가 인다. "이건 정말 너무 뜨겁군. 우정이 넘치면 연정이 끓는 법. 내 가슴에 동계動悸. 가슴이 뛰는 건 기쁨 때문이 아니야."[26] 작가는 '가슴이 떨린다'는 말을 라틴어 tremor cordis로 썼다. 셰익스피어는 자신의 작품을 통틀어 총 120군데 라틴어를 사용한다. 짧게는 두 단어에서 길게는 몇 행에 이르기까지 용법도 다양하다.[27] 문법이나 내용이 틀린 곳도 적지 않다. 셰익스피어의 라틴어 실력에 대해서는 논의가 분분하다. 고향의 문법학교를 다닌 것이 그의 공식 학력의 전부다. 문법학교에서 배운 라틴어의 수준은 결코 높지 않다. 1623년 추도사에서 당시의 지식인 배우, 벤 존슨Ben Johnson은 셰익스피어를 일러 "라틴어를 약간 구사했고 그리스어는 그보다 더 처졌다."고 평가한다.[28] 그러나 「루크리스의 능욕」에서 플라우터스와 오비드를 번역한 것을 보면 그의 그리스어는 상당한 수준이었음을 알 수 있다.[29]

작가를 우상으로 경배하는 일부 광신자는 극적 효과를 노린 의도적인 오류라거나 편집자의 실수라고 변호하기도 한다. 그러나 적어도 「사랑의 헛수고Love's Labor's Lost」와 「윈저의 아낙네들The Merry Wives of Windsor」의 명백한 오류와 부적절한 용례는 학식 높은 독자의 심기를 매우 불편하게 만든다. 극중 인물의 대사에도 불만이 표출되었다. "엉터리 라틴어 때문에 죽겠군."[30] 때때로 고조된 감정을 표현하려고 라틴어를 쓰기도 했다. "브루터스, 너마저Et tu, Brute!" 그 유명한 시저의 최후의 변도 라틴어였다. 질투에 미친 레온테스의 분노도 그 비장함에 있어서야 어찌 영웅에 뒤지랴.

> 욕정이여! 너는 사람의 심령을 덮치는구나.
> 불가능한 것을 가능케 하고 허황한 꿈과 내통하지.
> 아니. 어찌 그럴 수가 있는고?
> 욕정, 너는 헛된 그림자와 동침하고
> 현실에 없는 것과 짝을 짓는구나!

그렇다면 현실에 분명히 존재하는 것과는
더 잘 어울릴 수 있을 게 아닌가.
그렇다. 그것도 모든 예의를 벗어던지고.
나는 이제 아노라. 앎으로써 일어난 번민이여,
머리에 굳어지는 뿔이여.[31]

미친 남편, 레온테스는 온갖 추잡한 상소리를 퍼붓는다. "음란의 별에 태어나"[32] "여자의 배 위에 바리케이드를 치다니."[33] 이성적 충고를 건네는 신하에게 왕은 나름대로의 상식적 논리로 포장한 극대의 상상력을 내보인다.

둘이 소곤대는 게 아무것도 아니란 말이요? 볼을 맞대는 것도? 코를 맞대는 것도? 입술 속으로 키스하는 것도? 또 웃다가는 한숨 쉬는 것도? (영락없는 부정의 증거지) 서로 발을 밟아주는 것도? 구석진 곳에 함께 숨어 있는 것도? 시계가 돌고 돌아 시가 분이 되고 낮이 밤이 되기를 바란다거나 사람들 눈에 겨자씨가 박혀 청맹과니가 되면 눈에 띄지 않고 제멋대로 할 텐데 하고 바라는 것도 아무것 아니란 말이오?[34]

레온테스의 상상과 언어의 폭력에는 한계가 없다.

내 추측, 내 판단이 적중했으니 천만다행이다. 하지만 차라리 몰랐더라면 더 좋았을 것을! 이럴 땐 행운이 불행이다. 거미가 빠진 술잔이라도 모르고 마시면 그만이지. 그걸 눈으로 보게 되고 어떤 술을 마셨는지 알게 되면, 구역질로 목이 타고 옆구리가 터질듯이 광란이 난다. 나는 술을 마시고 나서 그놈의 거미를 보았구나. 이 일에 카밀로는 방조자요, 뚜쟁이였어. 내 목숨과 왕관을 노리는 음모가 아니고서야 그럴 수가 없지. 믿지 않았던 일이 모두 사실이 되었어. 내가 부리던 그 불충한 역적은 이미 그자의 끄나풀이 되었단 말이야. 그자가 내 계획을 알아차리고 나는 그자들의 노리개가 되고 말았어. 제멋대로 가지고 놀 수 있는 장난감 말이야.[35]

불공정한 재판

레온테스: 스무사흘이 되었군. 참 빨리도 다녀왔군. 진상을 빨리 가려내야겠다는 아폴로 신의 뜻을 알겠군. 경들 채비를 차리시오. 회의를 소집하라. 왕비의 불륜을 문책하겠다. 공식적으로 기소되었으니 공정하고 공개적인 재판 절차를 밟아야 될 것이오.[36]

그러나 속마음은 다르다. 재판은 공개하지만 내용은 결코 공정하지 않다. 재판 날에는 자신의 숨은 의도를 드러낸다. 재판은 다분히 면피용이다.

> 공개적인 재판과 정당한 절차를 밟았으니
> 유죄가 되든 무죄가 되든
> 독재라고 비난할 수 없겠지.[37]

피고인은 공정하고 공개적인 재판을 받았는가? 누가 판사가 되며 배심은 있는가? 어떤 증거가 어떤 기준에 의해 판결에 반영되었는가? 적법절차가 지켜지지 않은 재판은 단순한 쇼에 불과하다. 허미오네는 '반역죄high treason'로 기소된다. 기소의 내용인즉 보헤미아의 왕, 폴릭세네스와 간통하고, 신하 카밀로와 공모하여 국왕을 살해할 것을 기도했다는 것이다. 또 "자신들의 안전을 위해 야간에 도주할 것을 공모했고",[38] 이러한 행위는 "충성스런 신하의 도리에 위배"[39]된다는 것이다.

허미오네의 피고인 변론은 당당하다. 먼저 피고인 스스로 자신의 무죄를 밝혀야 하는 어려운 처지에 있음을 호소한다.

> 제가 말씀드릴 내용은 고발 내용과는 다를 수밖에 없고 제 자신 이외에 증인이 따로 없으니 무죄를 주장한들 부질없는 일일지도 모릅니다.
> 저의 결백이 부정으로 간주되었기에 제 말도 그렇게 받아들이시겠지요.[40]

그러나 지극히 불리한 법정에서도 그녀는 신의 공정한 힘을 믿는다.

> 하늘이 인간 세상을 내려다보고 있는 한
> 거짓 고발은 무죄 앞에 굴복하고,
> 전제도 인내하면 스스로 부끄러워할 날이 있겠지요.[41]

그러면서 그녀는 남편에게 자신이 얼마나 품행이 방정하고 진실한 chaste and pure 아내였는지를 상기시킨다. 이어서 자신에게 쓰인 죄목을 조목조목 반박한다. 마치 이혼법정에 선 부부처럼 서로 상대의 잘못을 들추어낸다. 남편은 국왕의 신분에 어울리지 않는 비속한 언어로 "너는 폴릭세네스의 새끼를 뱄어."[42] "법이 무서운 걸 알아야 해. 반드시 죗값을 치러야 해. 사형을 각오하라."[43] 같은 모욕적인 언사로 윽박지른다.

허미오네도 지지 않고 "협박하지 말라."며 맞선다.[44] 남편의 사랑을 잃고, 아들은 행방불명인데다 새로 태어난 딸마저 빼앗긴 몸, 세상의 모든 즐거움을 잃은 그녀다. 더 이상 두려워할 것이 무엇 있으랴. 그러나 "명예만은 깨끗하게free honor" 지키고 싶다고 다짐한다. 단지 질투하는 마음 이외에 증거가 없다면 그것은 "법이 아니라 폭정"[45]이라고 반박한 후에 아폴로 신의 판단, 즉 신탁神託을 요청한다.[46] 방청하던 귀족은 신탁요구권이 피고인에게 보장된 권리임을 확인한다.

델포이 신전의 신탁은 소포클레스의 비극 「외디푸스 왕Oedipus Rex」에서도 중요한 비중을 차지한다. 이 작품에서 신탁은 테베의 왕 라이우스에게 장차 아들의 손에 죽을 운명이라고 경고한다. 신탁의 결과가 나왔다. 관리가 읽는다.

> 허미오네는 정결하고 폴릭세네스는 무고하며 카밀로는 충신이다. 레온테스는 질투심에 찬 폭군이고 그 순진한 아이는 왕의 자식이다. 버린 아이를 찾지 않으면 왕은 후사後嗣가 없으리라.[47]

레온테스에게는 받아들이기 힘든 충격적인 평결이다. 광기의 질투에 이성이 마비된 레온테스는 신의 평결조차 진실로 받아들이기를 거부하고 재판을 속행하라고 명령한다.[48] 그러나 다행스럽게도 비극은 파국으로 결말나지는 않는다. 레온테스가 제정신으로 돌아올 기회를 얻는다. 어린 왕자는 어머니의 신변을 걱정한 나머지 애가 타서 죽는다. 소식을 들은 허미오네도 기절한다. 그제야 자신의 불찰을 깨달은 레온테스다. "아폴로 신의 분노인가, 내가 저지른 불의를 척결하는구나."[49] "내 의처증이 너무 심했소."[50] 때늦은 후회지만, 늦게나마 이성을 되찾고 법의 지배를 수용하며. 아내와 아들의 죽음을 애도한다. 그리고 친구와 신하들의 충성을 보상할 것을 맹세한다.[51]

법에 있어서의 이성과 열정

레온테스의 의처증에서 파생된 재판과 그 후유증이 이 작품이 주된 플롯이지만 근저에는 보다 근본적인 문제가 깔렸다. 그것은 이성과 감정, 법과 열정 사이의 갈등과 대립이다. 셰익스피어가 「겨울이야기」를 통해 던지는 질문은 인간의 행위를 지배하는 원동력이 무엇인가, 구체적으로 '이성과 법인가, 아니면 감성과 열정인가?'다. 작가 자신은 명확한 답을 제시하지 않는다. 일견 이성과 법이 앞선다고 주장하는 듯이 비친다. 그러나 연극은 인생처럼 그리 간단치 않다. 때때로 이성과 법이 감성과 열정의 시녀로 전락하기도 한다. 레온테스는 질투심에 불탄 나머지, 이성을 상실하고 이렇다 할 증거도 없이 아내를 고발한다. 밀턴이 『실락원』에서 그린 '실연자의 지옥the injured lover's hell'에 떨어진 청년 꼴이 되었다. 애초 이성과 본능의 싸움에서 패배한 이성이 "질투심에 불탄 나머지 복수의 염에 포로가 된 것"이다.[52] 일시 이성을 상실한 그는 주위에 엄청난 혼란을 불러일으킨다. 이때 이성의 체계인 법(아폴로의 재판)이 감성의 세계에 제동을 건다.

당초 사건의 발단은 폴리나의 비난처럼 "근거가 희박한 막연한 환상"에 불과했다.[53] 미세한 언행에서 의심과 분노를 확대 재생산한 레온테스는 햄릿, 오셀로, 로미오처럼 원시적 충동에 휩쓸려 비극을 자초한다. 이렇듯 위험한 열정을 제어하는 이성의 체계가 법이다. 프로이트의 말대로 물리적 공격과 섹스와 같은 잠재적인 원시적 욕구의 충동을 제어하지 않고는 문명사회의 건설이 불가능하다. 문명사회에서는 법이 중추적인 역할을 하기 마련이다. 문명의 첫째 조건은 (법적) 정의다. 일단 만들어진 법은 모든 사람에게 평등하게 적용되고 특정한 개인에게 유리하게 바뀌거나 효력이 정지되지 않는다는 보장이다. 문명의 발달은 개인의 자유를 제한하고 정의는 모든 사람이 그 제한에 복종할 것을 요구한다.[54]

아폴로의 신탁은 법을 상징한다. 아폴로는 진리의 신일 뿐 아니라 시, 미술, 예술의 신이기도 하다. 이에 더하여 그는 법의 제정자기도 하다. 스파르타 법의 제정자인 리쿠르구스Lycurgus는 델포이 신탁을 통해 법을 전수받았다고 주장한다. 그렇다면 아폴로는 신의 법을 세속의 법으로 정착시키는 일을 하는 것이다. 이 작품에서 아폴로는 레온테스의 허위를 바로잡은 진리요, 충동을 제어하는 이성적인 법체계이다.

그러나 달리 해석하는 대가도 있다. 해럴드 고다드에 의하면 이 작품에서 셰익스피어는 이성과 감성 사이의 균형이라는 종래의 태도를 버리고 이성은 상상력과 감성 앞에 굴복해야 한다는 메시지를 전한다고 한다. 「햄릿」 이후로 때로는 종교적인 언어나 시적 언어를 통해 이성은 상상력의 시녀가 되어야 한다고 주장하는 것이다.[55] 허미오네가 낳은 아이를 죽도록 내버렸으나 외디푸스의 경우와 같이 목동이 발견하여 자신의 아이로 키운다. 이름은 퍼디타, 실종자라는 뜻이다. 그녀는 영민하고 아름답게 자라면서 많은 청년의 가슴을 설레게 한다. 폴릭세네스의 아들, 왕자 프로리젤이 첫눈에 혼을 앗긴다. 그러나 왕은 그녀의 낮은 신분을 들어 아들에게 왕관과 여자, 둘 중 하나를 택하라며 협박한다.

로맨티스트 청년, 프로리젤은 '사랑'을 택한다. 함께 도주하여 왕의 측근이 된 카밀로는 아버지의 성미를 알지 않느냐면서 젊은 혈기를 달랜다. 그러나 사랑에 빠진 청년은 "나는 내 사랑의 상속인일 뿐입니다."[56]라며 맞선다. "내 충고를 들어!" 카밀로의 압박에 프로리젤이 답한다. "내 환상이, 감각이 아니라 이성이, 내 광기가 나의 주인이오. 그를 환영하오."[57]

'환상fancy'은 사랑을 의미한다. 그러나 레온테스의 질투의 원인이 된 '근거가 희박한 환상'은 어디까지나 비합리적인 사랑에 불과하다. 그렇다면 법이 이성을 대변하는가? 결코 그렇다고 단언할 수 없다. 법은 결코 이성일변도가 아니다. 감성, 사랑, 열정의 지원을 받지 않은 법은 결코 지탱할 수가 없다. '문학가 법률가literary lawyer'로 정평 있는 벤저민 카도조 대법관은 역저 『법학의 패러독스』[58]에서 "조화할 수 없는 차이를 조화시키는 것, 각종 반명제들을 통합하는 일, 반反들의 합合을 달성하는 것, 그것이 법의 중요한 과제다."라고 설파했다.[59]

「겨울이야기」에는 이성과 감성의 조화를 강조하는 메시지가 담겼다. 판관 아폴로의 등장에 특별한 의미를 부여할 수 있다. 아폴로는 '이성'의 신이다. 냉철한 중용의 미덕을 상징한다. 후세의 니체는 『비극의 탄생』(1872)에서 아폴로와 디오니소스, 두 신을 비교한다. 디오니소스로 상징되는 인간의 열정이 예술 창작의 원동력이 되려면 이성에 의한 조화가 이루어져야 한다는 것이다. 니체에게 아폴로와 디오니소스는 선택의 문제가 아니라 융합의 문제였던 것이다.[60]

1987년, 미연방대법원의 브레넌 대법관은 같은 주제를 카도조 기념 강연에서 강론했다. "이성, 열정, 그리고 법의 발전"으로 제목 붙인 강연에서 그는 자신의 논지를 이렇게 요약한다. "각 세대가 자신의 경험과 지식 속에 이성과 열정을 함께 담을 때 비로소 법이 발전한다는 희망이 살아 있습니다."[61]

열정을 다스리고 이성을 되찾은 레온테스가 허미오네의 석상을 보고 쑥스러운 참회의 변을 토로한다. "석상이 날 꾸짖지나 않을까? 내가 더 돌덩어리 같다고."[62] 법은 다름 아닌 열정의 이성화 작업이다.

시민적 용기

부당한 명령을 거역할 용기, 그것은 건전한 정치공동체를 유지하려면 반드시 요구되는 덕목이다. 문제는 현실의 권력과 법에 저항해야 하고, 그 결과 박해를 받을 각오를 해야 한다는 것이다. 「겨울이야기」에서 작가는 이러한 딜레마에 빠진 인물로 네 사람을 제시한다.

안티고너스는 천성이 선량한 인간이다. 그러나 결정적인 순간에 신념과 결기가 부족하다. 왕의 자문역 귀족인 그는 왕이 왕비를 불륜녀라고 고발할 때 왕에게 경고한다.

> 전하의 정의가 폭력이 되지 않도록 깊이 살피소서.
> 결국 화를 입게 될 사람은 전하와 왕비 전하, 그리고
> 왕자님 세 분이 될 것이니 말입니다.[63]

안티고너스는 앞으로 닥칠 불행을 경고하면서 부당한 권력의 집행에 대해 제동을 걸려고 나름대로 고심한다. 사실을 알면 모두 분개할 것이라며[64] 왕의 확신을 비웃는다. "진상이 드러나면 왕은 웃음거리가 될 것이다."[65]고 방백한다. 그에게는 철두철미한 법과 정의의 화신인 아내 폴리나가 있다. 아내의 강기가 남편의 세속적 몰락의 빌미를 제공한다. 왕은 그가 끊임없이 왕비의 무고함을 주장하면서 '깐죽대는' 아내를 제지하지 않는 것이 불만이다. "깐죽거리는 제 계집 주둥아리 하나 막지 못하는 너야말로 교수형감이야."[66] 안티고너스의 답은 "만약 그런 사내를 모두 처형하신다면 전하의 신하로 살아남을 자가 거의 없을 겁니다."[67] 레온테스는 안티고너스를 지목하여 "네가 직접"[68] 아이를 불태워

죽이라고 명령한다. 정신들이 재고할 것을 청원하자 레온테스는 안티고너스에게 묻는다. "그까짓 사생아의 생명을 구하려고 어떤 희생을 치르겠는가?"라고. 안티고너스는 '무엇이든any thing' 다 하겠다고 호기롭게 답한다. 화가 난 레온테스는 "아이를 외진 곳에 버려 죽든 살든 제 운명에 맡기라."고 엄명하고 "만약 어길 시에는 부부의 생명을 빼앗겠노라."고 선언한다."[69] 그러나 '무엇이든' 다 하겠다던 안티고너스는 실제로는 아무것도 하지 않은 채 잔인한 명령을 충실하게 집행한다. "결단코 분부대로 시행하겠나이다. 지금 당장 죽음을 내리시는 편이 더욱 자비로운 처사임을 알고 있사옵니다만."[70] 다만 속으로는 아이가 천우신조로 살아남기를 빌 뿐이다. 그의 꿈에 허미오네가 나타나서 경고한다. "선량한 안티고너스여 그대 어진 천성에 맞지 않게 운명의 여신은 그대로 하여금 아기를 내다버리도록 하였소. …… 왕께서 그대에게 부과한 잔인한 일로 그대는 다시는 아내 폴리나를 만날 수 없게 될 것이오."[71] 그가 '선량한' 인간의 '어진 천성'에 맞지 않게 잔인한 일을 행한 결과는 무엇인가? 자기 자신의 파멸이다. 그는 야생 곰에 의해 갈기갈기 찢겨 죽는다(셰익스피어 활동 당시에 쓴 "안티고너스, 곰에 쫓겨 퇴장"[72]이라는 무대감독의 메모가 있다고 한다.). 뿐만 아니라 그가 탔던 배는 풍랑을 만나 전원이 몰사하는 비극이 발생한다.

안티고너스의 소극적 자세와는 달리 카밀로는 적극적으로 부당한 명령에 저항한다. 안티고너스와 마찬가지로 카밀로도 레온테스의 측근이다. 셰익스피어는 대조되는 두 측근의 업무 자세를 부각시키려고 1막에서 안티고너스가 발언하기 전에 카밀로를 무대에서 퇴장시키는 배려를 한다. 극의 초입에 카밀로가 공직자의 업무수칙에 대한 일반원칙을 강론한다.

> 만야 이 일을 하면서도 어리석었다면,
> 이는 전하의 뜻을 헤아리지 못한 까닭에 일어난 불찰이었습니다.
> 만일 결말을 자신하지 못하여 어떤 일을 주저한다면,
> 그리고 결국 수행하지 못한 잘못이 분명히 드러난다면,
> 이는 가장 현명한 자에게도 따르는 망설임입니다.[73]

이러한 카밀로의 원칙은 자신의 신변의 위험이 목전에 닥치자 상황에 대한 신중한 분석으로 이어진다. 그리고 마침내 결단을 내린다.

> 선량한 폴릭세네스를 독살해야만 한다. 이유는 단지 신하된 도리. 왕은 이성에 배반하여 온 조정으로 하여금 이성을 거역하도록 만든다. 이 일을 해내면 입신양명이 따르겠지. 정통의 왕에 대래 시역을 범하고도 잘 살았다는 기록이 수백, 수천이 있다 해도 이 일은 하지 않겠다. 구리에도, 돌에도, 양피지에도 그런 기록이 없으니 악인 중의 악인도 행하지 않는 일이리라. 조정을 떠나야겠다.[74]

그는 불의의 군주를 버리고 보헤미아로 망명하여 폴릭세네스를 섬긴다. 그러고는 극의 종장에 화해가 이루어졌을 때 돌아와서 최후의 승

자가 된다.

안티고너스의 아내, 폴리나는 이성적 법과 절차의 화신이다. 시종일관 그녀는 무고한 허미오네의 '강력한 변호사 역할'을 수행한다. 행여나 뱃속의 아이에게 화가 미칠까봐 노심초사하는 어미에게 위로와 격려를 건넨다. "두려워하실 필요 없어요. 이 아기로 말할 것 같으면 뱃속에 갇혀 있다 대자연의 법칙과 과정에 의해 그곳에서 해방된 것이지요. 그러므로 설령 왕비께서 잘못이 있다고 하더라도 아기의 잘못은 아니니까 왕 전하의 노여움의 대상이 될 수는 없지요."[75]

또 폴리나는 신의의 상징이다. 16년간이나 '죽은' 허미오네의 등신불 조상彫像을 돌본다. 동네 사람의 증언이다. "부인이 거기에 무슨 중대한 일이 있으려니 했지요. 허미오네 왕비께서 승하하신 뒤로 그분은 남몰래 하루에도 두세 차례 빠짐없이 그 외딴집을 나들이하셨으니 말입니다."[76]

가장 용기와 지혜를 갖춘 시민인 폴리나는 일체의 처벌을 받지 않는다. 폭군 레온테스에게도 약간은 양심이 남아 있었기에 그나마 갱생의 기회가 주어진 것이다. 선량하나 결기가 모자랐던 남편을 동물의 아가리에 바친 폴리나는 용감한 시민, 카밀로와 재혼한다. 용감한 사람들에게 최후의 승리가 주어진 것이다. 사사건건, 자신의 행동을 비판하며 제동을 걸던 폴리나를 일러 레온테스는 "인품과 정직의 미덕이 빛나고 정의로운"[77] 사람이라고 총평을 내린다.

마지막으로 폴릭세네스의 아들, 프로리젤의 용기 있는 저항도 주목할만하다. 그는 아버지의 명령을 거역하고 낮은 신분의 여인, 퍼디타를 택하여 함께 사랑의 도주를 감행한다. 사랑을 위해 기꺼이 왕관을 버린 것이다. 청년의 용기 있는 행동은 감춰진 퍼디타의 고귀한 신분이 밝혀지면서 보상을 받는다.

결과적으로 소심하고 비겁한 안티고너스를 제외한 나머지 세 사람의 용기 있는 비판자는 모두 영광을 찾는다. 시간이 해결해준 것이다. 셰익스피어는 법의 일시적, 유동적 성격을 강론하는지도 모른다. 제4막 프롤로그에서 코러스의 이름은 다름 아닌 '시간Time'이다. "십육 년이란 세월을 넘어서 …… 법률을 뒤집거나 관습을 심거나 뒤집어버리는 것이 나의 권능이 아니겠습니까.[78] 자유를 허락하여 주세요. 나는 태고의 질서가 서기 전이나 현재의 질서에서나 영원한 존재인 것입니다."[79]

그렇다. 시간은 영속되는 것이다. 일시 가려진 진실은 언젠가는 드러나기 마련이고, 일시 유린당했던 정의는 시대의 발전에 따라 복귀되기 마련이다. 그래서 역사는 발전하는 것이라고 자신 있게 말하는 것이다.

1 MAMILLIUS: A sad tale's best for winter. I have one/Of sprites and goblins(2.1. 27-28).

2 HERMIONE: (…) Come on. and do your best/To fright me with your sprites. You're powerful at it(2.1. 28-29).

3 MAMILLIUS: There was a man–(…) Dwelt by a churchyard.–I will tell it softly, Yon crickets shall not hear it(2.1. 30-33).

4 SECOND GENTLEMAN: This news (…) is so like **an old tale** that the verity of it is in strong suspicion(5.2. 27-29).

5 "like **an old tale** still"(5.2. 62).

6 PAULINA: That she is living. Were it but told you, should be hooted at/Like **an old tale**(5.3. 117-119).

7 Harold Goddard, *The Meaning of Shakespeare*, Vol. 2 (University of Chicago Press, 1951), p. 263.

8 Ibid., p. 270.

9 "naturally conceived and strongly represented".

10 Harold Bloom, *Shakespeare: The Invention of the Human* (Penguin Books, 1988), p. 650.

11 AUTOLYCUS: When daffodils begin to peer,/With heigh, the doxy over the dale,/Why then comes in the sweet o'the year,/For **the red blood reigns in the winter's pale**./The white sheet bleaching on the hedge,/With heigh, the sweet birds, O how they sing! Doth set my pugging tooth an edge,/For a quart of ale is a dish for a king./The lark, that tirra-lirra chants,/With heigh, with heigh, the thrush and The jay,/Are summer songs for me and my aunts/While we lie tumbling in the hay(4.3. 1-12).

12 AUTOLYCUS: Lawn as white as driven snow,/Cypress black as e'er was crow,/ Gloves as sweet as damask roses,/Masks for faces, and for noses;/Bungle-bracelet, necklace amber,/Perfume for a lady's chamber;/Golden coifs, and

stomachers/For my lads to give their dears;/Pins, and poking-sticks of steel,/What maids lack from head to heel/Come buy of me, come, come buy, come buy,/Buy, lads, or else your lasses cry./Come buy(4.4. 260-263; 281-282)!

13 AUTOLYCUS: Here's one to a very doleful tune, how a usurer's wife was brought to bed of twenty money-bags at a burden, and how she longed to eat adders heads and toads carbonadoed.

DORCAS: Bless me from marrying a usurer(4.4. 260-263)!

AUTOLYCUS: Five justices' hands at it, and witnesses more than my pack will hold(4.4. 281-282).

14 LEONTES: How sometimes nature will betray its folly,/Its tenderness, and make itself a pastime/To harder bosoms(1.2. 153-155)!

15 LEONTES: I am a feather for each wind that blows(2.3. 154).

16 본 장 주34 참조.

17 PAULINA: Fancies too weak for boys, too green and idle/For girls of nine(3.2. 180-181).

18 POLIXENES: We were as twinned lambs that did frisk i'th' sun,/And bleat the one at th' other. What we changed/Was innocence for innocence. We knew not/The doctrine of ill-doing, nor dreamed/That any did. Had we pursued that life,/And our weak spirits ne'er been higher reared/With stronger blood, we should have answered heaven/Boldly, Not guilty', the imposition cleared/Hereditary ours(1.2. 69-77).

19 OLD SHEPHERD: I would there were no age between ten and three-and-twenty, or that youth would sleep out the rest; for there is nothing in the between but getting wenches with child, wronging the ancientry, stealing, fighting (…)(3.3. 57-59).

20 LEONTES: Stay your thanks a while/And pay them when you part(1.2. 9).

21 HERMIONE: (…) The one for ever earned a royal husband; th'other for some while a friend(1.2 109-110).

22 HERMIONE: Force me to keep you as a prisoner,/Not like a guest: so you shall pay your fees/When you depart, and save your thanks(1.2. 52-54).

23 HERMIONE: Your queen and I are devils(1.2. 84).

24 LEONTES: Is he won yet(1.2. 89)?

25 LEONTES: Why, that was when/Three crabbed months had soured themselves to death/Ere I could make thee open thy white hand/And clap thyself my love. Then didst thou utter,/'I am yours for ever'(1.2. 104-107).

26 LEONTES: Too hot, too hot:/To mingle friendship farre is mingling bloods. I have *tremor cordis* on me. My heart dances,/But not for joy, not joy(1.2. 111-113).

27 J. W. Binns, "Shakespeare's Latin Citations: The Editorial Problem", *35 Shakespeare Survey* (1982), pp. 119-128.

28 "hadst some Latin and less Greek", Nicholas Knight, *Shakespeare's Hidden Life: Shakespeare at the Law 1585-1595* (Mason & Lipscomb, 1973), p. 5.

29 Ibid., p. 45.

30 "O, I smell false Latin"(「사랑의 헛수고」, 5.1. 75).

31 LEONTES: Affection! thy intention stabs the centre. Thou dost make possible thing not so held,/Communicat'st with dreams—how can this be?—/With what's unreal thou coactive art,/And fellow'st nothing, Then 'tis very credent/Thou mayst co-join with something, and thou dost—/And that beyond commission; and I find it—/And that to the infection of my brains/And hard'ning of my brows(1.2. 140-148).

32 LEONTES: It is bawdy planet(1.2. 202).

33 LEONTES: No barricado for a belly(1.2. 205).

34 LEONTES: Is whispering nothing?/Is leaning cheek to cheek? Is meeting noses?/Kissing with inside lip? stopping the career/Of laughing with a sigh—a note infallible of breaking honesty. Horsing foot on foot?/Skulking in corners?

Wishing clocks with more swift,/Hours minutes, noon midnight? And to all eyes/Blind with the pin and the web, but theirs, theirs only, (…)(1.2. 287-293).

35 LEONTES: How blest am I/In my just censure, in my true opinion! Alack, for lesser knowledge how accursed/In being so blest! There may be in the cup/A spider steeped and one may drink, depart,/And yet partake no venom for his knowledge/Is not infected; but if one present/Th'abhorred ingredient to his eye, make known/How he hath drunk, he cracks his gorge, his sides,/With violent hefts. I have drunk, and seen the spider. Camillo was his help in this, his pander:/There is a plot against my life, my crown./All's true that is mistrusted. That false villain/Whom I employed, was pre-employed by him. He has discovered my design, and I/Remain a pinched thing, yea, a very trick/For them to play at will(2.1. 39-54).

36 LEONTES: Twenty three days/They have been absent. 'Tis good speed, foretells/The great Apollo suddenly will have/The truth of this appear. Prepare you, lords/Summon a session, that we may arraign/Our most disloyal lady; for as she hath/Been publicly accused, so shall she have/A just and open trial(2.3. 198-205).

37 LEONTES: Let us be cleared/Of being tyrannous since we so openly/Proceed in justice, which shall have due course/Even to the guilt or the purgation(3.2. 4-7).

38 OFFICER: (…) for their better safety to fly away by night(3.2. 20).

39 OFFICER: (…) contrary to faith/and allegiance of a true subjects, (…)(3.2. 18-19).

40 HERMIONE: Since what I am to say must be but that/Which contradicts my accusation, and/The testimony on my part no other/But what comes from myself, it shall scarce boot me/To say 'Not Guilty'. Mine integrity/Being counted falsehood shall, as I express it,/Be so received(3.2. 21-27).

41 HERMIONE: (…) if powers divine/Behold our human actions—as they do—/I

doubt not then but innocence shall make/False accusation blush, and tyranny/ Tremble at patience(3.2. 27-31).

42 LEONTES: You had a bastard by Polixenes, (…)(3.2. 83).

43 LEONTES: Shalt feel our justice, in whose easiest passage. Look for no less than death(3.2. 88-89).

44 HERMIONE: Sir, spare your threats(3.2. 90).

45 HERMIONE: 'Tis rigour and not law(3.2. 113).

46 HERMIONE: Your honours all, I do refer me to the oracle. Apollo be my judge(3.2. 113-114).

47 OFFICER: Hermione is chaste, Polixenes blameless, Camillo a true subject, Leontes a jealous tyrant, his innocent babe truly begotten, and the king shall live without an heir if that which is lost be not found(3.2. 132-135).

48 LEONTES: There is no truth at all i'th' oracle. The sessions shall proceed. This is merely falsehood(3.2. 139-140).

49 LEONTES: Do strike at my injustice(3.2. 145-146).

50 LEONTES: I have too much believed mine own suspicion(3.2. 150).

51 LEONTES: And how piety,/Does my deeds make the blacker(3.2. 170-171)!

52 LEONTES: For being transported by my jealousies/To bloody thoughts and to revenge(3.2. 157-158).

53 "weak hinged fancy"(2.3. 119).

54 Sigmund Freud, *Das Unbehagen in der Kultur* (1930), 「문명 속의 불만」, 『프로이트 전집』 15권, 김석희 옮김(열린책들, 1997), pp. 280-281.

55 Goddard, ibid., p. 269; 273.

56 FLORIZEL: I am heir to my affection(4.4. 480).

57 FLORIZEL: I am, and by my fancy. If my reason/Will thereto be obedient, I have reason. If not, my senses, better pleased with madness,/Do bid it welcome(4.4. 482-484).

58 Benjamin Cardozo, *Paradoxes of Legal Science* (Columbia University Press, 1928).

59 "the reconciliation of the irreconcilable, the merger of antitheses, the synthesis of opposites, these are the great problems of the law", ibid., p. 254.

60 Friedrich Nietzsche, *Die Geburt der Tragödie*, 「비극의 탄생」, 『니체 전집』 2, 이진우 옮김(책세상, 2005), p. 178.

61 William Brennan, "Reason, Passion and the Progress of the Law", *Record of the Association of the Bar of the City of New York*, 42 (Dec. 1987).

62 LEONTES: Does not the stone rebuke me/For being more stone than it(5.3. 37-38)?

63 ANTIGONUS: Be certain what you do, sir, lest your justice/Prove violence, in the which three great ones suffer—/Yourself, your queen, your son(2.1. 128-130).

64 LEONTES: (…) for this business/Will raise us all(2.1. 199-200).

65 ANTIGONUS: To laughter, as I take it,/If the good truth were known(2.1. 200-201).

66 LEONTES: (…) Thou art worthy to be hanged,/That wilt not stay her tongue(2.3. 109-110).

67 ANTIGONUS: Hang the husbands/That cannot do that feat, you'll leave yourself/ Hardly one subject(2.3. 110-112).

68 LEONTES: Even thou, and none but thou(2.3. 135).

69 LEONTES: (…) to some remote and desert place, quite out/Of our dominions; (…)/Where chance may nurse or end it(2.3. 176-183).

70 ANTIGONUS: I swear to do this, though a present death had been more merciful (2.3. 184-186).

71 ANTIGONUS: '**Good** Antigonus,/Since fate, against thy **better disposition**,/ Hath made thy person for the thrower-out/Of my poor babe, (…) you shall be punished. For this **ungentle business**/Put on thee by my lord. thou ne'er shalt see/Thy wife Paulina more, (…)(3.3. 26-35).

72 “Exit pursued by a bear”.

73 CAMILLO: If ever fearful/To do a thing where I the issue doubted,/Whereof the execution did cry out/Against the non-performance, ’twas a fear/Which oft infects the wisest(1.2. 260-264).

74 CAMILLO: I must be the prisoner/Of good Polixenes, and my ground to do’t/Is the obedience to a master—one/Who in rebellion with himself, will have/All that are his so too. To do this deed,/Promotion follows. If I could find example/Of thousands that had struck anointed kings/And flourished after, I’d not do’t (…) I must/Forsake the court(1.2. 353-363).

75 PAULINA: You need not fear it sir. The child was prisoner to the womb, and is/By law and process of great nature thence/Freed and enfranchised: not a party to/The anger of the King, nor guilty of—/If any be—the trespass of the Queen(2.2. 62-66).

76 SECOND GENTLEMAN: I thought she had some great matter there in hand, for she hath privately twice or thrice a day, ever since the death of Hermione, visited that removed house(5.2. 103-107).

77 LEONTES: (…) whose worth and honesty/Is richly noted, and justified (…)(5.3. 145-146).

78 TIME: O’er sixteen years (…) it is in my power/To o’erthrow law, and in one self-born hour/To plant and o’erwhelm custom(4.1. 1-9).

79 TIME: Let me pass/The same I am ere ancient’st order was/Or what is now received(4.1. 9-11).

13장

칼이 우리의 법!

「리처드 3세 Richard III」

역사와 신화

"태양빛에 바래지면 역사가 되고, 달빛에 물들면 신화가 된다." 소설가 이병주(1921-1992)의 화려한 수사다. 역사는 승자의 기록이다. 패자에 대한 세인의 아쉬움은 신화와 전설 속으로 물러난다. 기록에 대한 인간의 신뢰는 일관될 수가 없다. 그러기에 길게 보아 누가 진정한 승자가 될지는 알 수 없는 일이다. 역사드라마는 진실과 허구의 강 사이를 나들이하는 나룻배다. 명망 높은 셰익스피어학자의 한 사람인 브래들리의 저술에 서문을 쓴 베일리는 "거짓을 통해 진실을 보여주는 것, 그것이 바로 예술가의 패러독스다."라고 했다.[1]

1483년부터 2년간 재위한 역사적 인물 리처드 3세는 요크 가와 정복왕 윌리엄의 직계인 플랜태저넷 가의 마지막 국왕이었다. 그는 극작가 셰익스피어에 의해 돌이킬 수 없는 악한으로 예술사에 등재된다. 작가는 그를 무수한 악행과 실정을 저지른 실패한 군주로 기록한다. 리처드 3세는 셰익스피어가 만들어낸 캐릭터 중 가장 빛나는 배역의 하나다. 그는 악의 화신이자, 독재자의 전형이다. 거침없는 권모술수로 왕위를 찬탈하면서 수많은 사람을 살해하고 특히 조카인 어린 두 왕자(황태자와 요크 공작)를 런던탑에 가두었다가 죽인 것으로 구성했다. 성격파탄자인 주인공의 이미지를 강조하기 위해 외모마저 불구로 만든다. 리처드는 마가렛 왕비의 냉소처럼 '곱사등이 거북',[2] 신체적 불구가 내면의 불구로 이어진 악인이다. 스스로 고백하듯이 뒤틀린 열등감의 발로로 세상에 대해 악행을 저지른다. 그의 악마성은 다른 선량한 인물과 대비되어 더욱 부각된다. 한 예로 꿈속의 상황을 보자. 1막 4장에서 클레어런스가 지옥에서 위증과 살인의 소추를 받는다. 5막 3장에서 리처드도 자신이 살해한 망령들의 저주를 받는다. 클레어런스는 분명치 않은 자신의 죄과를 뉘우치면서 신의 자비를 기원한다. 반면 리처드는 악몽에서 깨어나도 한 줌의 회한도 나타내지 않고 한마디 기도조차 하지 않는다. 리처드를 신의 두려움조차 모르는 철저한 악한으로 만들어야 하기 때문이다. 후일 도스토에프스키의 『까라마조프 가의 형제들』에 등장하는 스메르자코프의 원형도 리처드 3세였다.

1485년 보스워스 필드 전투에서 리처드를 꺾고 승리한 리치먼드는 튜

윌리엄 호가스, 「리처드 Ⅲ세 역의 데이비드 개릭(David Garrick as Richard Ⅲ)」(1745).

더 왕조의 시조, 헨리 7세가 된다. 랭커스터 가문의 헨리는 선왕 에드워드 4세의 딸 엘리자베스와 결혼함으로써 양가를 통합한다. 요크 가의 백장미와 랭커스터 가의 홍장미를 합친 겹장미가 튜더 왕주의 문양이 된다. 헨리 7세, 헨리 8세를 거쳐 엘리자베스(1558-1603)에 이르는 튜더 왕조는 봉건시대를 벗어나 르네상스로 이행하는 중요한 징검다리가 되었다. 튜더 왕조의 마지막 왕 엘리자베스 시대에 탄생한 셰익스피어의 사극은 튜더 왕조의 정통성과 정당성을 뒷받침하는 작업이기도 했다. 이 작품은 1597년에 초연되었으나 보다 앞서 완성된 것으로 보이며 16세기 영국사에 관한 두 저술[3]을 바탕으로 삼았다고 한다. 또 이들은 보다 앞선 토머스 모어의 라틴어 저술[4]에 크게 의존한 것으로 보인다. 모어는 어린 시절에 셰익스피어의 「리처드 3세」에서 반대 세력으로 등장하는 엘리 주교, 존 모턴John Morton 아래에서 일한 적이 있다. 주인의 영향으로 리처드의 악마성을 부각시킨 것이 후세 시인의 상상력을 자극했다는 주장도 있다.

어쨌든 작가는 창작의 의도에 맞추어 역사를 재구성하고 새로운 사건과 인물을 첨가했다. 극의 전반부에 헨리 6세의 장례식, 리처드와 앤의 결혼, 클레어런스의 암살과 에드워드 4세의 사망 등 일련의 사건을 거의 동시에 벌어지게 함으로써 리처드가 무대를 압도하는 데 크게 기여한다. 그러나 역사적 기록은 다르다. 헨리 6세가 사망한 것은 1471년, 리처드와 앤의 결혼은 1472년의 일이다. 클레어런스는 1477년에 런던탑에 수감되어 이듬해에 처형되었고 에드워드 4세는 1483년에 비로소 사망했다. 또 극중에 마가렛 왕비가 등장하는 것은 역사적 기록과는 무관하다. 그녀는 1471년 튜크스베리 전투에서 체포되어 에드워드 4세의 명에 따라 투옥되었다가 프랑스로 이송되어 그곳에서 1482년 사망했다. 사극은 역사를 참칭한 연극일 뿐, 역사 자체는 아니다.

셰익스피어의 초기극에는 고대의 극적 전통이 융합, 반영되었다. 특히 로마 시대 세네카의 영향이 두드러진다. 세네카의 작품에는 유령과 같은 초자연적인 영물靈物이 빈번하게 등장한다. 이 작품에도 유령의 행렬이 있고 전조와 예언의 수법이 광범하게 활용되며 죽음의 세계가 생생하게 묘사된다. 세네카 극에 난무하는 폭력도 전승되었다. 클레어런스와 두 어린 왕자의 잔인한 암살 장면과 처형당한 헤이팅스의 수급首級을 보이는 장면 등, 세네카적 폭력의 전시효과도 강조된다.

연극 「리처드 3세」는 영국 밖에서도 널리 사랑받는 거의 유일한 셰익스피어 사극이다. 역사가 아니라 연극으로 평가받고, 무엇보다 주인공의 캐릭터가 모든 극적 요소를 구비했기 때문일 것이다.

신의 분노를 사는 범법자는 응당 파멸을 면할 수 없다는 것이 셰익스피어가 수용한 『연대기』의 저자 홀린셰드의 기본 사상이다. 1막 3장의 마가렛 왕비의 격렬한 저주와 예언이 작품의 기본 구도를 형성한다. 그녀에게서 파멸을 예고 받은 자들이 경고를 무시하고 신을 모독하는 행위를 하다가 마침내 신의 심판을 받아 몰락한다. 인과응보의 법칙과 예언의 현실화라는 그리스 비극의 전형적 주제도 융합, 승계된다.

복합적인 성격파탄자

주인공 리처드는 복합적인 성격의 소유자이다. 우선 그는 심한 열등감의 소유자이다. 그가 입을 열면서 연극의 막이 열린다. "이제 음울한 겨울이 가고 찬란한 여름이 왔나니 요크 가문의 태양이 창창하도다."[5] 시절이 빛나기 때문에 자신은 더욱 우울하다. "조악하게 만든 불량품, 맵시 뽐내는 요정 앞에 멋쟁이 걸음 걷기는 글렀고",[6] "이 태평성대에 내게 무슨 낙이 있단 말인가? 기껏해야 양지쪽에서 내 그림자나 훑쳐볼 뿐이지."[7] "자, 그러니 헛된 말만 번지르르한 이 세상에서 호걸로 지내기도 글렀으니 차라리 악당으로 당당하게 처세하여 이놈의 세상, 헛된 쾌락을 저주해주어야지."[8]

그의 주변에는 정치적 추종자와 권력의 하수인만 줄줄이 서 있을 뿐 남녀노소를 불문하고 진심어린 애정이나 따뜻한 연민의 눈길을 주는 사람은 없다. 리처드처럼 단 한 사람의 사랑도 받지 못하고 철저한 악한으로 마감하는 배역이 또 어디 있을까? 혈육도 입을 모아 그를 경멸한다. 어머니마저 그런 자식을 낳은 사실을 신의 저주로 받아들인다.

> 네가 태어난 것은 이 세상을 어미의 지옥으로 만들기
> 위해서가 아니냐?
> 너를 낳을 때의 그 극심한 고통, 네 아이 시절의 까탈
> 스러움,
> 학교 다닐 때는 거칠고, 난폭하고, 툭하면 화를 내고,
> 성인이 되어서는 간덩이만 커서 앞뒤를 가리지 못해.
> 겉보기는 온화하나 속은 더 흉측해.
> 너와 함께 있으면서 이 어미 마음 편할 날이
> 어디 하루라도 있었단 말이냐.[9]

권력에 미친 리처드에게 이른바 '양심'이란 보람된 일을 성취하는

데 거추장스럽고 비생산적인 장애물에 불과하다.

> 양심은 비겁한 자나 쓰는 말.
> 강한 자에게 겁을 주려 만든 말.
> 우리의 튼튼한 팔뚝이 우리의 양심이요,
> 칼이 우리의 법이다.[10]

권모술수의 달인인 그는 고도의 위장과 책략으로 주위를 평정한 후 남모르는 자만의 미소를 짓는다.

> 이쯤 되면 악당의 알몸을 근사하게 차려입히는군.
> 케케묵은 성경에서 훔쳐 모은 누더기 조각으로 말이야.
> 그렇게 되면 마귀도 성자처럼 보이지.[11]

냉혈한인 그는 누구보다도 지적이다. 그의 책략은 관객의 마음을 흥분으로 사로잡는다. 그가 구사하는 언어와 유머는 잔인하지만 생동감이 넘친다. 무고한 사람을 희생시키므로 더욱더 그러하다. "독수리도 감히 앉지 못하는 자리에 굴뚝새 따위가 먹이를 찾고 있다니 ……"[12] 벼락부자와 진짜 귀족을 비유하는 기지가 번뜩인다. 첫 장면에서는 형 클레어런스의 처지를 동정하는 따뜻한 아우로서 한 치의 틈도 없다. 형의 체포에 분개하며 석방운동에 나서는 척하지만 실은 그 자신이 배후 인물이다. 이어서 앤에게 목숨을 걸고 구애하는 비장한 연인으로 관객의 혼을 사로잡는다. 궁중에서는 아첨을 몰라서 모함을 당하는 선량한 왕의 혈육이다. 너무나 순수하여 풍진 세상을 탈속한 경건한 인물로 연기한다. 그러면서도 필요하면 즉시 변신하는 탁월한 연기를 보인다. 버킹감을 최측근 참모로 삼아 특별한 신뢰를 주고 장래의 지위도 약속한다. "내가 왕이 되면 경에게 헤리포드 백작령을 드리겠소. 그리고 선왕이 소유하던 동산 일체도 경의 소유로 드리겠소."[13] 그러나 정작 왕이 된 후에 버킹감이 약속을 환기시키자 가차 없이 내쳐버린다. 리처드의 언행은 시종일관 오로지 자신의 정치적 목적을 달성하기 위한 거짓 연기일 뿐이다. 자신 소유의 베이마드 성Baymard's Castle에서 손님은 맞는 장면이 압권이다. 버킹감이 중의를 대변하여 리처드에게 왕관을 바치고 리처드는 이를 거절하는 쇼를 벌인다. 한 손에는 성경을 들고 좌우에 주교들을 거느림으로써 정치보다는 종교적 명상에 더욱 관심이 깊은 성스러운 인물로 위장한다. 그리하여 자신의 뜻에는 어긋나지만 나라를 위해 마지못해 대임을 받아들이는 인격자로 비친다. 이 능란한 연기에 모두 속아 넘어간다.

그러나 정작 왕이 되고 난 후에 리처드는 전반에서 보인 적극적인 조종자, 모사꾼의 빛나는 역량은 자취를 감춘다. 리처드의 모든 행위는 정적이 주도한 사건의 반작용에 불과하다. 확신에 찬 정치지도자였던 그는 불안, 의구심과 공포에 사로잡힌 비겁한 인간으로 전락한다.

이처럼 변화무쌍한 주인공의 심리상태를 몸으로 표현해야 하는 리처드 3세는 대배우가 아니면 해낼 수 없는 배역이다. 18세기 초의 전설적인 셰익스피어 배우, 데이비드 개릭David Garrick의 연기 장면을 윌리엄 호가스William Hogarth가 그림[14]으로 재생한다. 결전을 앞둔 날, 꿈속에 나타난 원귀들에게 가위 눌린 표정이 생생하다.

여전히 사랑받는 로렌스 올리비에의 리처드와 현대적으로 각색한 이언 맥컬런의 새로운 리처드.

영화로는 더욱 어렵다. 1955년, 로렌스 올리비에가 감독과 주연을 겸했던 이 영화는 아직도 많은 사람들의 열광적인 사랑을 받는다. 지은이는 당대의 명우, 이안 맥컬런Ian McKellen이 열연한 연극과 영화를 비교적 짧은 시차를 두고 감상하는 행운을 누렸다.

1991년 초겨울, 런던의 웨스트엔드에서 우러러본 그의 강렬한 연기에 매료되어 영국왕조사를 다시 뒤적거리기도 했다. 그가 주연한 1995년 영화도 개봉과 동시에 감상했다. 맥컬런은 정식으로 '커밍아웃'한 동성애자로 영국 동성애자LGBT 단체인 스톤월Stonewall의 창립 멤버여서 더욱 세인의 주목을 받는다. 약간의 논란 끝에 2001년, 여왕으로부터 기사작위를 받기도 했다. 금세기에 들어서는 케네스 브래나가 주목받는 리처드 3세 배역으로 부상했다.

능란한 구애자

여색을 다루는 기술도 영웅의 중요한 본색이다. 권력을 쥐었다고 해서 여자의 마음을 절로 얻을 수 있는 것은 아니다. 권력을 누렸거나 권력에 다가서고 싶은 욕망에 가득 찬 여자에게도 결정적인 명분이 필요하다. '원수'의 품에 안기려면 더더구나 그러하다. 이 작품에서 리처드는 적개심에 불타는 여성의 마음을 돌려놓는 고도의 언변을 과시한다. 헨리 6세와 그의 아들인 황태자 에드워드는 전장에서 리처드의 칼에 죽는다. 황태자의 부인, 앤이 왕의 상여를 앞세우고 무대에 등장한다. 그리고 리처드 글로스터를 발견하고 분노를 표출한다.

> 아, 모두들 이걸 봐. 죽은 헨리의 아문 상처에서 다시
> 피가 나와 흐르고 있어.[15]

죽은 자의 유해는 살인자 앞에서 다시금 피를 흘린다는 당시의 전설에 기초한 대사다.

리처드는 짐짓 자신의 무고함을 주장하면서 위로의 말을 건넨다. 그러나 앤의 답은 더 이상 차가울 수가 없다.

> 악당, 하나님의 법도 인간의 법도 모르는 주제에.
> 아무리 사나운 짐승도 일말의 동정심은 있거늘.[16]

귀면鬼面 탈도 무색할 정도로 리처드의 표정은 담담하고 진지하다.

> 더할 수 없이 성스러운 여인께 내 소청이 있소.
> 내게 씌어진 갖가지 죄목, 낱낱이 내 무고함을 밝히도록
> 해주면 좋으련만.[17]

거리를 좁힐 수 없는 저주와 변명을 주고받다 리처드는 정곡을 찌른다. 사내의 권력보다 소중한 것이 여자의 미모다. 리처드는 자신의 범행을 자백한다. 그러고는 자신이 살인을 저지른 이유가 앤에게 있노라는 역설적인 사랑의 고백을 한다.

> 이 플랜태저넷 가의 헨리와 에드워드 왕자를 비명의
> 죽음으로 몰아넣은 바로 그 장본인도 하수인 못지않게
> 비난받아야 하지 않소?[18]
> 그 하수인의 장본인은 바로 당신의 그 미모였소.
> 그 미모, 자나 깨나 이 몸에 달라붙어 단 한 순간이라
> 도 좋으니 당신의 포근한 가슴에 안길 수 있다면
> 이 세상 모든 사내를 죄다 죽여 버릴까 하는 생각마저
> 들었소.[19]

그러나 충천하는 여자의 분노의 저주 앞에 좀체 상황이 타개되지 않자 최후의 승부수를 던진다. 공손하게 앤 앞에 꿇어앉아 자신이 차고 있던 칼을 내준다. 그러고선 앞가슴을 열어 젖히고 자신을 찌르라 청한다.

아니, 망설일 것 없소. 내가 헨리 왕을 죽였소.
하지만 그렇게 충동질한 것은 다름 아닌 당신의 아름
다움.
자 어서, 틀림없이 이놈이오.
에드워드 왕자를 찔러 죽인 것도 나요.
그렇지만 그렇게 시킨 것은 다름 아닌 그 천사 같은
얼굴.[20]

마침내 앤은 무너진다. 유혹에 성공한 리처드는 회심의 미소를 지으며 속내를 털어놓는다.

대체 이런 솜씨로 여자의 마음을 빼앗아 손에 넣는 사
내가 어디 또 있을까?
저걸 반드시 내 것으로 만들어야겠어. 하지만 오래 가
질 생각은 없어.
세상에 원! 제 남편과 그 아비를 죽인 이 몸이 말이야.
……
이래저래 내 뜻대로 되었으니 다소 비용이 들더라도
갈무리해두어야지.
그건 그렇고 우선 저 녀석을 무덤 속에 처치해 버리고
여자 곁으로 달려가서 슬픈 눈물이라도 찔끔거리게 해
줘야겠어.
아름다운 태양이여, 별을 아끼지 말아주오. 내가 거울

을 살 때까지는.

내딛는 걸음걸이마다 내 그림자를 볼 수 있게.[21]

절개를 버린 여자의 말로도 허망하다. 리처드는 당초의 계획대로 왕비 앤을 죽인다. 그리고 새 판을 짠다. 죽은 형, 에드워드 4세의 미망인 엘리자베스를 통해 질녀에게 구애한다. 물론 피의 쟁투로 흉흉해진 민심을 수습하고 정적과의 화해를 도모한 정치적 책략이다.

"천하를 다스리는 왕이 애원하는 것이라고 전하시오."[22] 그러나 왕비는 천륜의 법을 내세워 방어한다. "하늘에 계신 왕 중의 왕께서 금하신 일이오."[23] 아무리 왕가이지만 숙질 간의 혼인은 성경에 어긋난다는 주장이다.[24] 그러나 리처드의 결심은 집요하다. 그녀를 영국의 왕비로 만들고,[25] '시저의 시저'로 대접하겠다며 애결한다.[26]

일대일로 주고받는 리처드와 엘리자베스의 긴 대화는 연극의 기법상 특별한 주목을 받는다.

그러니 장모, 이렇게 불러야겠소. 이 몸을 대신하여 따님에게 내 사랑을 전해주오. 지난날 내 행적이 아니라 장차 이 몸이 할 일을 역설해주시고 과거의 행적이 아니고 장래의 포부에 대해 말씀해주시오.[27]

끝내 작전에 성공한 후에는 노골적으로 상대를 경멸한다. "이렇게 꺾이다니. 바보 같은 인간, 천박한 계집, 잘도 변하는군."[28]

남자는 권력으로 산다. 그렇다면 여자는 무엇으로 사는가?

살인범 리처드?

영국사에서 대표적인 미스터리의 하나로 전해 내려오는 두 왕자의 실종사건은 수많은 논란의 대상이 되어왔다. 1768년, 한 역사가가 셰익스피어의 악의적인 역사 왜곡을 고발했다.[29] 영국과 미국에서 리처드의 명예회복을 위한 학자 모임이 생겨나기도 했다. 1951년 발표된 한 추리소설은 리처드에 대한 튜더 왕조, 특히 헨리 8세의 모함임을 밝혀내는 탐정의 이야기이다.[30] 논란이 절정에 이른 1984년, 영국의 BBC 방송은 텔레비전 드라마를 통해 리처드의 살인죄에 대한 모의재판을 열었다. 런던 중앙형사법원 올드 베일리Old Bailey에서 열린 배심재판이었다. 리처드가 두 왕자의 죽음에 대해 책임이 있는가? 배심의 평결은 무죄였다. 1997년 6월 4일, 미국 인디애나 주립대학에서도 같은 쟁점에 대한 재심이 열렸다. 검사는 수도 워싱턴의 형사전문 변호사가, 변호인은 인디애나 주의 법률가가 맡아 '런던 탑의 왕자들Princes of the Tower'의 살해사건을 다투었다. 3인의 재판관을 대표하여 현직 연방대법원장 렌퀴스트가 무죄판결을 내렸다. '합리적 의심을 넘는' 증거가 불충분하다는 것이 이유였다. 만약 리처드가 환생하여 허위의 사실로 자신의 명예를 실추시킨 셰익스피어와 글로브 극장을 상대로 명예훼손의 소송을 제기하면 어떻게 될까? 이 또한 흥미로운 모의재판의 주제가 될 것이다.

범죄자의 죄의식

이 극에서 셰익스피어는 양심의 가책을 받는 범죄자의 심리 상태를 생생하게 묘사했다. 클레어런스를 죽이러 보낸 두 사람의 자객이 서로 주고받는 대화는 관객의 공감을 자아낸다. 비록 명령에 따르고 돈에 매수된 처지이지만 인간으로서의 양심마저 완전히 죽여버릴 수는 없다.

"겁이 나지?"[31] "아냐, 죽이는 거야 겁 안나, 영장이 있으니까. 그러나 살인죄로 지옥에 떨어질 생각을 해봐. 그걸 막아줄 영장이 어디 있겠어?"[32] 양심이 찔린다.

> 제1 자객: 그럼 공작께서 지갑을 열면 네 양심이 튀어나온단 말이지?[33]
>
> 제2 자객: 양심이란 거추장스런 물건임에 틀림없다. 훌가분하게 벗어 던질 수 있으면 좋으련만. 까짓것 상관 말아야지. 비겁한 자에게나 어울리는 물건일세. 훔치려면 꾸중하질 않나, 욕하려면 말리지 않나, 이웃집 여편네와 바람이라도 피려면 꼭 냄새를 맡지 않나, 양심이란 건 말이야, 조금만 잘못해도 얼굴을 홍당무로 만들고 가슴속에 역적만 키워 일을 그르치기만 하지.[34]

양심을 사고파는 가장 확실한 대가는 돈이다.

> 제1 자객: 해치우고 나서 받을 보수를 생각해봐.[35]
>
> 제2 자객: 그렇지. 해치워야지. 보수를 깜빡 잊었군.[36]

클레어런스는 항의한다. “내가 법에 의해 유죄판결을 받기도 전에 나를 죽이겠다고 협박하는 것은 천하에 불법이 아니고 뭐냐!”[37] 그러나 밀명을 띠고 온 독자匿者에게 클레어런스의 법학강론은 마이동풍이다. 이제 그가 의존할 수 있는 것이라고는 하늘의 법뿐이다.

> 사리 판단도 못하는 인간들, 왕 중의 왕께서 고차법高次法에 정하시기를 살인하지 말라고 하셨다. 그 계명을 헌신짝처럼 버리고 인간의 명령을 따르겠다는 것이냐?
> 조심해야 해. 하나님께서는 율법을 깨는 자는 언제나 가차 없이 천벌을 내리셨나니.[38]

양심이란 비겁한 자의 한숨일 뿐이라는 냉혈한 리처드도 꿈에서 깨어난 직후에 일순간 양심의 가책을 느낀다. 그러나 이내 악한의 평정을 회복한다.

> 다른 말을 다오! 이 상처를 묶어다오. 하나님, 제발 자비를 베푸소서. 아 꿈이었던가? 아 겁쟁이 양심 같으니, 왜 이다지도 나를 괴롭히는가! …… 곁에 아무도 없는데. 리처드는 리처드 편이지, 그래 나는 내 편이란 말이야. 어디 살인자라도 와 있는가? 아니지. 그래, 내가 바로 그 살인자. 그럼 도망쳐야 해.[39]

패자 리처드가 무대에서 남기는 최후의 변은 "말을 달라, 말을, 나라를 주겠으니 말을 달라."[40] 신의 가호를 받았다는 국왕에게도 목숨이 경각에 달린 최후의 순간에는 한 마리의 말이 왕국보다 더욱 소중한 것인가? 그 흔한 말로 권세도, 부귀도, 영화도 부질없는 한 줌의 꿈이었던가. 마지막에 남는 것은 나약한 인간의 벌거숭이 몸뚱아리뿐인가?[41]

성역, 중혼의 법리

「리처드 3세」에서 일상의 법리는 크게 중요하지 않다. 리처드 자신의 말대로 법보다 칼이 양심이고 정의였기 때문이다. 그러나 오도된 정의에 아부하거나 항의하는 법의 모습은 빠질 수가 없다.

리처드 일당은 후환을 없애려고 성당으로 피신한 어린 왕자를 압송할 계획을 논의한다. 캔터베리 대주교가 성역 침범의 법리를 걱정하자 실세인 버킹감이 일축한다.

> 그(요크 공)를 잡아 꺼내온다고 해서 그게 무슨 성역침
> 범이 될까요?
> 원래 그 특권은 일을 저지르고 피신하는 사람이나 그 장
> 소에 입주할 영장을 소지한 사람에게 인정되는 겁니다.
> 이 왕자로 말할 것 같으면 그런 행위도, 주장도 없었
> 어요.
> 아무리 생각해도 피신할 권리가 없소.
> 그러니 그를 데려나온다고 해도 무슨 특권을 침해하거

나 규칙을 위반하는 게 아니오.
죄를 짓고 성당으로 피신했다는 어른 이야기는 들었어
도 아이가 피신했다는 이야기는 금시초문이오.[42]

'성역의 특권benefit of sanctuary'은 미성년자에는 해당되지 않는, 성인만이 주장할 수 있는 특권이라는 것이 버킹감의 해석이다. 물론 지극히 협소한 법리 해석이다. 코몬로상 성역의 특권은 종교기관이나 시설에 수감된 모든 사람에게 세속의 민, 형사 절차의 적용을 면제한다. 세속의 사법권이 미치지 않는 치외법권 지역을 창설한 셈이다. 그러나 이 특권은 행사에 앞서 반드시 정식으로 주장plead해야만 한다. 만약 이런 주장을 세속법원에 제기하지 않고 종교시설에 의탁한 경우는 특권을 포기한 것으로 간주되었다. 이 한도에서 시인은 당시의 법리를 정확하게 기술했다.

왕위를 노리는 리처드의 앞에 가로놓인 가장 큰 장애는 선왕의 유언에 의해 책봉된 황태자가 있다는 엄연한 사실이다. 리처드 자신은 왕이 성년이 될 때까지 왕을 대리하여 국정을 수행하는 섭정의 직책을 받았을 뿐이다. 무슨 수를 쓰던 태자의 등극을 막아야 한다. 각본대로 버킹감이 나선다. 태자에게 왕이 되지 못할 결격사유가 있다는 것이다. "태자 에드워드를 선왕의 아드님이라고 하셨는데 그렇기는 하지만 정실 소생은 아닙니다."[43] 죽은 에드워드 4세는 엘리자베스와 결혼하기 전에 이미 레이디 루시와 프랑스 왕의 동생인 보나 공주와 혼인계약을 맺은 사이였다는 것이다.[44] 그런 상태에서 엘리자베스와 한 결혼은 법적으로 무효인 중혼이 되고, 따라서 둘 사이에 태어난 에드워드 왕자는 서자라는 것이다. 이에 덧붙여서 버킹감은 왕비 엘리자베스에 대해 노골적인 경멸의 언사를 내뱉는다.

> 이미 자식들에 시달리고 근심걱정에 미모가 시든 과부, 그 음탕한 눈을 빼앗아 지존의 자리에서 타락의 구렁텅이로 끌어내려 가증스런 중혼의 죄를 범하게 한 것입니다.[45]

사전혼인계약의 법리에 더하여, 한 번 혼인한 경력이 있는 과부와 결혼하는 것도 중혼으로 간주한 버킹감의 이론은 세속법보다는 종교적 해석에 경도된 견강부회임은 물론이다.

「리처드 3세」는 대한제국의 말기에 처음 이 땅에 선보였다. 흥미롭게도 1909년, '시례구사비아'의 격언으로 소개된 기록이 있다. "지자ᄂᆞᆫ 雲을 견하고 雨套를 着하나니라(時禮求斯比亞)."[46] 오늘날의 표현으로 바꾸면 "현명한 사람은 구름을 보면 비옷을 준비한다(셰익스피어)"[47]이다.

그로부터 한 세기가 지났다. 2011년 5월, 루마니아 극단의 서울 공연이 있었다. 유럽에서 명성을 누리는 가보 톰파Gabor Tompa의 연출이었다. 천 석이 넘는 대형극장에서 헝가리어 대사와 한글 자막이 만장한 관객을 긴장시켰다. 과감한 각색이 돋보였다. 인터넷을 통한 전황의 보고, 매스컴을 이용한 여론의 조작, 밀실에서 전쟁을 지휘하는 모습, 모두 인상적이었다. 톰파는 리처드가 어린 왕자들을 죽이라고 지시한 바로 그 자객들에 의해 살해당하는 것으로 설정했다. 리치먼드가 리처드를 누르고 전쟁을 종결하는 장면에는 요한계시록을 인용한다. 신비로운 여성이 등장한다. 초반에는 권력의 유혹을 상징하는 창녀의 이미지였다가 후반에는 수도승의 이미지로 변신한다. 리처드의 성격 변화에 조응하려는 설정이다. 수도승이 성서의 구절을 읊조리는 가운데 막을 내린다. 죄의식도, 순결도 모두 새로운 가치, 새로운 질서의 탄생을 위해 사라져야 한다는 것이 연출자의 메시지다.

젊은이가 주된 관객이었다. 영국사에 대한 최소한의 배경지식 없이도 무난했다. 사극은 역사가 아니라 연극이기 때문이다. 블록버스터 영화와 K-Pop의 전제 아래서도 셰익스피어의 명줄이 끊어지지 않음을 확인한 셈이다. 하기야 따지고 보면 '세시봉' 세대나 '가요무대' 시청자들에게도 셰익스피어는 결코 열광할 존재는 아니었다. 이른바 고전이란 그런 것이다. 대중이 열광하지 않아도 결코 절멸되지 않는 것, 그래서 언제라도 찾아서 즐길 수 있는, 그야말로 "옛날식 다방의 마담" 같은 존재이다.

1 John Bayley, "Foreword to Bradley", A. C. Bradley, *Shakespearean Tragedies* (1904; reprint Penguin, 1991), p. 11.

2 "this poisonous bunch-backed toad"(1.3. 244).

3 Edward Hall, *The Union of the Two Noble and Illustrate Families of Lancaster and York* (1548); Raphael Holinshed, *Chronicles of England, Scotland, and Ireland* (『연대기』)(1577; 1578).

4 *Histoira Richardi Tertii* (1559).

5 RICHARD GLOUCESTER: Now is the winter of our discontent/Made glorious summer by this sun of York(1.1. 1-2).

6 RICHARD GLOUCESTER: (…) I that am rudely stamped, and want love's majesty /To strut before a wanton ambling nymph (…)(1.1. 16-17).

7 RICHARD GLOUCESTER: (…) have no delight to pass away the time,/Unless to spy my shadow in the sun(1.1. 24-26).

8 RICHARD GLOUCESTER: And therefore since I cannot prove a lover/To entertain these fair well-spoken days, I am determined to prove a villain/And hate the idle pleasures of these days(1.1. 28-31).

9 DUCHESS OF YORK: Thou cam'st on earth to make the earth my hell. A grievous burden was thy birth to me;/Tetchy and wayward was thy infancy;/ Thy schooldays frightful, desp'rate, wild and furious;/Thy prime of manhood, daring, bold, and venturous;/Thy age confirmed, proud, subtle, sly and bloody;/More mild, but yet more harmful; kind in hatred. What comfortable hour canst thou name/That ever graced me in thy company(4.4. 167-175)?

10 KING RICHARD: Conscience is but a word that cowards use,/Devised at first to keep the strong in awe./Our strong arms be our conscience; swords, our law(5.6. 39-41).

11 RICHARD GLOUCESTER: And thus I clothe my naked villainy/With odd old ends, stol'n forth of Holy Writ/And seem a saint when most I play the

devil(1.3. 334-336).

12 RICHARD GLOUCESTER: That wrens make prey where eagles dare not perch (1.3. 71).

13 RICHARD GLOUCESTER: And look when I am king, claim thou of me/The earldom of Hereford, and all the movables/Whereof the King, my brother was possessed(3.1. 191-193).

14 윌리엄 호가스, 「리처드 Ⅲ세 역의 데이비드 개릭(David Garrick as Richard III)」(1745).

15 LADY ANNE: O gentlemen, see, see! Dead Henry's wounds/Ope their congealed mouths and bleed afresh(1.2. 55-56).

16 LADY ANNE: Villain, thou know'st no law of God nor man. No beast so fierce but knows some touch of pity(1.2. 70-71).

17 RICHARD GLOUCESTER: Vouchsafe, divine perfection of a woman,/Of these supposed crimes, to give me leave/By circumstance, t'accuse thy cursed self(1.2. 75-77).

18 RICHARD GLOUCESTER: Is not the causer of the timeless deaths/Of these Plantagenets, Henry and Edward,/As blameful as the executioner(1.2. 117-119)?

19 RICHARD GLOUCESTER: Your beauty was the cause of that effect–/Your beauty that did haunt me in my sleep/To undertake the death of all the world/So I might live one hour in your sweet bosom(1.2. 121-124).

20 RICHARD GLOUCESTER: (…) for I did kill King Henry;/But 'twas thy beauty that provoked me. Nay, now dispatch: 'twas I that stabbed young Edward;/But 'twas heavenly face that set me on(1.2. 167-170).

21 RICHARD GLOUCESTER: What ever woman in this humour wooed? Was ever woman in this humour won? I'll have her, but I will not keep her long (…)/ Since I am crept in favour with myself/I will maintain it with some little cost.

But first I'll turn yon fellow in his grave,/And then return lamenting to my love./Shine out, fair sun, till I have bought a glass,/That I may see my shadow as I pass(1.2. 215-250).

22 KING RICHARD: Tell her the King, that may command, entreats(4.4. 176).

23 QUEEN ELIZABETH: That at her hands which the King's King forbids(4.4. 277).

24 "Thou shalt not uncover the nakedness of thy father's brother."(「레위기」, 18:14).

25 KING RICHARD: And do intend to make the queen of England(4.4. 250).

26 KING RICHARD: And she shall be sole victoress: Caesar's Caesar(4.4. 332).

27 KING RICHARD: Therefore, good mother,—I must call you so—/Be the attorney of my love to her. Plead what I will be, not what I have been;/Not my deserts, but what I will deserve(4.4. 343-346).

28 "Relenting fool, and shallow, changing woman!"(4.4. 432).

29 Paul Murray Kendall, *Richard the Third* (2002); Horace Walpole, *Historic Doubts on the Life and Reign of King Richard the Third* (1766). Daniel Kornstein, *Kill All the Lawyers?* (Princeton University Press, 1997), p. 148에서 재인용.

30 Josephine Tey, *The Daughters of Time* (Simon & Schuster, 1951; 1979).

31 FIRST MURDERER: What, art thou afraid(1.4. 106)?

32 SECOND MURDERER: Not to kill him, having a warrant, but to be damned for killing him, from the which no warrant/can defend me(1.4. 106-109).

33 FIRST MURDERER: When he opens his purse to give us our reward, thy conscience flies out(1.4. 126-127).

34 SECOND MURDERER: I'll not meddle with it. It makes a man a coward. A man cannot steal, but it accuseth him. A man cannot swear but it checks him. A man cannot lie with his neighbour's wife but it detects him. 'Tis a blushing, shamefaced spirit, that mutinies is a man's bosom. It fills a man full of obstacles(1.4. 131-136).

35 FIRST MURDERER: Remember our reward, when the deed's done(1.4. 120-121).

36 SECOND MURDERER: 'Swounds, he dies. I had forgot the reward(1.4. 122-123).

37 CLARENCE: Before I be convicted by course of law,/To threaten me with death is most unlawful(1.4. 182-183).

38 CLARENCE: Erroneous vassals, the great King of kings/Hath in the table of his law commanded/That thou shalt do no murder. Will you then/Spurn at his edict, and fulfill a man's? Take heed, for he holds vengeance in his hand/To hurl upon their heads that break his law(1.4. 190-195).

39 KING RICHARD: Give me another horse! Bind up my wounds! Have mercy, Jesu!—Soft, I did but dream. O coward conscience, how dost thou afflict me/(…) There's none else by. Richard loves Richard; that is, I am I. Is there a murderer here? No. Yes, I am./Then fly! What, from myself(5.3. 131-139)?

40 KING RICHARD: A horse! A horse! My kingdom for a horse(5.7. 7)!

41 Jan Kott, *Shakespeare, Our Contemporary* (Methuen & Co. 1965), p. 43.

42 BUCKINGHAM: You break not sanctuary in seizing him. The benefit thereof is always granted/To those whose dealings have deserved the place,/And those who have the wit to claim the place./This prince hath neither claimed it nor deserved it,/And therefore, in my mind, he cannot have it. Then taking him from thence that 'longs not there,/You break thereby no privilege nor charter. Oft have I heard of sanctuary men,/But sanctuary children' ne'er till now(3.1. 47-56)

43 BUCKINGHAM: You say that Edward is your brother's son; So say we, too but not by Edward's wife(3.7. 167-168).

44 BUCKINGHAM: For first was he contract to Lady Lucy— (…) And afterword, by substitute, bethrothed/To Bona, sister to the King of France(3.7. 169-172).

45 BUCKINGHAM: (…) A beauty-waning and distressed widow/Even in the afternoon of her best days,/Made prize and purchase of his wanton eye,/Seduced the pitch and height of his degree/To base declension and loathed bigamy(3.7. 175-179).

46 「동서격언」, 『기호흥학회월』 제8호(1903. 3. 25.), p. 39. 신정옥, 『셰익스피어 한국에 오다』(백산서당, 1999), p. 26에서 재인용.

47 “When clouds are seen, wise men put on their cloaks.”(2.3. 32).

14장

법과 문학: 입법가, 판사, 시인

시인은 대안정부

한 사람의 위대한 작가를 가진 나라는 하나의 대안정부를 가진 것과 마찬가지의 축복을 누린다는 말이 있다. 시공을 초월하여 지속적으로 숭앙받는 작가는 세계인의 스승이다. 영국의 대문호, 셰익스피어는 오래전에 인류 전체의 시성詩聖이 되었다. 그의 작품은 예수, 석가, 공자, 마호메트의 경전에 뒤지지 않은 인간 정신의 유산으로 공인 받았다. 특정 종교와 결속되지 않아서 더욱 광범한 사랑을 받는다. 셰익스피어는 세계인권선언과 더불어 지구상에서 가장 많은 언어로 번역된 통합 세속 경전이다. 굳이 읽지 않더라도, 최소한 존재는 알아야 한다. 어떤 이유에서든 그의 작품을 읽지 않은 것이 자랑일 수는 없다.

그런데 왜 셰익스피어를 '법'으로 읽는가? 이 물음을 다른 말로 바꾸면 '법과 문학'의 본질과 효용이 무엇인가?라는 의문과 호기심이다. 한참 전에 나름대로 소견을 제시했다. 작품의 총체적 이해와 사회의 통합적 지성의 발전에 결정적으로 기여한다는 믿음이라고.[1] 법은 시대의 거울이다. 모든 문학 작품 속에 법이 투영되기 마련이다. 법을 빼고 읽어도 문학이 되지만, 법과 함께 읽으면 더욱 큰 문학과 세상이 보인다.

시인은 위대하다. 시는 다른 어떤 예술 장르보다 정교하고 차원 높은 언어의 마석磨石이다. 시는 역사보다 더욱 진실하고 철학적이라는 아리스토텔레스의 구절이 있다. 역사는 특정 시기에 치중하지만 시는 보편적 가치를 추구한다는 취지다.[2] 문학이야말로 인간 삶의 주제를 더욱 깊이, 선명하게, 그리고 지속적으로 이해하도록 도와준다. 창의적인 작가가 내면의 진실에 더욱 용이하게 접근하도록 인도해주는 것이다.

셰익스피어의 작품은 시가 핵심이다. 그러나 대부분의 독자는 그의 시, 그의 희곡을 산문으로 읽는다. 그래도 결코 품격이 떨어지지 않는다. 아니 그래서 더욱 큰 대중적 공감을 얻는다. 세계의 청소년들은 찰스 램의 『셰익스피어 이야기』[3]를 통해 거대한 산맥의 입구에 선다. 한때 이 땅의 소년들이 『천자문千字文』과 『소학小學』을 통해 세상을 사는 원리와 윤리에 개안했듯이. 입문을 넘어선 등정은 각자의 몫이다. 높이 오를수록 즐거움이 배가되고, 깊이 파고들수록 심오한 삶의 이치를 깨친다.

시대의 입법자, 시인

19세기 영국 시인 셸리Percy Bysshe Shelley는 『시의 변론A Defence of Poetry』(1821)에서 "시인은 단순히 언어와 음악, 회화와 건축의 창작자에 그치지 아니하고 법의 제정자이자 시민사회의 건설자이다."라고 주장한다.[4] "사회적, 언어적 질서는 이성적 활동의 산물만이 아니다. 언어란 '상상에 의해 인위적으로 다듬어지는 것으로, 앞서 살다간 사람들이 미처 거머잡지 못했던 사물의 관계를 보다 차원 높은 미와 진실로 승화시키는 수단이다."라고 단언했다. 한마디로 말하자면 시인은 "공인 받지 않은 시대의 입법자"[5]라는 것이다. 입법자는 문자 그대로 법을 만들고 그 법에 시대의 도덕적 기준을 담아낸다. 셰익스피어는 위대한 입법자이다. 독자는 그의 작품에서 자신의 시대정신을 읽어내고 때때로 창조해낸다. 그 어떤 독자보다도 법률가가 입법자의 의도를 적절하게 해석하고, 보충하고, 창조해낼 수 있다. 바로 그것이 작가가 햄릿의 입을 빌어 내던진 확신일지도 모른다. "이건 아마도 법률가의 해골일거야!"[6]

시대의 판관, 시인

법적 정의와 시적 정의가 어떻게 다른가? 시적 상상력이 법의 경직성을 극복할 때 비로소 법적 정의가 선다. 궁극적으로 판사와 시인이 한몸이 되는 사회, 그런 사회라야만 균형 잡힌 정의가 뿌리내릴 수 있다.[7] 19세기 미국의 '애국시인' 월트 휘트먼은 법률가 지도자 링컨이 죽자 시인이 시대정신의 선도자가 되어야 한다고 역설한다. 그의 장시 「푸른 온타리오 호숫가」는 '법과 문학'의 지적 여정에 중요한 기념비로 남아 있다.[8]

"시인은 공정한[equitable] 사람이다. 온갖 괴기, 편벽, 잡기를 초월한 인물이다. …… 시인은 다양한 이해집단의 조정자이다. 시간과 공간의 통일을 이룩할 열쇠를 손에 쥔 사람이다. …… 시인은 청구인이 아니라 판관이다. 그러나 그는 법관처럼 판단하지 않고 기댈 곳 없는 사람을 어루만지는 태양이 되어 판단을 내린다."[9]

휘트먼이 요구한 시대의 판관으로서 시인이 갖추어야 할 덕목은 녹

록치 않다.[10] "그대는 독립 최초의 해, 최초의 날에 맺은 근본조직법을 숙지하고 매일 밤 헌법과 동침하는가? 그대는 스쳐가는 유행과 인기에 연연하지 않는가? 그대는 온갖 유혹, 잡된 푸닥거리, 분노를 뿌리칠 수 있는가? 그대는 진실로 강한가? 특정 종파의 신봉자가 아니라 전체 국민의 편인가?"[11]

이렇듯 시적 정의는 법적 상식, 역사와 선례에 대한 이해, 그리고 법의 중립성에 대한 소신을 포함한다. 그뿐이 아니다. 지도자 시인이 갖추어야 할 덕목인 진정한 합리의 미덕에 상상력과 연민의 정이 빠질 수 없다. 철학자 누스바움Martha Nussbaum은 "문학적 상상과 공적 생활"로 부제를 단 『시적정의론』에서 현대의 정치적 상황은 인간을 완전한 인격체로 보지 못한다면서 개탄했다. "연민의 정이 사라져가는 세상은 시인의 공동묘지다."[12] 인간에 대한 연민과 자비, 그리고 사랑을 형평의 이름으로 법에 투영하여 공동체의 정의를 구현하는 일, 이것이야말로 판사의 가장 중요한 덕목이다.

시적 정의, 법적 해석

황동도 기암도 대지도 가없는 대양도
참담한 죽음 앞에 위세가 꺾여
한 송이 꽃보다 섬약한 미가
이 거친 폭력 앞에 어떤 항변을 내세우리?

밀어닥치는 오는 세월의 폭력 앞에
아, 여름날은 그 감미로운 숨결을 이어갈 것인가.
시간이 녹일 수 없는 철문이 이디 있으며
요지부동의 암석도 그처럼 견고하지 못하니
아, 두려운 명상! 시간의 상자에서 꺼내어
가장 귀한 보석을 감출 곳이 어드메뇨.
어느 억센 손이라서 시간의 잰 발걸음을 가로막고
그 뉘라서 미를 파괴하는 그를 막을 수 있으리오.
아무도 없도다. 다만 이 기적에만 위력이 있고
이 검은 먹 속에 내 사랑 영원히 빛나게 하리.[13]

1987년, 하버드 법대 교수 출신으로 레이건 행정부의 법무부 송무실장Solicitor General을 지낸 찰스 프리드는 법학 논문의 제목으로 셰익스피어 소네트 65번을 택했다.[14] 당시 미국헌법 제정 2백주년 기념행사를 계기로 학계에는 헌법 해석의 원리를 두고 치열한 논쟁의 마당이 열렸다. 헌법을 만든 제정자들의 '본래의 의도original intent'에 구속되느냐, 아니면 시대의 발전을 고문서에 투영하여 '살아 있는 문서living document'로 만들 수 있느냐의 해묵은 논쟁이 재연, 가열되었다. 송무실장이라는 자리는 '변호사 중의 변호사'로 불리는 공직으로, 연방정부의 입장을 대법원의 소송에서 대변한다.

프리드는 소네트의 구절에서 헌법해석의 원리를 도출했다. 전반 12행에 묘사한 '시간의 부식decay of time'이 마지막 행의 '검은 먹black ink'으로 쓴 사랑에 의해 치유될 수 있다는 해석이다. 즉 공동체의 사랑의 원리를 탐구하는 시는 영속적인 가치를 보유하되 그 가치의 구체적 의미를 파악하는 작업은 독자의 몫이라는 것이다. 프리드는 수백 년 전의 원작자 셰익스피어의 의도를 현세의 독자가 자신의 시대적 가치에 맞게 해석해낼 수 있듯이 헌법제정자의 본래의 의도에다 새로운 시대정신을 가미할 수 있다고 주장한다. 65번 소네트뿐이 아니다. 다른 구절도 이러한 해석을 뒷받침하는 유력한 지원군이 될 수 있다. "인간이 숨을 쉬고 눈으로 볼 수 있는 한 이 시는 살고 그대에게 생명을 주리라."[15] "대리석도 금빛 찬란한 제왕의 기념비도 이 시보다 오래 남지 못하리. 긴 세월 더럽혀지지 않고 쓸지 않은 비석보다 그대는 이 시 속에 빛나리."[16]

판결문과 셰익스피어

1993년의 한 연구에 의하면 미국법원의 판결문에 셰익스피어의 작품이 인용된 예가 800여 건이 넘었다. 단순한 법적 은유나 유머로 동원된 경우가 있는가 하면 실체법이나 절차법의 법리적 논쟁에 정식으로 원용되는 등 그 사례가 다양하기 짝이 없다. 2위인 존 밀턴의 『실낙원』이 57건인 사실을 감안하면 압도적인 차이로 셰익스피어가 월계관을 쓴 것이다. 총 257개에 달하는 셰익스피어의 작품 구절이 판결문의 일부가 되었다. 가장 빈도가 높은 구절은 「로미오와 줄리엣」의 "장미의 이름"이었다.

> 이름이 뭔가요? 장미의 이름은 장미가 아니라도
> 향기는 마찬가지.

로미오는 로미오로 부르지 않아도
당신이 가진 고귀한 가치는 변치 않는 것.
로미오, 그 이름을 벗어던지세요.
그대에게 어울리지 않는 그 이름 대신
저의 모든 것을 가지고 가세요.[17]

움베르토 에코의 소설(1980) 제목도 바로 이 구절에서 유래했는지 모른다. 장미는 다양한 의미를 함축한다. 그냥 꽃이 아니라 로마, 즉 영국을 포함한 서양문명의 화관花冠 그 자체라는 설도 있다. 중요한 것은 이름이 아니라 실체다. 명목과 실체의 괴리는 법의 세계의 영원한 과제다. 로미오의 말대로 "그 이름을 잊었노라. 그 이름에 담긴 고통까지도."[18]

작품과는 무관하게 역사적 인물로 셰익스피어가 인용된 경우도 286건에 달한다. 이를테면 루이스 파우엘 대법관은 "셰익스피어조차도 금전적 유혹에는 저항하기 힘들 것이다."[19]라며 시성詩聖을 완성된 인격체에 비유했다. 사상 최고의 진보주의자로 평가받는 더글러스 대법관은 동성애자의 이민을 금지하는 법에 반대하면서 "셰익스피어도 동성애자였을지 모른다."고 썼다.[20] 온화한 성품의 가톨릭교도 브레넌은 음란물의 기준이 셰익스피어의 구절에까지 확대 적용될 위험을 경고했다.[21]

이렇듯 많은 판결에 셰익스피어가 인용된 이유가 무엇일까? 판사들의 단순한 지적 허영 때문만은 아닐 것이다. 무엇보다도 셰익스피어를 인용함으로써 판결문의 형식적 권위보다 대중적 친근감과 내용적 설득력을 높일 수 있기 때문일 것이다. 셰익스피어는 미국에서 일종의 세속적 경전의 지위를 얻었다. 「베니스의 상인」에서 상인 안토니오가 "악마도 제가 필요하면 성경을 인용한다."[22]고 했듯이 누구나 기회가 닿으면 셰익스피어를 인용하는 특권을 누리고 싶어한다. "내가 네 말의 뜻이 통하도록 해주었다."[23]라는 구절을 인용한 판결문처럼 법전 속에 근엄한 결가부좌 자세로 앉아 있는 추상적 규범을 희노애락애오욕喜怒哀樂愛惡慾, 인간의 적나라한 감정이 교차하는 일상의 삶에 조율하여 세공하는 작업이 필요하다. 판사의 판결문에 문학작품을 인용하는 전통이 부럽다. 우선 판사의 개성과 창의적인 역량을 발휘할 수 있다. 모든 판결이 한 사람의 삶을 분해한다. 개개인의 삶이 고유하기에 자신에 맞는 맞춤형 판결을 기대한다. 중립, 객관을 표방하는 차가운 법의 원리에 닿기 전에 원재료인 자신의 고유한 아픔에 눈길을 보내주기를 기대한다. 전형적인 문학은 개인의 외로움과 아픔을 소재로 하여 공동체 삶의 문제를 제기한다.

작가 이문열은 법학적 훈련이 작가로서의 역량의 제고에 큰 도움이 되었다고 토로한 바 있다. 언어의 정확한 의미를 확정하고, 논리적 정교함을 훈련하는 데 결정적으로 기여한다는 것이다. 반면 언어의 엄정함에 과도하게 집착하다 보면 사고 자체가 경직되기 십상이다. 이른바 육법전서 속에 삼라만상의 원리가 정제된 형태로 담겨 있다. 그 정제된 언어 속에 새로운 시대정신을 담아내지 못하면 박제된 전시물에 불과하다.

많은 젊은이들이 법률가가 되려고 로스쿨에 진학한다. 법률가처럼 생각하는 훈련을 받는다. 졸업하고 변호사가 된다. 변호사는 법의 난장에 선 장사꾼이다. 자신을 돋보이게 하며 상대방의 신뢰를 끌어들이는 세일즈맨의 상술을 배운다. 그 상술이란 다름 아닌 법률과 판례라는 중

고품이다. 앞선 사람들이 장구한 세월에 걸쳐 신물 나도록 써먹은 내용이다. 소송에서 이기면 정의가 승리했다며 축배를 든다. 지면 이렇듯 명백한 부정의를 뒤집자며 상급법원에 소송을 끌고 간다. 최종 패배로 끝나도 법이 그러니 도리가 없다고 변명한다. 이기든 지든 돈은 꼭 받는다.[24] 법률가들은 언변은 좋으나 문상은 지졸한 것으로 정평 있다. 셰익스피어의 말을 빌리면 "자신이 무대 위에서 맡은 시간 동안은 떠들어대지만, 무대를 내려서는 순간 곧바로 잊혀지는 가련한 배우에 불과하다."[25]

셰익스피어, 한국에 오다

셰익스피어가 이 땅에 상륙한지도 한 세기가 넘었다. 1906년 '세이구스비아'로 최초로 소개되었다. 작가의 정체에 대한 정확한 정보도 거의 없이 작품의 구절들이 '격언'으로 인용되었다. 새뮤얼 스마일스Samuel Smiles의 교양서, 『자조론Self-Help』(1859)의 일본어 번역본 『서국입지편西國立志編』(1871)에 담긴 내용을 발췌하여 소개한 것이다.

일제시대 들어 셰익스피어는 공인된 서양의 고전인 동시에 지식청년의 핵심교양으로 자리 잡아 근대화를 향한 의식의 개안에 크게 기여했다. 해방과 서구 민주주의 이념의 정착과 문화의 유입 과정에 셰익스피어는 중요한 상징 중 하나였다.

6 · 25 전쟁중에 부산에서 셰익스피어의 공연이 성황을 이루었던 것은 특기할 일이다. 환도와 동시에 셰익스피어도 함께 상경하여 한동안 전쟁의 시름에 빠져 있던 서울 시민을 위로했다. 많은 대학의 영문과에서 셰익스피어의 주요 작품을 필수과목으로 지정하고 이따금씩 원어

공연도 시도했다. 1964년, 문성文聖의 탄생 4백주년을 기념하여 고향에 건립된 셰익스피어센터에 당시 주영대사 이형근의 명의로 600달러를 기부한 사실은 당시 대사관의 열악한 재정 상황을 감안할 때 나름대로 흐뭇한 일이었다.[26]

많은 셰익스피어 작품의 배역이 한국화된다. 특히 햄릿은 '하멸태자', '함열왕자', '마의태자' 등의 이름으로 한국의 전통문화에 파고들었다. 김동원, 김동훈, 유인촌 등 나름의 한국판 햄릿 배우도 한동안 맥이 이어졌다. 극단과 대학에서 시도한 수많은 셰익스피어 공연 중 기국서의 「햄릿 1-5」(1980-1990)은 가히 센세이셔널한 호응을 얻었다. 과감한 개작을 통한 지나친 단순화에도 불구하고 당시의 암울한 정치적 상황에서 학생, 민중의 한을 표출한 정치적 실험으로 특별한 주목을 받았다.

근래에 들어와서 가속되는 고전의 쇠퇴현상으로 셰익스피어의 지위도 몹시 격하되었다. 한문을 읽지 못하는 국사학자가 즐비하듯이, 셰익스피어를 제대로 모르는 영문학자도 수두룩하다. 그렇다고 해서 고전의 가치가 떨어지는 것은 아니다.

영화 「시」와 시인 미자

근년에 내가 본 최고의 영화는 이창동 감독의 「시」다. 하루가 멀다 하고 눈앞에 밀어닥쳤다 이내 썰물처럼 빠져나가는 영상의 홍수 속에서도 근 1년 반 뇌리를 떠나지 않는 강한 감동의 여진에 이따금씩 몸을 떨곤 한다. 문득 이창동이 윤정희를 캐스팅해서 셰익스피어 작품을 한 편 만들었으면 하는 생각이 들었다. 한 영민한 관객은 이 영화를 '몸'의 이야기라고 풀이했다. 영화는 풀어진 인간의 몸의 여러 모습을 보여주고, 사물의 여러 몸짓을 이어주는 스틸사진으로 정의한다. 인간의 몸에 대비되는 것이 흐르는 강물이고 그 강물은 시간과 삶의 경이와 비밀을 간직한다. 미자는 자신의 몸을 범한 알츠하이머의 그림자를 종종 잊는다. 이 병은 '꽃', '바람', '강물'이라는 명사를 먼저 잊어버린다. 이어서 '향기 나다', '불어오다', '흐르다' 혹은 '출렁이다'와 같은 동사를 잊는다. 그러나 그녀는 타인의 몸에 새겨진 고통, 나의 피붙이가 타인의 몸과 마음에 상처를 준 기억은 결코 잊지 못한다. 미자는 피붙이를 대신해 매 순간 용서를 구한다. 용서를 구하러 간 시골길에 떨어진 살구의 일생을 생각한다. 흐르는 강물에 위로를 받으러 나선 길에 쏟아지는 소나기를 온몸으로 받아내며 마음으로 용서를 구한다. 그녀의 몸은 죽기 전에 한번 사내구실을 해보고 싶은 노인의 마지막 불꽃을 돕는 정열의 시가 되고, 제가 무슨 일을 저질렀는지 모르는 철부지 손자에게는 따뜻한 밥의 시가 된다. 그런 미자가 시를 쓴다. 그리고 마침내 시인이 된다. 그녀의 시는 몸속 가장 깊은 곳에서 혼을 빚어 만든 영롱한 사리다.

온몸으로 시를 쓰는 그녀, 미자(윤정희).

굳이 셰익스피어가 아니어도 좋다. 누구나 미자가 되고, 시인이 될 수 있다. 너나 할 것 없이 시인이 되어 타인의 외로움과 아픔을 어루만져주는 세상, 법이 곧 몸이고 시가 되는 세상, 법 따로, 문학 따로가 아니라, 법과 문학이 하나가 되는 세상, 그런 세상이라야 진정 사람이 살만한 세상이라고 자신 있게 말할 수 있지 않을까? 그 누가 말했던가? 심장에 방이 둘인 것은 그리움과 외로움이 함께 살기 때문이라고. 너나 할 것 없이 모든 인간은 외로워서 그리워하는 존재가 아니겠는가?

1 안경환, 「왜 법과 문학인가?」, 『법과 문학 사이』(까치, 1995), pp. 11-32.

2 "Poetry is finer and more philosophical than history; for poetry expresses the universal, and history only the particular. (…) since the universal is truer than the particular. (…)".

3 Charles Lamb, *Tales from Shakespeare* (1807).

4 "Poets (…) are not only the authors of language and of music, of the dance, and architecture, and statuary, and painting; they are the institutors of laws, and the founders of civil society (…)". Percy Bysshe Shelly, *A Defense of Poetry* (1821), p. 181.

5 "Social and linguistic order are not the sole products of the rational faculty, as language is 'arbitrarily produced by the imagination' and reveals 'the before unapprehended relations of things and perpetuates their apprehension' of a higher beauty and truth. In short, 'poets are the unacknowledged legislators of the world.'"

6 Daniel Kornstein, *Kill all the Lawyers?* (Princeton University Press, 1997), p. 245.

7 안경환, 「시적 정의와 법적 정의」, 『문예운동』(1999 가을호 권두에세이), pp. 3-9; 안경환, 『셰익스피어, 섹스어필』(프레스21, 2000), pp. 43-52.

8 Walt Whitman, "By Blue Ontario's Shore"(1867), *Leaves of Grass*, Jerome Loving (ed.) (Oxford University Press, 2009), p. 269.

9 "He is the arbiter of the diverse, he is the key,/He is the equalizer of his age and land (…) He is no arguer, he is judgment. (…) He judges not as the judge judges but as the sun failing round helpless thing (…)".

10 안경환, 「시인, 판사. 그리고 대통령」, 조선일보 칼럼 '문학의 숲, 고전의 바다' (2002. 12. 21); 안경환, 『안경환의 문화읽기: 사랑과 사랑의 거리재기』(철학과 현실사, 2002), pp. 69-71.

11 "Have you considered the organic compact of the first day of the/first year of Independence, signed by the Commissioners (…)/Have you possessed yourself

of the Federal Constitution?/Are you faithful to things? (…) Have you sped through fleeting customs, popularities? Can you hold your hand against all seductions, follies, whirls,/fierce contentions? Are you very strong? Are you really of the/whole People?

12 "Of these states the poet is the **equitable** man." Martha Nussbaum, *Poetic Justice: The Literary Imagination and Public Life* (Beacon Press, 1995), p. 80.

13 Since brass, nor stone, nor earth, nor boundless sea,/But san mortality o'erways their power,/How with this rage shall beauty hold a plea,/Whose action is no stronger than a flower?/O how shall summer's honey breath hold out/Against the rackful siege of battering days/When rocks impregnable are not stout,/Nor gates of steel so strong, but **time decays**?/O fearful meditation! Where, alack,/Shall time's best jewel from time's chest lie hid,/Or what strong hand can hold his swift foot back,/Or who his spoil of beauty can forbid?/O none, unless this miracle have might:/**That is black ink my love may still shine bright**(소네트 65).

14 Charles Fried, "Sonnet LXV and the 'Black Ink' of the Framer's Intention", *100 Harvard Law Review* (1987).

15 (…) So long as men can breathe or eyes can see,/So long lives this, and this gives life to thee(소네트 18).

16 Not marble nor the gilded monuments/Of princes shall outline this powerful rhyme,/But you shall shine more bright in these contents/Than unswept stone besmeared with sluttish time. (…)(소네트 55).

17 JULIET; What's in a name? That which we call a rose/By any other name word would smell as sweet. So Romeo would, were he not Romeo called,/Retain that dear perfection which he owes/Without that title. Romeo, doff thy name,/And for thy name—which is no part of thee—/Take all myself(「로미오와 줄리엣」, 2.1. 85-91).

18 ROMEO: I have forgot that name and that name's woe(「로미오와 줄리엣」, 2.2. 46).

19 "even Shakespeare may have been motivated by the prospective of pecuniary interest", *Central Hudson Gas & Electric Corp v. Public Service Commission of New York*, 447 U.S. 557, 579 (1980).

20 *Boutiler v. INS.*, 387 U.S. 118, 130 (1967) (Douglas, J. dissenting).

21 "The rationales used could justify the banning from radio of a myriad of literary works, novels, poems, and plays by the likes of Shakespeare." *FCC v. Pacifica Foundation*, 438 U.S. 726, 770 (1978) (Brennan, J. dissenting).

22 ANTONIO: The devil can cite Scripture for his purpose(「베니스의 상인」, 1.3. 97).

23 MIRANDA: (…) I endowed thy purposes/With words that made them known(「템페스트」, 1.2. 359-360). *Pompano v. Michael Schiavone & Sons, Inc.*, 680 F. 2d. 911 (2nd Cir. 1982).

24 Wayne F. Hill and Cynthia Ottchen, *Shakespeare's Insult for Lawyers* (Clarkson N. Potter Publisher, 1996), p. 28.

25 MACBETH: (…) a poor player/That struts and frets his hour upon the stage,/And then is heard no more(「맥베스」, 5.5. 23-25).

26 신정옥, 『셰익스피어, 한국에 오다』(백산서원, 1998).

저작권 관련 자료 출처

16쪽
http://commons.wikimedia.org/wiki/File:Lincoln%27s_Inn._(old)_hall,_chapel_and_chancery_court_by_Thomas_Shepherd,_1830.jpg
http://commons.wikimedia.org/wiki/File:Herbert_Railton_-_The_Inner_Temple_Library.jpg
18쪽
http://commons.wikimedia.org/wiki/File:Globe_Theatre_London.jpg
23쪽
http://commons.wikimedia.org/wiki/File:Francis_Bacon,_Viscount_St_Alban_from_NPG_(2).jpg
http://commons.wikimedia.org/wiki/File:Britannica_Shakespeare_Droeshout_Engraving.jpg
35쪽
http://commons.wikimedia.org/wiki/File:Shakespeare_will_page_3.jpg
46쪽
http://commons.wikimedia.org/wiki/File:King_Henry_VI.jpg
55쪽
http://commons.wikimedia.org/wiki/File:Cade_Rebellion.jpg
76쪽
http://4.bp.blogspot.com/_GNiRBk7nYrI/ShNd0CEiCyI/AAAAAAAAAHM/ihA9ve0taA8/s400/The_Merchant_of_Venice.jpg
81쪽
http://commons.wikimedia.org/wiki/File:Portia_-_Henry_Woods.jpg
108쪽
http://classicactors.com/wp-content/uploads/2011/01/laurence-oliver-actor.jpg
121쪽
http://commons.wikimedia.org/wiki/File:Hamlet_maclise.jpg

136쪽
http://commons.wikimedia.org/wiki/File:The_Lictors_Returning_To_Brutus_The_Bodies_Of_His_Sons.jpg?uselang=ko
139쪽
㈜도서출판 강
172쪽
http://commons.wikimedia.org/wiki/File:William_Holman_Hunt_-_Claudio_and_Isabella_-_Google_Art_Project.jpg
227쪽
http://www.amazon.com/Thousand-Michelle-Pfeiffer-Original-Poster/dp/B000W7MUPY
243쪽
http://www.grouchoreviews.com/content/films/4025/1.jpg
283쪽
http://teegardennash.com/media/*MS/OthelloWelles1TN.jpg
http://www.thefancarpet.com/uploaded_assets/images/gallery/4538/Othello_42408_Medium.jpg
300쪽
http://commons.wikimedia.org/wiki/File:Landseer_Midsummer_Night%27s_Dream.jpg
313쪽
http://en.wikipedia.org/wiki/File:Leslie_-_Autolycus.jpg
342쪽
http://commons.wikimedia.org/wiki/File:Hogarth,_William_-_David_Garrick_as_Richard_III_-_1745.jpg
348쪽
http://1.bp.blogspot.com/_4unAkfdvaqc/TFBt1XLNNjI/AAAAAAAADD4/2LW5TbEThug/s1600/richardiii-laurence.jpg
http://www.empireonline.com/images/features/complete-english-history-in-movies/richard-iii.jpg
377쪽
http://cafe.naver.com/poetry2010

위 내용에 관해 문의 있으신 분은 서울대학교출판문화원(02-880-5217, snubook@snu.ac.kr)으로 연락 바랍니다.